"十四五"时期国家重点出版物出版专项规划项目

★ 转型时代的中国财经战略论丛 ◢

复合平衡视阈下日本"巨型FTA"战略研究

A Study on Japan's "Mega-FTA" Strategy from the Perspective of Complex Balance

张永涛 著

中国财经出版传媒集团
经济科学出版社
·北京·

图书在版编目（CIP）数据

复合平衡视阈下日本"巨型 FTA"战略研究/张永涛著.――北京：经济科学出版社，2023.9
（转型时代的中国财经战略论丛）
ISBN 978-7-5218-5160-1

Ⅰ.①复… Ⅱ.①张… Ⅲ.①自由贸易区-经济发展战略-研究-日本 Ⅳ.①F753.13

中国国家版本馆 CIP 数据核字（2023）第 178317 号

责任编辑：李一心
责任校对：刘　娅
责任印制：范　艳

复合平衡视阈下日本"巨型 FTA"战略研究

张永涛　著

经济科学出版社出版、发行　新华书店经销
社址：北京市海淀区阜成路甲 28 号　邮编：100142
总编部电话：010-88191217　发行部电话：010-88191522

网址：www.esp.com.cn

电子邮箱：esp@esp.com.cn

天猫网店：经济科学出版社旗舰店

网址：http://jjkxcbs.tmall.com

北京季蜂印刷有限公司印装

710×1000　16 开　13.25 印张　215000 字

2023 年 9 月第 1 版　2023 年 9 月第 1 次印刷

ISBN 978-7-5218-5160-1　定价：55.00 元

(图书出现印装问题，本社负责调换。电话：010-88191545)

(版权所有　侵权必究　打击盗版　举报热线：010-88191661

QQ：2242791300　营销中心电话：010-88191537

电子邮箱：dbts@esp.com.cn)

总　序

转型时代的中国财经战略论丛

"转型时代的中国财经战略论丛"是山东财经大学与经济科学出版社在合作推出"十三五"系列学术著作基础上继续在"十四五"期间深化合作推出的系列学术著作，属于"'十四五'时期国家重点出版物出版专项规划项目"。自2016年起，山东财经大学就开始资助该系列学术著作的出版，至今已走过7个春秋，其间共资助出版了152部学术著作。这些著作的选题绝大部分隶属于经济学和管理学范畴，同时也涉及法学、艺术学、文学、教育学和理学等领域，有力地推动了我校经济学、管理学和其他学科门类的发展，促进了我校科学研究事业的进一步繁荣发展。

山东财经大学是财政部、教育部和山东省人民政府共同建设的高校，2011年由原山东经济学院和原山东财政学院合并筹建，2012年正式揭牌成立。学校现有专任教师1730人，其中教授378人、副教授692人，具有博士学位的有1034人。入选国家级人才项目（工程）16人，全国五一劳动奖章获得者1人，入选"泰山学者"工程等省级人才项目（工程）67人，入选教育部教学指导委员会委员8人，全国优秀教师16人，省级教学名师20人。近年来，学校紧紧围绕建设全国一流财经特色名校的战略目标，以稳规模、优结构、提质量、强特色为主线，不断深化改革创新，整体学科实力跻身全国财经高校前列，经管类学科竞争力居省属高校首位。学校现拥有一级学科博士点4个，一级学科硕士点11个，硕士专业学位类别20个，博士后科研流动站1个。应用经济学、工商管理和管理科学与工程3个学科入选山东省高水平学科建设名单，其中，应用经济学为"高峰学科"建设学科。应用经济学进入软科"中国最好学科"排名前10%，工程学和计算机科学进入 ESI 全球排名前 1%。2022 年软科中国大学专业排名，A 以上专业数 18 个，位居省属高校第 2 位，全国财经类高校第 9 位，是山东省唯一所有专业全部上榜的高校。2023 年软科世界大学学科排名，我校首次进入世界前 1000 名，位列 910 名，中国第 175 名，财经类高校第 4 名。

2016 年以来，学校聚焦内涵式发展，全面实施了科研强校战略，取得了可喜成绩。仅以最近三年为例，学校承担省部级以上科研课题 502 项，其中国家社会科学基金重大项目 3 项、年度项目 74 项；获国家级、省部级科研奖励 83 项，1 项成果入选《国家哲学社会科学成果文库》；被 CSSCI、SCI、SSCI 和 EI 等索引收录论文 1449 篇。同时，新增了山东省重点实验室、山东省重点新转智库、山东省社科理论重点研究基地、山东省协同创新中心、山东省工程技术研究中心、山东省两化融合促进中心等科研平台。学校的发展为教师从事科学研究提供了广阔的平台，创造了更加良好的学术生态。

"十四五"时期是我国由全面建成小康社会向基本实现社会主义现代化迈进的关键时期，也是我校合并建校以来第二个十年的跃升发展期。2022 年党的二十大的胜利召开为学校高质量发展指明了新的方向，建校 70 周年暨合并建校 10 周年校庆也为学校内涵式发展注入了新的活力。作为"十四五"时期国家重点出版物出版专项规划项目，"转型时代的中国财经战略论丛"将继续坚持以马克思列宁主义、毛泽东思想、邓小平理论、"三个代表"重要思想、科学发展观、习近平新时代中国特色社会主义思想为指导，结合《中共中央关于制定国民经济和社会发展第十四个五年规划和二〇三五年远景目标的建议》以及党的二十大精神，将国家"十四五"时期重大财经战略作为重点选题，积极开展基础研究和应用研究。

"十四五"时期的"转型时代的中国财经战略论丛"将进一步体现鲜明的时代特征、问题导向和创新意识，着力推出反映我校学术前沿水平、体现相关领域高水准的创新性成果，更好地服务我校一流学科和高水平大学建设，展现我校财经特色名校工程建设成效。我们也希望通过向广大教师提供进一步的出版资助，鼓励我校广大教师潜心治学，扎实研究，在基础研究上密切跟踪国内外学术发展和学科建设的前沿与动态，着力推进中国特色哲学社科科学学科体系、学术体系和话语体系建设与创新；在应用研究上立足党和国家事业发展需要，聚焦经济社会发展中的全局性、战略性和前瞻性的重大理论与实践问题，力求提出一些具有现实性、针对性和较强参考价值的思路和对策。

山东财经大学党委书记 王邵军

2023 年 8 月 16 日

前　言

转型时代的中国财经战略论丛

"巨型FTA"①战略在21世纪日本经济外交中占据主导地位，代表着日本自由贸易战略的最新方向。日本推动"巨型FTA"战略的首要目的是发展经济，除此之外亦有其他考量。日本在战略实施过程中经常表现出明显的平衡特征，故此，本书构建与平衡有关的逻辑框架以更好地理解该战略。逻辑框架中的平衡概念主要来源于现有国际政治领域中的平衡理论。此外，冷战后日本国家大战略的基本特征为"平衡"，日本FTA战略也强调"平衡"，而由于日本"巨型FTA"战略是日本FTA战略的自然延伸和高级发展阶段，也是冷战后日本国家大战略的有机组成部分，因此，日本"巨型FTA"战略亦应同样具备"平衡"特征，或者说"平衡"是其内在逻辑之一。

另外，通过剖析日本发布的首份FTA战略可以看出，日本"巨型FTA"战略强调的"平衡"并非单一"平衡"，而是体现为多层次、多方面的特征。而在日本推动"巨型FTA"的过程中，也体现出明显的多层次平衡特点，其平衡路径、对象等又往往各异。这说明，无论在日本FTA战略还是"巨型FTA"战略中，一种多层次的复合平衡是其内在逻辑之一，这种复合平衡的最终目的是使国家利益最大化。

本研究的主要目的是，构建复合平衡逻辑框架，借此更全面地理解日本"巨型FTA"战略。具体内容包括日本"巨型FTA"战略的演变进程、实施动因与政策考量、推进路径与特色，在此基础上对该战略进行评估，对其未来发展趋势进行展望，并分析对中国的影响。本书的研究方法主要包括文献研究法和案例分析法。本书的创新之处主要在于视

---

① 自由贸易协定（free trade agreement，FTA）。

角创新。首先，注重宏微结合。宏观上，本书研究日本"巨型 FTA"战略的演变进程、实施动因与政策考量，对其进行评估，对未来走向进行展望并分析对中国的影响，其中，又以日本推动具体的"巨型 FTA"为案例加强论证；微观上，本书基于复合平衡框架研究日本推进主要"巨型 FTA"的路径与特色。其次，注重在中美日三角背景下研究日本"巨型 FTA"战略。基于日美同盟为战后日本外交的基轴，拜登政府将中国视为"最严峻的竞争对手"，中国在 FTA 战略方面与日本有较大合作空间，日本在中美之间实施战略对冲等背景，日本推进"巨型 FTA"战略需处理好与中美两国的关系，本研究不应脱离中美日三角关系背景。最后，注重跨学科研究视角。本书属于国际政治研究领域，是运用国际政治经济的相关理论来分析具体国家战略的研究。研究注重"高政治"与"低政治"的结合，涉及政治、经济、文化和外交等多个学科，因此在研究过程中强调扩宽思路，注重跨学科研究视角。

　　本书主要有五点结论：第一，日本实施"巨型 FTA"战略的首要目的是发展经济，但同时也体现出一定的内在逻辑，即"复合平衡"。日本在推进"巨型 FTA"战略上的核心逻辑是灵活机动地实施复合平衡，既包括在中美两国之间进行战术摇摆，也有传统制衡、三角平衡等战略考量，以最大限度地维护国家利益。第二，日本"巨型 FTA"战略的思想渊源是日本环太平洋经济合作思想与新区域主义理论，该战略是日本亚太经济合作战略的有机组成部分。20 世纪 60 年代前后，日本开始推动实施亚太经济合作战略，其发展大致体现为"亚太—东亚—亚太"的轨迹路线，"巨型 FTA"战略是其中的重要一环。时至今日，虽然该战略出现了向美日"印太战略"渗透的迹象，但以亚太为中心的理念实质上暂未改变。第三，日本"巨型 FTA"战略具备系统性特征。有大致的定义和具体推进的"巨型 FTA"；有明确的形成和启动时间，基本形成于 2010 年前后，实质启动于 2013 年前后；有严密的组织制度和权力中枢，其组织制度为官邸主导制，其最高权力中枢为首相官邸；有清晰的战略手段和目标，战略手段是内容丰富的复合平衡策略，战略目标为通过复合平衡来谋求国家利益最大化。第四，"巨型 FTA"战略今后会成为日本长期推动的重要政策课题。日本自战后初期开始奉行"贸易立国"战略，"巨型 FTA"战略则代表着日本自由贸易战略的最新发展方向，这就基本上奠定了该战略在今后日本经济外交乃至外交全局中的重要地位。对日本而言,"巨型FTA"战略还有很大的提升和优化空间,该战略将成为日本长期的重点推进对象。第五,日本"巨型FTA"战略对中国有较大影响且以消极方面为主。中日两国同为东亚地区的大国,地缘因素决定了两国之间必然有竞争的一面。"巨型FTA"战略是日本的国家战略,其推动的超过半数的"巨型FTA"都与中国密切相关,因此,该战略势必对中国产生较大影响。日本"巨型FTA"战略的消极影响主要体现在复合平衡理念、"高标准"贸易规则、联盟意识与数字经济方面。

目 录

转型时代的中国财经战略论丛

第1章 导论 ………………………………………………………… 1
　1.1 研究背景、目的和意义 ………………………………………… 1
　1.2 核心概念解析 …………………………………………………… 5
　1.3 国内外研究现状 ………………………………………………… 7
　1.4 基本思路、研究方法、创新点与难点 ………………………… 15
　1.5 基本结构 ………………………………………………………… 17

第2章 复合平衡逻辑框架 ………………………………………… 19
　2.1 国际政治领域中的平衡理论 …………………………………… 19
　2.2 冷战后日本国家大战略与FTA战略中的平衡理念 …………… 28
　2.3 复合平衡逻辑框架的构建原则、要素与内容 ………………… 33
　小结 …………………………………………………………………… 41

第3章 日本"巨型FTA"战略的演变、动因与政策考量 ………… 42
　3.1 日本"巨型FTA"战略的演变脉络 …………………………… 42
　3.2 日本"巨型FTA"战略的实施动因与政策考量 ……………… 49
　小结 …………………………………………………………………… 68

第4章 日本"巨型FTA"战略的推进路径与特色 ………………… 71
　4.1 日本推动TPP的路径与特色 …………………………………… 71
　4.2 日本推动CPTPP的路径与特色 ………………………………… 76
　4.3 日本推动RCEP的路径与特色 ………………………………… 81

4.4　日本推动日欧 EPA 的路径与特色 ················· 88
　　4.5　日本推动中日韩 FTA 的路径与特色 ··············· 93
　　4.6　日本推动新时期日美贸易谈判的路径与特色 ········ 99
　　4.7　日本推动亚太自贸区的路径与特色 ··············· 104
　　小结 ··· 110

第5章　日本"巨型 FTA"战略的评估 ····················· 113
　　5.1　日本"巨型 FTA"战略的战略价值 ················ 113
　　5.2　日本"巨型 FTA"战略的制约因素 ················ 121
　　小结 ··· 129

第6章　日本"巨型 FTA"战略的展望 ····················· 132
　　6.1　平衡策略方面的展望 ···························· 132
　　6.2　经贸与外交层面的展望 ·························· 136
　　6.3　政治层面的展望 ································ 145
　　小结 ··· 152

第7章　日本"巨型 FTA"战略对中国的影响 ··············· 155
　　7.1　日本"巨型 FTA"战略的积极影响 ················ 155
　　7.2　日本"巨型 FTA"战略的消极影响 ················ 161
　　小结 ··· 170

第8章　结论 ·· 172

参考文献 ··· 178
后记 ··· 200

第1章 导 论

1.1 研究背景、目的和意义

1.1.1 研究背景

第一,新冠疫情加速世界政治经济格局的重构。新冠疫情对于世界的改变之大在暴发之初是很难想象到的。后新冠时期,世界政治经济格局重构的步伐在加快。在世界政治领域,西方发达国家抱团现象日趋严重,将疫苗等公共产品与其价值观外交联动,并以此为筹码对一些国家施加压力,同时借所谓的病毒溯源等问题对中国持续污名攻击。而中国在快速控制国内疫情之后,在疫苗开发方面加大投入,不断向在世界上寻求帮助的国家提供医疗资源、专业指导等无私援助,不搞疫苗政治化,赢得了许多国家的赞誉。在世界经济领域,一些发达国家受新冠疫情的影响经济指标持续恶化,而中国成功复工复产,2020 年的国内生产总值(GDP)同比增长 2.3%,① 成为当年唯一实现经济正增长的主要经济体,为其他国家树立了榜样,提振了信心,同时,也吸引了世界上更多投资的目光,国际经济地位和话语权进一步提升。

第二,中国的自由贸易区战略取得较大进展。中国制定了明确的自由贸易协定(FTA)战略。2014 年 12 月,习近平总书记在中央政治局

---

① 《2020 年中国 GDP 突破 100 万亿元 同比增长 2.3%》,人民网,2021 年 1 月 18 日,http://finance.people.com.cn/n1/2021/0118/c1004-32003063.html。

第十九次集体学习时再次重申加快实施自由贸易区战略的重要性。①2015年12月，国务院印发了《关于加快实施自由贸易区战略的若干意见》，对如何建设高标准FTA网络作出了指导和部署。②该意见成为中国FTA战略的指导性文件。截至2021年初，中国的自由贸易协定对象国与地区已达26个，签署自由贸易协定19个，与自由贸易伙伴贸易额占比达35%。③截至2023年6月，除已签署的之外，中国正在谈判的自由贸易协定有10个，正在研究的自由贸易协定有8个。目前中国处在双边FTA与"巨型FTA"并行推进时期。2020年底，中国在"巨型FTA"推进方面取得突破性进展，主要表现为推动区域全面经济伙伴关系协定（RCEP）于2020年11月15日签署。接下来，中国将进一步加快推动中日韩FTA（CJKFTA）谈判，积极推进加入全面与进步跨太平洋伙伴关系协定（CPTPP）谈判等。

第三，"美国优先"的影响并未完全消除，拜登政府难以在自由贸易领域推行多边主义。虽然特朗普离任，但"美国优先"的影响依然在一定范围内存在。在自由贸易领域，"美国优先"主要体现在特朗普政府退出跨太平洋伙伴关系协定（TPP）等区域贸易协定，转而利用不对称权力通过双边或准双边谈判的方式对盟友施压以谋求利益，例如美韩修订自贸协定、美墨加协定（USMCA）、新时期日美贸易协定等。实际上，虽然特朗普主张的"美国优先"饱含其个人色彩，美国国内政治因素使其具备"独一无二性"，④但这种强调本国利益优先的思想在美国有其政治基础。拜登上任后虽然宣称回归多边主义，但相比起重返巴黎气候协定和世界卫生组织等，在自由贸易方面相对持审慎态度。

第四，日本"巨型FTA"战略取得标志性成果，并成为长期的自由贸易政策。日本"巨型FTA"战略是在安倍长期执政期间发起并得

---

① 《习近平：加快实施自由贸易区战略　加快构建开放型经济新体制》，新华网，2014年12月6日，http://www.xinhuanet.com//politics/2014-12/06/c_1113546075.htm。
② 《国务院印发〈关于加快实施自由贸易区战略的若干意见〉》，中国自由贸易区服务网，2015年12月18日，http://fta.mofcom.gov.cn/article/zhengwugk/201512/29896_1.html。
③ 《让自贸网络带来更多实惠》，中国商务新闻网，2021年1月24日，http://com-news.cn/article/gjhz/202101/20210100069110.shtml。
④ 韩召颖、黄钊龙：《"特朗普主义"：内涵、缘起与评价》，载于《国际论坛》2020年第4期，第7~8页。

以推进的，代表性成果主要有主导 CPTPP、推进日欧经济伙伴关系协定（日欧 EPA）以及新时期日美贸易协定成行、推动 RCEP 签署等。特别是主导 CPTPP 对于日本"巨型 FTA"战略意义重大，不仅为日本制定了贸易规则模板，而且也极大地提升了日本的战略实施自主性。菅义伟在任期间将施政重心更多地放置在抗疫、国内改革和数字经济等方面，但明确表示要继承安倍的政治遗产，①"巨型 FTA"战略作为其中的重要组成部分自然不会被忽视。岸田文雄上任之后，基本沿用了安倍与菅义伟两位前首相的自由贸易发展策略，重视推动"巨型 FTA"战略，特别是将其中的 CPTPP 扩容与 RCEP 升级与扩容等视为重点。

1.1.2 研究目的

第一，把握日本"巨型 FTA"战略的复合平衡理念。日本"巨型 FTA"战略于 2013 年前后正式开始启动，虽然时间尚短，但具备研究价值。一是其脱胎于 21 世纪初开始推动的日本 FTA 战略，本身也具备 FTA 战略的一些特征；二是日本政府高度重视，取得了一些标志性成果；三是该战略为冷战后日本国家大战略的重要组成部分。基于这些原因，我们有理由相信日本"巨型 FTA"战略有其运行逻辑。本书在总结现有国际政治领域平衡理论的基础上，结合冷战后日本国家大战略和日本 FTA 战略的平衡思维，构建复合平衡逻辑框架来分析日本"巨型 FTA"战略，以期更全面地把握该战略，避免浮于表面。

第二，梳理在复合平衡视阈下的日本"巨型 FTA"战略的全貌，改变碎片化研究现状。日本"巨型 FTA"战略正式启动后，日本学者对其高度关注并集中推出了一批研究成果。2017 年在日本主导 CPTPP 以及推动日欧 EPA 取得关键进展后引起了中国及其他国家学者的关注。不过，整体而言，从国内外研究现状来看，由于战略实施的时间尚短，学界对于日本"巨型 FTA"战略的相关研究并未形成体系，研究主线不明晰，碎片化特征明显。本书构建复合平衡逻辑框架，借此对日本"巨型 FTA"战略进行全方位研究，在较大程度上改善研究的碎片化问题，以更好地审视 21 世纪日本自由贸易政策的这一新动向和新变化。

---

① 吕耀东：《后安倍时代的日本外交政策及中日关系走向》，载于《人民论坛》2020 年第 29 期，第 121 页。

1.1.3 研究意义

1. 学术意义

第一，有助于把握日本"巨型 FTA"战略的主要运行逻辑，加深对相关国际政治理论以及外延领域的认识，同时对其母体的日本 FTA 战略有更好的理解。厘清运行逻辑能够对战略本身有更为清晰深入的认识，可以进一步拓宽研究外延，对冷战后日本国家大战略、"印太战略"等有更好的认知。同时，日本"巨型 FTA"战略是在日本 FTA 战略推动实施过程中逐渐形成的，其相关研究有益于更好地认识和把握日本 FTA 战略。从世界范围来看，20 世纪 90 年代以来 FTA 发展提速。日本在跨入 21 世纪之后开始加大对 FTA 战略的重视，不仅发布了大量的官方文件，而且成立了专门机构大力推行，另外加大了舆论宣传力度。在 FTA 战略取得一定成果后，日本开始重点推进"巨型 FTA"战略，因此，前者是后者的母体，后者的运行逻辑也在很大程度上体现了前者的本质特征。

第二，剖析复合平衡逻辑下运行的日本"巨型 FTA"战略全貌有助于更为深刻地把握日本亚太经济合作战略以及自由贸易政策的新动向。"巨型 FTA"战略是日本亚太经济合作战略的有机组成部分，也反映了日本自由贸易政策的新动向。20 世纪 60 年代左右，日本开始推动实施亚太经济合作战略，其发展大致体现为"亚太—东亚—亚太"的轨迹路线，"巨型 FTA"战略是其中的重要一环。"巨型 FTA"战略的出现意味着日本自由贸易政策由"重视双边"转为"多、双边并重"，该战略本身也反映了日本自由贸易政策的新动向。借助复合平衡逻辑框架，全面剖析日本"巨型 FTA"战略能够对日本亚太经济合作战略以及自由贸易政策的新动向有更好的认识和理解。

2. 实际意义

第一，探讨日本"巨型 FTA"战略的主要运行逻辑有助于中国未雨绸缪采取应对策略。除发展经济之外，日本巨型 FTA 战略的主要运行逻辑为复合平衡，这意味着日本在不同的"巨型 FTA"中有不同的战略设计，并非都体现为类似 TPP 的制衡中国特点。这要求我们要在理解其宏观思维的前提下，具体问题具体分析，灵活机动，未雨绸缪，尽可能地消除日本联合其他国家制衡中国的影响，创造条件联手日本加快第三方市场合作等，采取有效应对策略以维护中国的国家利益和世界多边主义，同时可为中国进一步深化 FTA 战略提供必要的参考和借鉴。

第二，在复合平衡视阈下全面分析日本"巨型 FTA"战略，可为探讨中日自贸区战略的合作问题夯实基础。中日两国都制定有明确的 FTA 战略，且在"重视周边""构建全球 FTA 网络"等理念上有诸多相似之处。另外，RCEP 签署后，两国领导人表示要共同推动其成行，中日韩 FTA 也要在"RCEP＋"基础上加快推进，两国在 FTA 战略方面应有许多合作的可能。而若要深入研究合作的路径、障碍、对策等离不开对各"巨型 FTA"的推进路径和特色进行深入解析，对基于复合平衡理念的日本"巨型 FTA"战略的全面研究显然可以为探讨这种可能性夯实基础。

1.2　核心概念解析

1. "巨型 FTA"

所谓 FTA（free trade agreement），意为自由贸易协定，其主要目的是消除贸易壁垒，使产品与服务能够自由地在两国或多国间流动，实现贸易自由化。另有一个与之关联度甚高的概念，即 EPA（economic partnership agreement），意为经济伙伴关系协定，其主要目的是实现贸易自由化的同时，在投资、人员流动、知识产权保护等方面制定规则，在经济领域中同缔约国全面加强合作。显然，FTA 与 EPA 是两个不同的概念，不过由于近年来 FTA 包含的内容越来越多，这两个概念有趋同之势。另外，尽管日本迄今为止签署的绝大多数为 EPA，但在首份官方发布的《日本的 FTA 战略》中将 FTA 与 EPA 归属于一类，即自由贸易协定（FTA/EPA），且均视作日本的 FTA 战略对象。此外，虽然严格来讲"巨型 FTA/EPA"的称呼更为准确，但在国内学界中，"巨型 FTA"的说法较"巨型 EPA"更为普及，国外特别是日本学界也大多采用"巨型 FTA"一说。基于此，本研究中也不再特意区分 FTA 和 EPA，在论及战略时统一称之为 FTA 战略或者是"巨型 FTA"战略。

一般而言，"巨型"所对应的英文为"mega"，意为"巨大的，强有力的"，或者是"兆，百万（倍）"。在"巨型 FTA"概念中，显然前者更符合其意。本研究中日本主导、推动或参与的"巨型 FTA"主要有 TPP、CPTPP、日欧 EPA、RCEP、中日韩 FTA、亚太自由贸易区（FTAAP）、新时期日美贸易协定。另外，在本研究中出现的其他"巨型 FTA"主要有中美贸易协定、北美自由贸易协定（NAFTA）、美墨加协定、跨大西洋贸易和投资伙伴协定（TTIP）等。

2. "巨型 FTA"战略

日本在推动 FTA 战略时贯彻实施首相领导下的协同推进体制，重大战略的出台最终由内阁会议审议决定。首相官邸、内阁官房以及外务省、财务省、农林水产省和经济产业省有相当大的政策建议权，同时相互之间的意见沟通和政策协调至关重要。另外，由于所处的位置以及分担的领域不同，各自具备较强倾向性这一点不可避免，这也实际上造成了日本的 FTA 相关战略较为分散的现状。不过，国内外学界一般将日本外务省于 2002 年 10 月发布的《日本的 FTA 战略》视作该国第一份具备官方性质的纲领性指导文件。

2006 年 4 月日本经济产业省发布的《全球经济战略》、2010 年 11 月日本内阁会议审定的《关于全面经济合作的基本方针》等均为日本"巨型 FTA"战略的相关政府文件，在很大程度上确立了其国家战略的地位。该战略特色鲜明，学术研究价值大，国内外关注度高。

3. 复合平衡

复合平衡（complex balance）是本研究中提出的逻辑框架。本书的主要任务是，在强调日本实施"巨型 FTA"战略的首要目的是发展经济的基础上，构建复合平衡逻辑框架，借此更为全面地理解和把握日本"巨型 FTA"战略。日本推动了几大"巨型 FTA"，在具体推进过程中虽遵从基本的逻辑，即"平衡"，但又各有侧重，呈现出多层次特点，因此，本书构建复合平衡逻辑框架来全面剖析日本"巨型 FTA"战略。

复合平衡以均势理论为基础，以"平衡"为本质特征。一般而言，原始的均势概念多关注于军事、安全等"高政治"，经济贸易等作为"低政治"的组成部分并没有引起相关领域学者的过多关注。然而，随着冷战结束，新区域主义（new regionalism）的兴起使得经济、生态等在国际政治中的作用愈加凸显，国际政治现象呈现出复杂多变的特点。在这种背景下，本书构建的复合平衡框架既包括传统均势理论、威胁制衡、经济制衡、利益制衡以及三角关系等理念，也包括冷战后日本国家大战略和日本 FTA 战略中的平衡思维，以国际经贸现象为主要研究对象，同时兼顾政治、外交等层面上的分析。复合平衡主要呈现为动态特征，在一定条件和环境下，会出现相互转化的特性。

1.3 国内外研究现状

当前，国内外学界对于本选题的研究多集中在四个方面：一是对于"巨型 FTA"概念的界定；二是研究"巨型 FTA"与他者的关系，如全球价值链（global value chain）、世界贸易组织（WTO）等；三是研究"巨型 FTA"本身的缘起、发展、特征、影响、意义、展望等；四是聚焦日本"巨型 FTA"战略的相关研究。

1.3.1 "巨型 FTA"概念研究

随着 TPP、RCEP、日欧 EPA 以及 TTIP 等规模巨大的多边或双边区域协定逐渐进入人们的视野，"巨型 FTA"一词出现的频率越来越高，但究竟何为"巨型 FTA"，迄今为止，国内外学界并未形成统一的意见。经济学家理查德·鲍德温（Richard Baldwin）基于现状提出所谓的"巨型 FTA"主要包括两类：一类可称为巨型区域关系（mega-regionals），主要指一些广域 FTA；另外一类可称为巨型双边关系（mega-bilaterals），主要指 GDP 占比高、影响大的双边 FTA。[1] 另有学者认为"巨型 FTA"需要具备两个条件：一是在世界贸易和外国直接投资（FDI）中占有非常大的比例；二是要呈现为深度一体化伙伴关系。[2] 也有观点将两个以上国家或地区之间的"广域经济联合"理解为"巨型 FTA"。[3] 可以看出，上述定义有一定的相似之处，即都从宏观上大

---

[1] Richard Baldwin, WTO 2.0: Global Governance of Supply-chain Trade. *Cepr Policy Insight*, No. 64, December 2012.

[2] Tomas Hirst, What are mega-regional trade agreements?, 09 Jul 2014, https://www.weforum.org/agenda/2014/07/trade-what-are-megaregionals/.

[3] ［日］小寺彰：「広域化する EPA・FTA」、『日本経済新聞』、2012 年 6 月 21 日。

致框定了"巨型 FTA"的范围，但显然均有一定的缺陷，即缺少量化标准。有学者在此基础上更进了一步，将"巨型 FTA"定义为人口、GDP、贸易、直接投资等规模空前的 FTA，除此之外，强调 TPP、RCEP、日欧 EPA 以及 TTIP 这四大"巨型 FTA"应有日本、欧盟、美国和中国的参与。① 再如，"巨型 FTA"是以自由贸易协定的形式在世界贸易和外国直接投资占主要份额的国家或地区之间建立的深度一体化伙伴关系，其中两个及以上的国家或地区是全球价值链或生产网络的枢纽国，包括中国、美国、欧盟、日本。② 虽然这种定义有了明确的衡量标准，不过仍有瑕疵存在，如 CPTPP 一般被认为属于"巨型 FTA"，然而却无法满足"两个或两个以上"的规定。此外，也有相对更为细化和量化的定义出现，如《日本经济新闻》经济术语集里强调"巨型 FTA"应占世界 GDP 的三至四成，会形成规模巨大的经济圈，其特征为除削减关税之外，致力于贸易及投资等的规则制定，不同于双边 FTA，以构建包含资源国到生产国、消费国在内的全球供应链为目标。③ 这种界定虽有较为详尽的描述，但也有值得商榷之处，如"三至四成"一说显然也类似于前述说法，将 CPTPP 排除在外。

精准地界定一个概念并非易事，例如依据上述部分定义，无法将 CPTPP 归于"巨型 FTA"范畴，显然这与人们的一般认知有较大出入。目前看来鲍德温对"巨型 FTA"概念的界定虽然在量化方面存在一定的欠缺，但相对而言符合"巨型"一词原本的含义，在学界的受认可度也相对较高。不过本研究认为，也可以在学界现有主流概念的基础上，更为科学地界定"巨型 FTA"。例如，第一，突出"广域"与"双边"兼有的特征；第二，强调全球生产网络枢纽国的参与，基于枢纽国在全球经济中的高占比，这实际上也等同于大致框定了"巨型 FTA"在 GDP 占比方面的下限；第三，考虑 CPTPP 的特殊性以及该特殊性在今后依然有出现的可能。综上，本书认为，所谓"巨型 FTA"，是指在排名前四位的全球生产网络枢纽国或地区（目前是中国、美国、欧洲、

---

① ［日］田中友義：「日 EU 経済連携協定（EPA/FTA）の合意に向けて（その1）－同時進行するメガFTAと日欧の戦略－」，国際貿易投資研究所（ITI）、2013 年 12 月 3 日。

② Eszter Lukács, Katalin Völgyi, Mega–FTAs in the Asia–Pacific Region：A Japanese Perspective. *European Journal of East Asian Studies*，Vol. 17, No. 1, 2018, P. 159.

③ ［日］「経済ナレッジバンク」、『日本経済新聞』、2016 年 12 月 1 日、https：//www. nikkei4946. com/knowledgebank/index. aspx？Sakuin2 = 1152&p = kaisetsu。

日本）中，至少有或曾经有两个是其成员的深度一体化经济伙伴关系协定。从该定义来看，"巨型 FTA"概念兼有动态和静态的特征。依据上述分析，日本主导、推动或参与的"巨型 FTA"主要分为两种形态：一是跨区域多边经济合作，以开放的地区主义为指导思想，如 TPP、CPTPP、RCEP、FTAAP；二是巨型双边或三边经济合作，如日欧 EPA、新时期日美贸易谈判、中日韩 FTA 谈判等。

1.3.2　"巨型 FTA"与全球价值链及 WTO 研究

20 世纪 80 年代前后，在世界范围内兴起了全球价值链的研究热潮。在其诸多关联研究中，"巨型 FTA"浮出水面。全球价值链的全球性特征与"巨型 FTA"高度契合，强调与制造、销售、售后等全过程密切关联，这与"巨型 FTA"能够在很大程度上消除"意大利面碗"（spaghetti bowl）效应也较为吻合。2010 年前后，有学者开始集中对二者的关联展开了研究。鲍德温曾在 2012 年撰文探讨如何克服因巨型区域和巨型双边机构的出现而导致全球贸易治理分散的问题，认为与国际生产网络相关的商品、投资、服务、技术和人员的复杂国际流动（简称为"供应链贸易"）已经改变了世界，最好的办法是将多边区域供应链规则纳入 WTO。但鉴于 WTO 多哈回合的谈判不太可能在 2020 年之前结束，因此供应链的秩序将由诸如 TPP 之类的超级区域和大型双边组织来协调。而按照目前的发展轨迹，这些组织将把中国和其他大型新兴经济体排除在外。[1] 日本学者中富道隆也是该研究领域的佼佼者，他认为"巨型 FTA"虽然是全球价值链规则制定的主角，但是会产生难以消化规则的"意大利面碗"问题，而要解决这一点，同时为了替日本争取更有利的国际环境，增强透明度、信息共享等多手准备极其重要。[2]

---

[1] Richard Baldwin，WTO 2.0：Global Governance of Supply-chain Trade．*Cepr Policy Insight*，No. 64，December 2012.

[2] ［日］中富道隆：「メガ FTA の時代のグローバルバリューチェーンへの包括的対応―通商戦略の観点から」、経済産業研究所、2013 年 8 月、https：//www.rieti.go.jp/jp/publications/pdp/13p016.pdf.

另外，有观点认为，为支持全球价值链的有效性和可持续性，需要进一步形成运行良好的国际贸易和投资治理体系，虽然已经作为多边主义的补充建立并实施了大量区域贸易协定，但与全球价值链的广泛覆盖范围相比，规模相对较小，影响力普遍有限。简单地说，市场正在寻找一个范围足够大、内容足够复杂的潜在解决方案，"巨型FTA"就这样应运而生。① 而有学者指出"巨型FTA"并未产生应有的效果，当人们普遍对其失望时，WTO即便有功能不全的缺陷，也可能会重回大众视线。② 金奉吉指出，在WTO功能弱化的背景下，高质量的"巨型FTA"对东亚地区的国际分工结构会产生较大影响。③ 日本著名法学家松下满雄认为，虽然已经是"巨型FTA"的时代，但以FTA为中心的贸易体制是有界限的，WTO在世界贸易治理方面能发挥重要作用，具体而言可以通过灵活运用贸易政策审议机制（TPRM）等来加强"巨型FTA"之间的沟通和联系。④ 浦田秀次郎主要分析了"巨型FTA"和WTO的关系，认为"巨型FTA"在自由化和规则构建方面能够引导WTO，"巨型FTA"的扩容也有助于WTO的自由化和规则构建，但同时"巨型FTA"会削弱人们对WTO的关注。⑤

1.3.3 "巨型FTA"规则、影响、意义及趋势研究

有学者对"巨型FTA"中的高标准贸易规则作出了解读，特别是解释了"WTO+"和"WTO-X"条款的具体内涵，指出："WTO+"条款是在原有WTO条款基础上继续深化的条款；"WTO-X"条款则是WTO

---

① Fukunari Kimura, Lurong Chen, Implications of Mega Free Trade Agreements for Asian Regional Integration and RCEP Negotiation. *Eria Policy Brief*, No. 2016 - 03, December 2016, P. 2.
② ［日］山下一仁:「WTOとメガFTA」、『季刊国際貿易と投資（季刊100号記念増刊号）』、2015年、95~105頁。
③ ［韩］金奉吉:「メガFTAと韓国の新通商戦略」、ERINA REPORT、No. 132、2016年October、8~15頁。
④ ［日］松下満雄:「メガFTA時代におけるWTOの役割—WTOによるFTAネットワーク構築のすすめ—」、『季刊国際貿易と投資（季刊100号記念増刊号）』、2015年、1~13頁。
⑤ ［日］浦田秀次郎:「メガFTAとWTO：競合か補完か」、『季刊国際貿易と投資季刊100号記念増刊号』、2015年、23~25頁。

条款中从没有出现过的条款,① 而日本推动的 CPTPP、日欧 EPA 等"巨型 FTA"中包括了大量的此类条款,体现了高标准特征。大庭三枝则对存在多个"巨型 FTA"规则的现状表示担忧,认为各国政府难以把握错综复杂的贸易规则并作出妥善应对。② 新加坡国际事务研究所高级研究员谢秀瑜(Siow Yue Chia)曾撰文分析"巨型 FTA"的基本原理、挑战和影响,认为"巨型 FTA""高标准"的愿望不太可能实现,复杂而艰巨的谈判最终将会限制其对世界贸易体系的影响。③ 美国加利福尼亚大学伯克利分校亚太经合组织(APEC)研究中心主任维诺德·K. 阿加沃尔(Vinod K. Aggarwal)则撰文称,无论哪种形式的巨型自由贸易协定生效,它们都可能至少促使地区乃至全球政治呈现出一种新的状况。另外,他认为多种多样的双边自由贸易协定的兴起促使各国为了管理日益复杂的全球贸易安排而寻求建立超大型自由贸易协定。其中,TPP 与 RCEP 若均生效会影响亚太区域的经济和政治动态。但他同时也指出 TPP 过于关注安全利益而没有突出自身的优点。④ 有学者分析了围绕后 TPP 的"巨型 FTA"谈判的现状、课题、意义等介绍了主要国家的应对之策,认为"巨型 FTA"是 21 世纪新贸易的主角。⑤ 岩田伸人基于区域贸易协定(RTA)的相关分析预测包括 TPP 在内的日美欧等发达国家推动的几大"巨型 FTA"在达到一定规模之后,会进入 WTO

---

① HENRIK HORN, PETROS C. MAVROIDIS AND ANDRÉ SAPIR, Beyond the WTO? An anatomy of EU and US Preferential Trade Agreements. *Bruegel Blueprint Series*, Vol. 7, 2009, P. 1;[日]木村福成:「国際ルール構築:投資と競争」,『季刊国際貿易と投資(季刊 100 号記念増刊号)』、2015 年、55 頁;FUKUNARI KIMURA, LURONG CHEN, Implications of Mega Free Trade Agreements for Asian Regional Integration and RCEP Negotiation. *ERIA POLICY BRIEF*, NO. 2016 – 03, December 2016, P. 2;刘晓宁:《中国自贸区战略实施的现状、效果、趋势及未来策略》,载于《国际贸易》2020 年第 2 期,第 17 页。

② [日]大庭三枝:「変わる国際秩序 キーワードは『フェア』」、2021 年 3 月 29 日、https://meti-journal.jp/p/14844-2/。

③ Siow Yue Chia, Emerging Mega – FTAs:Rationale, Challenges, and Implications. *Asian Economic Papers*, MIT Press, Vol. 14, No. 1, 2015, pp. 1 – 27.

④ VINOD K. AGGARWAL, Introduction:The Rise of Mega – FTAs in the Asia – Pacific. *Asian Survey*, No. 4, 2016, pp. 1016; VINOD K. AGGARWAL, Mega – FTAs and the Trade – Security Nexus:The Trans – Pacific Partnership (TPP) and Regional Comprehensive Economic Partnership (RCEP). *AsiaPacific*, Issue 123, March 2016, pp. 1 – 8.

⑤ [日]石川幸一、馬田啓一、渡邊頼純:『メガFTAと世界経済秩序(電子版)―ポストTPPの課題』、勁草書房、2021 年、1~312 頁。

规则下的"相互结合阶段"。① 还有学者从亚太区域"巨型 FTA"整合的视角开展了研究,将 TPP 和 RCEP 视为驱动亚太地区经济一体化的双轨,同时指出在推进地区一体化进程中,亚太自贸区能够发挥更大作用,中国有责任为其成行夯实基础。②

1.3.4 日本"巨型 FTA"战略研究

菅原淳一侧重于从日本通商政策课题的视角来关注"巨型 FTA"战略的推进,将"巨型 FTA"与 WTO 改革以及日美贸易协议并列视作后安倍时代的重要通商课题。③ 清水一史在世界经济保护主义扩大的背景下考察了"巨型 FTA"的进展,探讨了日本可以发挥的作用。④ 马田启一主张日本应该发挥自身的地缘优势,促成 TPP 和 RCEP 融合并在此基础上实现亚太自贸区"亚太的桥梁"作用,⑤ 他另外指出"巨型 FTA"是日本成长战略的支柱,应该将几大"巨型 FTA"谈判作为一个整体来看待。⑥ 有学者关注了日本"巨型 FTA"战略的成果,认为该战略取得了成功,推动了"巨型 FTA"的发展。⑦ 木村福成重点探讨了

---

① [日]岩田伸人:「メガ FTA の将来、WTO の影響 WTO 体制下で多様化する地域統合の現状と展望」、『季刊国際貿易と投資』、2015 年第 4 期、3~16 頁。

② 沈铭辉:《亚太区域双轨竞争性合作:趋势、特征与战略应对》,载于《国际经济合作》2016 年第 3 期,第 16~21 页;童珊、黄建男、宋慧女、陶雪玲:《亚太区域经济一体化新形势和中国的应对策略——由 TPP、RCEP 通往 FTAAP》,载于《上饶师范学院学报》2016 年第 4 期,第 70~74 页。

③ [日]菅原淳一:「2019 年の日本の通商政策課題 メガFTA、WTO 改革、日米貿易協議が柱に」、みずほ総合研究所、2018 年 12 月 21 日、https://www.mizuho-ri.co.jp/publication/research/pdf/insight/pl181221.pdf。

④ [日]清水一史:「世界経済における保護主義拡大下のメガFTA と日本」、『アジア太平洋経済と通商秩序-過去、現在、将来-』、国際貿易投資研究所(ITI)調査研究シリーズNo.88-1、2019 年 3 月、34~40 頁。

⑤ [日]馬田啓一:「アジア太平洋のメガ FTA の将来:FTAAP へのロードマップ」、『季刊国際貿易と投資(季刊 100 号記念増刊号)』、2015 年、73~74 頁。

⑥ [日]馬田啓一:「TPP 大筋合意が加速するメガFTA-日本企業に生まれるビジネスチャンス」、『グローバル経営』、2015 年 12 月号、4 頁。

⑦ Hidetaka Yoshimatsu, High-Standard Rules and Political Leadership in Japan's Mega-FTA Strategy. Asian Survey, Vol.60, Issue 4, 2020, pp.733-754; Shimizu Kazushi, Prospects for the RCEP Negotiations: Japan and ASEAN Are Key to a Conclusion Within the Year. August 16, 2018, https://www.Japanpolicyforum.jp/economy/pt20180816113553.html.

"巨型 FTA"战略今后的努力方向，例如以 CPTPP 的贸易规则框定 RCEP 的升级，帮助印度理解构建生产网络的重要性以更好地促其回归 RCEP 等。① 金原主幸主张包括 TPP、日欧 EPA 和 RCEP 在内的"巨型 FTA"已告一段落，日本"巨型 FTA"战略也只有日美 FTA 等还有操作空间。② 贺平将推动"巨型 FTA"视作日本自由贸易战略新动向的集中表现，另外详细分析了日本推动"巨型 FTA"的战略考量以及制约与挑战。③ 倪月菊则认为日本主导"巨型 FTA"是多层次、灵活的自由贸易战略的体现，企图借此引领 21 世纪国际经贸规则的重塑。④ 刘瑞分析了日本的"广域经济合作战略"，对其新动向和新课题进行了充分研究，认为日本在国际贸易规则重塑过程中展现出前所未有的主导意识和进取态势。⑤ 虽然"广域经济合作战略"与"巨型 FTA"战略并不能画等号，但有很大程度上的重合。张玉来基于日本多边贸易战略在 CPTPP、日欧 EPA 等自由贸易协定谈判中取得的新进展，认为中日经济关系将迎来新变化，甚至有结构性调整的可能。⑥ 另有学者将推进"巨型 FTA"置于日本 FTA 战略的逻辑框架中，认为其代表了日本自由贸易战略的转变。⑦ 不过，虽然有学者认同这种观点，却将其视为因实力不济而作出的选择。⑧

---

① ［日］木村福成：「メガFTA 戦略の展開カギ　新局面の通商政策」、2021 年 2 月 12 日、https：//www.rieti.go.jp/jp/papers/contribution/kimura - fukunari/01.html。

② ［日］金原主幸：「日本の経済外交の強みと弱みは何か：民間経済界スタッフの現場の視点」、2021 年 5 月 17 日、http：//www.world - economic - review.jp/impact/article 2157. html。

③ 贺平：《日本自由贸易战略的新动向及其影响》，载于《国际问题研究》2018 年第 6 期，第 32~44 页。

④ 倪月菊：《日本的贸易雄心》，中国社会科学网，2019 年 4 月 8 日，http：//www.iwep.org.cn/xscg/xscg_sp/201904/t20190410_4862672.shtml。

⑤ 刘瑞：《日本的广域经济合作战略：新动向、新课题》，载于《国外理论动态》2019 年第 8 期，第 103~112 页。

⑥ 张玉来：《日本多边贸易战略新进展与中日经济关系》，载于《现代日本经济》2019 年第 4 期，第 1~12 页。

⑦ 贺平：《国家身份与贸易战略：21 世纪的日本自由贸易战略变迁》，载于《日本学刊》2019 年第 1 期，第 75~81 页；张乃丽：《日本的自由贸易战略转变与经验借鉴》，载于《学术前沿》2019 年第 22 期，第 38~47 页；陈志恒、董佳、李佳黛：《日本 FTA 战略的特点与动向》，载于《财金观察》2019 年第 1 辑，第 44~45 页。

⑧ 范斯聪：《日本"自由贸易协定战略"的无奈转变：过程与战略动机分析》，载于《现代国际关系》2016 年第 6 期，第 23~25 页。

可以看出，当下，国内外学界对以上四个方面的研究已形成较好的研究基础。不过整体而言依然主要存在以下两方面的问题：

第一，缺乏对日本"巨型 FTA"战略运行逻辑进行探讨的成果。从宏观上看，日本"巨型 FTA"战略是自由贸易战略的重要组成部分；从微观上看，日本推动了几大"巨型 FTA"。无论是从宏观还是微观视角来观察，应该都能发现其运行逻辑，并且即使彼此之间有些差异，但基本特征应是一致的。另外，从属性上看，运行逻辑的探讨与逻辑框架构建有相似之处，应该宏微结合进行剖析。同时，这种逻辑的探讨需要同冷战后日本国家大战略以及日本 FTA 战略等联动考量，而这一点在先行研究中也缺乏类似成果。

第二，研究碎片化特征明显。虽然前期研究成果较为丰硕，但其中多为对于 TPP、CPTPP、日欧 EPA 等日本推动的单个"巨型 FTA"或是二者之间进行比较的研究成果，以"巨型 FTA"战略为整体研究对象的成果较少，特别是涉及复合平衡的整体性成果暂时没有发现，这样容易使学界的关注点多集中于微观层面，不利于从宏观上把控日本"巨型 FTA"战略。同时，因为研究缺乏整体性视野，导致在现有成果中有些观点存有出入甚至是相互对立的现象。如有学者认为日本 FTA 战略的第二次转向，即"跨地区主义多边化"[1] 转向虽有其经济动机，但更多的是出于战略动机，是实力不济之下的无奈之举。[2] 而对于这一点，有学者主张日本推进"巨型 FTA"战略呈现出相当的主体意识和进取态势。[3] 在其他层面上也存在类似的相互对立的观点。这说明，虽然日本"巨型 FTA"战略相关的先行研究成果丰硕，但在研究的碎片化整合，即宏微结合方面有很大的深入空间和探讨余地。

---

[1] 此处的"跨地区多边主义"虽然与"巨型 FTA"有一定出入，但从作者的表述中可以看出二者在概念上有极大的相似度。

[2] 范斯聪：《日本"自由贸易协定战略"的无奈转变：过程与战略动机分析》，载于《现代国际关系》2016 年第 6 期，第 23～27 页。

[3] 贺平：《日本自由贸易战略的新动向及其影响》，载于《国际问题研究》2018 年第 6 期，第 32～44 页。

1.4 基本思路、研究方法、创新点与难点

1.4.1 基本思路与研究方法

1. 基本思路

本书整体上按照发现问题、分析论证和得出结论的基本思路展开研究，具体如下所示：

首先，在全面梳理国内外相关学术史和最新研究动态的基础上，通过文献研究法发现相对薄弱的研究问题，主要在于以下两点：一是缺乏对日本"巨型FTA"战略运行逻辑的认识；二是没有把握在该逻辑下的日本"巨型FTA"战略的全貌，研究的微观化、碎片化特征明显。

其次，主要运用文献研究法和案例分析法对上述两个问题进行分析论证。第一，阐明日本"巨型FTA"战略的运行逻辑为复合平衡。在剖析传统均势理论、威胁制衡理论、经济制衡理论、利益制衡理论和三角关系理论的基础上，结合冷战后日本国家大战略和FTA战略的平衡思维构建复合平衡逻辑框架。第二，解析复合平衡逻辑下的日本"巨型FTA"战略的全貌。剖析该战略的演变、动因与政策考量、推进路径与特色，对其进行评估，对未来走向进行展望，并分析该战略对中国的影响。在分析问题的过程中，注重与日本的外交传统、中美日三国关系、日美同盟的演变、"印太战略"的演进、日本的对冲思维、中日区域经济合作的问题及前景等相关研究的有机结合。

最后，得出本书的最终结论。主要包括三部分：第一，对两个研究问题的解决方法进行总结归纳；第二，得出最终结论，包括五大方面内容；第三，简要阐释中国应如何看待和应对日本"巨型FTA"战略。

2. 研究方法

第一，文献研究法。本研究的文献主要来自三个国家：中国、日本和美国。文献主要包括书籍、论文、研究报告、政府报告、官方文件、网络资料、协定文本等，这些都需要分类整理。另外，本研究使用的外文资料较多，且涉及两种外文，需要下功夫进行翻译和解读。

第二，案例分析法。在本书的论证部分列举大量的相关案例来进行辅助论证，以便更直观深入地阐释问题。本书具体研究了日本推动主要"巨型FTA"的路径与特色，每个"巨型FTA"实际上也充当了案例角色，而在各自的论证中，力求将更多的案例与分析融为一体。

1.4.2 创新点与难点

1. 创新点

主要在于视角创新。首先，本书注重宏微结合。现有国内外研究成果多注重对日本推动具体"巨型FTA"展开研究，将"巨型FTA"战略作为整体来进行系统研究的成果不多，宏微结合的成果更是凤毛麟角。本书则注重宏微结合，在宏观上，研究日本"巨型FTA"战略的演变进程、实施动因与政策考量，对其进行评估，对未来走向进行展望并分析对中国的影响，其中，又以具体的推进状况为案例来加强论证；在微观上，研究日本基于复合平衡理念推进主要"巨型FTA"的路径与特色。其次，本书注重在中美日三角背景下研究日本"巨型FTA"战略。基于日美同盟为战后日本外交的基轴，拜登政府将中国视为"最严峻的竞争对手"，中国在自贸区战略方面与日本有较大合作空间，日本在中美之间实施战略对冲等背景，日本推进"巨型FTA"战略需处理好与中美两国的关系，因此研究日本的"巨型FTA"战略不应脱离中美日三角关系背景。正如有观点所言，"中美日三边关系如何演变，不仅对中美日三国自身具有关键意义，而且在影响和构建亚太地区乃至整个世界政治经济秩序方面也发挥着至关重要的作用"[①]。最后，注重跨学科研究视角。本书属于国际政治研究领域，是运用国际政治经济的相关理论来分析具体国家战略的研究。研究注重"高政治"与"低政治"的结合，涉及政治、经济、文化和外交等多个学科，因此在研究过程中强调扩宽思路，注重跨学科研究视角。

2. 难点

第一，复合平衡逻辑框架的构建。本研究的逻辑框架是在对诸多先行理论进行研究剖析的基础上搭建而成的，虽然选取了传统均势理论、

---

① 王逸舟、张小明、赵梅、庄俊举：《国关十人谈（第二辑）》，上海人民出版社2019年版，第133页。

威胁制衡理论、经济制衡理论、利益制衡理论以及三角关系理论等作为研究基础，但是否还有其他的相关理论应纳入研究视野需进一步深入思考。另外，在这些理论的基础上搭建出具有解释力的逻辑框架并非易事。

第二，如何从多学科视角整体把握研究进展。日本"巨型FTA"战略研究横跨国际政治、国际经济、国际战略、国际关系、国际文化、亚洲史、政治经济学、区域经济学等多学科，涵盖政治、经济、军事、思想、文化等多个领域，在研究具体问题时需交叉组合，如何从整体上有效取舍和把握既需具体问题具体分析，也需要有全局视野。

第三，如何处理与本研究相关的新趋势或新问题。日本"巨型FTA"战略起始于前首相安倍晋三执政期间，在菅义伟和岸田文雄内阁时期该战略继续得以推进。中日韩FTA、第二阶段的日美贸易谈判、RCEP的升级和扩容、CPTPP的扩容、亚太自贸区的建设等大量问题尚未解决，因此，该研究也不适合于断代研究方法。据此，本研究既要及时处理出现的新趋势，又必须研究如何取舍的问题。

1.5 基本结构

本书除导论和结论之外共分为8章。各部分的基本内容如下：

第1章导论部分主要介绍本书的研究背景、目的和意义，对核心概念进行解析，分四部分对国内外研究现状进行梳理，总结基本思路、研究方法、创新点与难点，列出本书的基本结构。

第2章是逻辑框架构建部分。首先对国际政治领域现有主流平衡理论进行总结和概括，其次对冷战后日本国家大战略与FTA战略中的平衡理念进行剖析，指出日本"巨型FTA"战略沿袭了平衡理念，同时强调该平衡具备复合特征，接下来基于分析折中主义尝试构建复合平衡逻辑框架。

第3章总结日本"巨型FTA"战略的演变、动因与政策考量。演变脉络主要分为形成阶段、发展及深化阶段；动因与政策考量主要包括七方面，以经贸领域的动因为主，也包括政治、外交等方面的动因与政策考量。

第4章剖析日本"巨型FTA"战略的推进路径与特色。本章内容是本书最为核心的部分，主要在复合平衡视阈下具体分析日本推动的主要"巨型FTA"，即TPP、CPTPP、RCEP、日欧EPA、中日韩FTA、新时期日美贸易协定和亚太自贸区的推进路径与特色。

第5章是对日本"巨型FTA"战略的评估部分。主要从经济、政治、外交、文化等方面对"巨型FTA"战略对日本的战略价值和制约因素进行评估。

第6章是日本"巨型FTA"战略的展望部分。在梳理日本"巨型FTA"战略的演变脉络，总结动因与政策考量，剖析推进路径与特色，对其进行评估的基础上，从平衡思维、经贸与外交、政治等层面上对该战略的未来走向进行展望。

第7章剖析日本"巨型FTA"战略对中国的影响。按照经济、政治、外交等领域将该战略对中国的影响分为积极影响和消极影响分别进行阐释。

第8章是结论部分，首先阐释本书两个主要研究问题的解决方法，其次提出本书的五点结论，最后简要分析中国该如何看待和妥善应对日本"巨型FTA"战略。

第 2 章 复合平衡逻辑框架

日本在推动"巨型 FTA"战略过程中经常表现出非常明显的平衡理念,基于此,本书构建了与平衡有关的逻辑框架以更全面地解析该战略。逻辑框架中的平衡概念主要来源于现有国际政治领域中的平衡理论。冷战后日本国家大战略和 FTA 战略中的平衡思维为逻辑框架中的平衡概念提供了支撑,这也说明日本"巨型 FTA"战略的平衡理念有其具体渊源,并非空穴来风。此外,由于日本在推动主要"巨型 FTA"时均表现出了平衡特征,其平衡又各有侧重点,表现出不同的性质,因此需要构建具备复合性质的平衡框架,即复合平衡逻辑框架。

本章的第一部分主要分析现有国际政治领域中的平衡理论;第二部分剖析冷战后日本国家大战略与日本 FTA 战略中的"平衡"理念;第三部分构建复合平衡逻辑框架。

2.1 国际政治领域中的平衡理论

国际政治领域中涉及平衡的理论众多。结合"巨型 FTA"战略兼具政治与经济属性的特点,本书主要分析传统均势理论、威胁制衡理论、经济制衡理论、利益制衡理论和三角关系理论。

2.1.1 传统均势理论

对于均势(balance of power),许多学者都进行过深入研究,这也导致其概念众多,迄今为止并没有权威的定义问世。约翰·伊肯伯里(G. John Ikenberry)指出,"对世界政治最古老而又经久不衰的一种看法是，权力的集中必然会导致制衡反应"。① 从伊肯伯里的表述中至少可以看出均势的两种特性。其一，均势的历史悠久。欧洲从古希腊时期就已经在国家争霸中出现了运用均势原理的现象，此后，均势理念贯穿了整个欧洲的发展史。古代中国、古代印度业已出现了较为原始的均势思想。其二，一般而言，最为强大的国家容易受到其他国家的联合制衡，这也是传统均势理论的精髓所在。

在国际政治领域中，"均势"一般被认为是现实主义学派的代言词之一。现实主义的众多流派中，相对而言对于均势问题予以更多关注和论述的是古典现实主义和结构现实主义。在古典现实主义中，汉斯·摩根索（Hans Morgenthau）对均势问题的论述最具代表性。摩根索认为"均势"这种说法包含四种含义：(1) 以某种态势为目标的政策；(2) 一种实际形势；(3) 权力大致均衡地分布；(4) 权力的任意分布。当不加限定地使用这一术语时，它所指的是权力在一些国家之间大致均衡的分布所构成的一种实际形势。② 从摩根索的相关描述来看，所谓的"均势"或许是一种态势，抑或是一种政策，它强调权力的大致均衡分布，但同时，这种均衡分布又具备不稳定和变化的特征。

古典现实主义的另一位大师尼古拉斯·斯皮克曼（Nicholas Spykman）对均势也有诸多精彩论述。例如，他从权力平衡的视角来论述国家目标："无论理论与合理化如何阐释，国家的实际目标就是不断提升其自身的相对权力地位。而其想要的平衡状态其实是压制其他国家，使自己不受约束地成为具有决定力量和决定发言权的国家。"③ 他还认为权力平衡的评估不是一件易事，"实现权力平衡不需要精确到如同寻找完美平衡，但是即便如此，这个任务仍充满艰难"④。另外，他还指出："相对权力的评估仍然是靠纯粹的主观判断。任何国家总是会觉得另一个国家需要受到制衡。"⑤ 这一点与摩根索对"平衡"特性的论述有异

---

① [美]约翰·伊肯伯里：《美国无敌：均势的未来》，韩召颖译，北京大学出版社2005年版，第284页。

② [美]汉斯·摩根索著，[美]肯尼迪·汤普森改写：《国家间政治：为了权力与和平的斗争（第6版）》，李晖、孙芳译，海南出版社2008年版，第203页。

③ [美]尼古拉斯·斯皮克曼：《世界政治中的美国战略——美国与权力平衡》，王珊、郭鑫雨译，上海人民出版社2019年版，第20~21页。

④⑤ [美]尼古拉斯·斯皮克曼：《世界政治中的美国战略——美国与权力平衡》，王珊、郭鑫雨译，上海人民出版社2019年版，第21页。

曲同工之妙，即在国际政治领域中，均势的判断迥然不同于自然科学领域，无法用质量、数量等参数来明确评估，主观意识起到了重要作用。

在结构现实主义中，肯尼思·华尔兹（Waltz K. N.）对于均势有过深入探讨。华尔兹在肯定均势理论重要性的同时，认为该理论尚未有权威性的论述：" 如果说有什么关于国际政治的独特的政治理论，则非均势理论莫属。但是我们却找不到一个关于该理论的、能够被普遍接受的论述。"① 华尔兹多从系统的视角对均势进行描述，在很大程度上属于结构—单元理论构建的一部分，例如 " 政治行为体是选择彼此制衡还是'追随强者（bandwagon）'，取决于系统的结构 "。② 在盟友选择方面，华尔兹认为：" 如果可以自由选择的话，国家将涌向较弱的一方，因为威胁它们安全的是较强的一方。"③ 华尔兹还善于从古典中寻求灵感，他根据修昔底德对伯罗奔尼撒战争的记载，推导出 " 国家寻求权力的制衡，而非权力的最大化 "④ 的命题。

对均势的探讨并非现实主义学者的专属，英国学派也表现出了浓厚的兴趣，而且在这一领域颇有建树。一般认为，赫德利·布尔（Hedley Bull）对于均势理论的最大贡献是其详尽的均势类型分类法，他将均势分为：简单均势（simple balance of power）和复杂均势（complex balance of power）；整体均势（general balance of power）和局部或特殊均势（local or particular balance of power）；主观均势和客观均势；偶发（fortuitous）均势和人为（contrived）均势。⑤ 布尔的均势观中，有的与现实主义观点异曲同工，如 " 维持均势的原则无疑对大国有利，对小国有害 "。⑥ 也有的对现实主义观点进行了修正，如现实主义主张在任何一个国际体系中国家都会倾向于追求均势，而布尔指出这种观点源于现实主义的权力政治观。他指出：" 我并不认为在国际体系中会不可避免

---

① ［美］肯尼思·华尔兹：《国际政治理论》，信强译，苏长和校，上海人民出版社 2008 年版，第 124 页。

② ［美］肯尼思·华尔兹：《国际政治理论》，信强译，苏长和校，上海人民出版社 2008 年版，第 133 页。

③④ ［美］肯尼思·华尔兹：《国际政治理论》，信强译，苏长和校，上海人民出版社 2008 年版，第 134 页。

⑤ ［英］赫德利·布尔：《无政府社会（第四版）世界政治中的秩序研究》，张小明译，上海人民出版社 2015 年版，第 89～93 页。

⑥ ［英］赫德利·布尔：《无政府社会（第四版）世界政治中的秩序研究》，张小明译，上海人民出版社 2015 年版，第 94 页。

地产生追求均势的倾向，国家只有在必须维持国际秩序的时候，才会去维持均势。国家有可能并且经常不遵守均势的要求。"①

一般而言，保持或恢复均势的传统方法和手段有："（1）分而治之的政策（旨在削弱较强一方的实力，如有必要可与较弱一方结盟）；（2）战争之后给予领土补偿；（3）建立缓冲国；（4）组建军事同盟；（5）建立势力范围；（6）进行干涉；（7）外交上讨价还价；（8）用法律与和平的方法解决争端；（9）裁减军备；（10）军备竞赛；（11）如有必要用战争维持和恢复均势。"② 而更为简洁和更符合现代国际政治特征的理解是，一国的均势战略一般有：（1）制衡，包括以结盟为主要特征的外部制衡和以挖掘本国潜力、提升自身实力为主要特征的内部制衡；（2）追随，即弱国寻求强国保护的战略；（3）推诿，即推卸自身应承担责任的战略；（4）绥靖，出于种种考虑对威胁放任不管的战略；等等。

传统均势理论认为，"均势"大致可以理解为一个系统中各种力量之间尽量保持一种稳定的状态，也有可能以某种政策的形式呈现，各方对这种状态的默认使系统具备一定的纠错性，如果在主观上判断权力出现失衡的现象，一方或几方力量会主动修复或重建系统。传统均势理论最为适用的领域是军事、安全、政治等，具备明显的"高政治"特征。不过，当今世界，政治、经济现象密不可分，许多经济现象背后都有军事和安全等因素发挥作用。例如，日本"巨型FTA"战略虽然从类别上来看属于经济或者说是贸易战略，但正如日本著名学者松下满雄所言，TPP是经济问题，也是国际政治问题。③ 日本在推进"巨型FTA"战略时，有时需将其与美国在日本的驻军问题以及安全保护问题等联动考量，这是"低政治"与"高政治"结合的范例之一。此外，日本希望通过"巨型FTA"战略平衡中国在东亚乃至亚太地区的影响力，即均势思维是日本"巨型FTA"战略的基本逻辑之一。使用均势策略符合日本的国家利益需求，也在一定层面上获得了美国的支持，"美国需

---

① ［英］赫德利·布尔：《无政府社会（第四版）世界政治中的秩序研究》，张小明译，上海人民出版社2015年版，第97页。

② ［美］詹姆斯·多尔蒂、［美］小罗伯特·普法尔茨格拉夫：《争论中的国际关系理论（第五版）》，阎学通、陈寒溪等译，世界知识出版社2013年版，第45页。

③ ［日］松下満雄：「TPP交渉参加に思う」、『季刊国際貿易と投資』、2011年、Winter、2頁。

要伙伴在世界若干地区维持均势"①。简而言之，运用传统均势理论来解释一国经济战略的某些方面具备一定的可行性。

2.1.2 威胁制衡理论

斯蒂芬·沃尔特（Stephen Walt）提出了威胁制衡理论（balance of threat theory），指出"该理论应被看成是对传统均势理论的改进"②。传统的均势理论认为，中等或弱小国家会联合起来制衡最为强大的国家。按此逻辑，战后美国应该受到许多国家的制衡，但实际上这种现象并未大范围发生。沃尔特据此提出，国家并不仅制衡实力，它们还制衡威胁。③ 从这种论断来看，威胁制衡理论的确应被视为对传统均势理论的修正。虽然沃尔特是基于对中东地区的案例分析提出了该论断，但我们发现，该理论在其他地区也有一定的适应性。例如，对于日本和美国联合起来制衡中国的国际政治现象，传统的均势理论显然缺乏解释力度，而威胁制衡理论显得更具说服力。正如沃尔特所言，"国家制衡那些构成最严重威胁的国家，而后者不一定是体系内最强大的"④。当然，此处的"最严重威胁"既可能是实际存在的，也可能是主观认识上的。结合"中国威胁论"在日本有很大市场的这一事实，我们有理由相信日本在推动"巨型FTA"战略时也会将中国视为一种威胁的存在。

可以看出，威胁制衡理论的确对传统均势理论形成了补充，但在客观性方面有所欠缺。另外，该理论在解释国际政治经济现象方面也存在一些不足。例如该理论的逻辑是：传统的均势理论关注的是"高政治"，即军事、安全等，其核心概念是实力，以军事能力为主，但也不排除地理、人口、经济等要素；与此相比，威胁制衡理论不仅包括传统均势理论所囊括的诸要素，另外还要考察进攻能力、被认知的意图等，

---

① ［美］亨利·基辛格：《大外交》，顾淑馨、林添贵译，海南出版社2012年版，第830页。
② ［美］斯蒂芬·沃尔特：《联盟的起源》，周丕启译，北京大学出版社2007年版，第254页。
③ ［美］斯蒂芬·沃尔特：《联盟的起源》，周丕启译，北京大学出版社2017年版，第144页。
④ ［美］斯蒂芬·沃尔特：《联盟的起源》，周丕启译，北京大学出版社2017年版，第254页。

因此，威胁制衡理论理应是传统均势理论的有益修正。从逻辑上看，沃尔特的理论有一定的道理，但实际上，沃尔特并没有跳出传统均势理论的思维框架，最为典型的例子是其对威胁来源的论述。沃尔特认为影响威胁水平的要素主要包括：（1）综合实力，即国家的总体资源（例如人口、工业和军事能力，以及技术能力）越强，给别国造成的潜在威胁就越严重；（2）地缘的毗邻性，即邻近的国家比距离远的国家构成的威胁更严重；（3）进攻实力，即拥有巨大进攻能力的国家比那些没有能力发起进攻的国家更有可能激起联盟的建立；（4）进攻意图，被认为具有侵略性的国家有可能激起其他国家采取制衡行为以对抗这些国家。① 可以明显看出，沃尔特对威胁来源的判断标准充满了现实主义元素，虽然一定程度上跳出了"高政治"领域的桎梏，但"进攻实力""进攻意图"等要素在解释国际经济现象时有些格格不入。

一言以蔽之，利用威胁制衡理论解释国际经济现象时或许需要对其模型进行一定的修正，但我们应该认识到该理论最大的贡献在于观点创新，其能够对传统均势理论所不能解释的国际政治经济现象进行较好的诠释。由于日本"巨型FTA"战略并非单纯的经济战略，威胁制衡理论在解释该战略时具备一定的说服力。

2.1.3 经济制衡理论

传统的均势理论偏重军事、安全等"高政治"领域。不过，随着经济、环境、粮食等"低政治"领域要素在国际政治中发挥越来越重要的作用，均势理论也发生了重要的修正，在国际经贸领域中的影响愈加凸显。

严格来讲，经济制衡（economicbalancing）理论属于软均势（soft balancing）理论的一种。一般认为，软均势理论作为明确的学术概念最早是由罗伯特·A. 帕朴（Robert A. Pape）提出的，而保尔（T. V. Paul）对其做了重要的系统阐述。软均势理论提出的主要契机是，2003年初，美国在对伊拉克发起军事行动时，受到了来自中国、俄罗斯、法国、德国等一些主要大国的阻力。阻力并非表现为军事形式，而以批判和谴责

---

① ［美］斯蒂芬·沃尔特：《联盟的起源》，周丕启译，北京大学出版社2017年版，第21~25页。

等为主。基于此，帕朴提出了软均势的概念。帕朴认为，"软均势主要是运用包括国际制度、经济政策和对中立地位的严格解释等在内的非军事手段来影响单极国的军事行动"①。软均势理论的主要研究依据和对象是军事行动，而实际上，在相互依赖日益密切的当今世界，军事行动虽不可能完全避免，但相对于经济活动，其发生的频率、范围等显然不具可比性。从这个视角来看，软均势理论在解释力方面存在着较大的缺陷，而这也促成了经济制衡理论的出现。坎贝尔（Benjamin W. Campbell）提出了经济制衡理论，该理论描述了一种战略意图，即相较于军事支出更重视经济增长，并且想与单极国家实现经济平等。②

战后日本在很长一段时间内实施"吉田路线"，以日美同盟为外交基轴，重视发展经济而将安全委托给美国。因此一般认为，日本在实施"吉田路线"的这段时期内，对美国采取的是追随战略。然而，经过20世纪50年代中期至70年代初的高速经济成长期，日本不仅在GDP上长期位居世界第二，而且其在纺织品、钢铁、彩电、半导体等领域的发展已经对美国形成了威胁，在美国的施压下，日美两国从20世纪50年代末至90年代中期在上述领域分别开展了不同轮次的贸易谈判。例如，日美两国就纺织品、钢铁、彩电等货物多次开展谈判，并分别签署了贸易协定。另外，两国还就电信以及半导体等开展磋商并签署相应的贸易协定。该时期日美两国的贸易谈判，日本以限制对美贸易量、降低关税等为主要应对形式。③ "美国使用其政治力量堵住日本贸易的发展"④，这些贸易协定则是集中体现。

如果说从战后初期至20世纪70年代，日本的对美战略多体现为推诿和追随的话，那么在日美贸易谈判集中开展的20世纪八九十年代，日本的对美战略中制衡色彩也较为突出，而且这种制衡更符合上述坎贝尔提出的经济制衡理念。当然，美苏两极对立的现实并不完全符合经济

---

① 王帆、曲博：《国际关系理论：思想、范式与命题》，世界知识出版社2013年版，第106页。

② 崔健：《日本国家安全战略选择的政治经济分析——以均势理论为基础》，载于《日本学刊》2015年第2期，第50页。

③ 陈倩：《日美贸易摩擦的演进过程、经验教训及对中国的启示》，载于《西南金融》2019年第3期，第12~22页。

④ ［美］安德鲁·戈登：《现代日本史：从德川时代到21世纪》，李朝津译，中信出版社2017年版，第479页。

制衡理论中对于"单极国"的界定，但如果考虑到日本视苏联为威胁，而与美国在同一阵营这一事实的话，也可以一定程度上满足该理论的条件，即在日美等国组成的阵营中，美国为单极国。在经济高速发展，国力得到明显提升后，日本的对美自主意识空前高涨，与美国实现经济平等的思想在一定时期内存在是不争的事实，1989年著名企业家盛田昭夫和右翼政客石原慎太郎共著的《日本可以说不》一经出版就迅速成为热点的事实就是这种思想的集中体现之一。日本对于美国的经济制衡并不仅仅局限于该时期，跨入21世纪以来，日本追求自主性的呼声不绝，在经贸领域，例如"巨型FTA"战略中也有这种战略思想的存在。另外，特朗普政府时期奉行的"美国第一"策略客观上也助推了该战略思想的形成。

2.1.4 利益制衡理论

利益制衡理论（balance of interests theory）是由美国学者兰德尔·施韦勒（Randall Schweller）提出的。施韦勒理论的硬核是"利益"，核心论点是国家依据利益来判断是采取"追随"还是"制衡"策略。施韦勒是新古典现实主义的代表人物之一，新古典现实主义与古典现实主义以及结构现实主义最大的区别之一是不再将单元（即国家）视为一个统一的理性行为体，对单元层面给予了更多的关注，主张体系与单元是相互影响的。基于此，施韦勒从利益偏好的视角将国家分为两类：一类是偏好于维持现状的国家，谋求安全的最大化；另一类是偏好于修正主义的国家，谋求权力的最大化。[1] 维持现状国家保证利益的立足点在于其所在体系的稳定，因此倾向于制衡更加强大的修正主义国家；而修正主义国家则是为了追求更大的利益而力主改变体系，因此倾向于追随更加强大的修正主义国家。不过，整体而言，利益制衡理论主张国家的主导行为是"追随"，而权力平衡理论即传统的均势理论主张由于权力失衡而制衡最为强大的国家，威胁制衡理论主张由于威胁失衡而制衡最有威胁的国家，从这一点来看，后两者主张国家的主导行为是"制

---

[1] Randall L. Schweller, Bandwagoning for Profit: Bringing the Revisionist State Back In. *International Security*, Vol. 19, No. 1, Summer, 1994, pp. 72–107.

衡"。① 另外，虽然传统均势理论与利益制衡理论中均包括"追随"，但二者并不完全相同。传统均势理论中的"追随"强调弱国需要强国的保护，其中固然有谋求利益的成分，但并非理论硬核。

总而言之，按照施韦勒的理论，国家行为由其所认定的利益决定。② 与"制衡"相比，国家更倾向于"追随"，这种"追随"并非普遍意义上的"追随"，而是以"利益"获得与否为判断基准，即追随对本国不具备威胁的强国以期获取利益，在经济领域中出现的频率较高。日本在推动"巨型 FTA"战略时部分表现出明显的"追随"特征，这种"追随"不同于安全领域的寻求保护的"追随"，而是更符合以谋求利益为目的的施韦勒对"追随"的定义。但是日本究竟属于施韦勒提出的维持现状国家还是修正主义国家难以明确界定，在不同的阶段以及不同的战略中，这两种特征在日本身上或体现为单方面的特征，或均有不同程度的体现。

2.1.5 三角关系理论

在国际政治经济领域，三边关系或者说三角关系较为常见。三角关系，顾名思义是指有三个行为体。虽然就行为体而言，有国家行为体和非国家行为体之分，但在三角关系中的行为体一般指国家行为体。国外学界对三角关系研究较为有名的有英国学者马丁·怀特（Martin Wight）、美国学者洛厄尔·迪特默（Lowell Dittmer）等，③ 不过怀特和迪特默的研究均有瑕疵。前者似乎更多地将处于三角关系中的国家行为体视为实力基本均等的大国，实际上主张的是一种理想状态下的对称型三角平衡，并没有考虑到不对称型三角平衡的存在；后者虽然总结出了"三人共处""罗曼蒂克""稳定婚姻"这三种三角关系，而且也注意到了不对称三角关系的存在，但在构成条件的设定上不够全面。在国内学者中，贾庆国从国家决策的自主性、国家利益的相关性以及双边关系的

---

① 刘丰：《大国制衡行为：争论与进展》，载于《外交评论》2010 年第 1 期，第 118 页。
② 汪伟民：《联盟理论与美国的联盟战略——以日美、美韩联盟研究为例》，复旦大学博士论文 2005 年，第 37 页。
③ Martin Wight, *Systems of States*. Leicester: Leicester University Press, 1977; Lowell Dittmer, The Strategic Triangle: An Elementary Game-theoretical Analysis. *World Politics*, Vol. 33, No. 4, 1981, pp. 486 – 490.

互动性这三方面界定了三角关系的三个基本特征;[①] 夏立平则认为国际政治中的三角关系反映了这样一种互动关系,即在一个由三个国家构成的系统中,一国的行为会影响其他国家,一对双边关系的变化会使其他双边关系也发生变化。[②] 国内学者虽然没有论及三角关系对称与否的问题,但明显增加了解释变量,扩宽了三角理论的适用性。

本书认为,从历史演变以及国际政治经济领域的现状来看,所谓的三角关系应该包括三方实力对称型和三方实力不对称型这两大类。现有研究成果中提到的三角关系大都以三方实力对称型为研究对象,而实际上实力不对称的三角关系广泛存在,其关系维系基于国家利益、政治经济因素、价值观认识等诸多变量的作用。例如中日韩 FTA 中的三边关系随着中国实力的增强越来越体现为实力不对称型特征,不过,价值链的互补等经济现状以及对于各自国家利益的重视等因素在较大程度上弥补了实力差距,使得三角关系得以维系。再如,日本在首份 FTA 官方文件《日本的 FTA 战略》中明确指出要注意保持日美欧三角平衡,而作为 FTA 战略的延伸,"巨型 FTA" 战略继承了这一战略思想。日美欧的三角关系实际上也是实力不对称型,其维系与否的关键在于,是否有共同的价值观以及一致的经济利益等。

2.2　冷战后日本国家大战略与 FTA 战略中的平衡理念

冷战后日本国家大战略与 FTA 战略均与本书的研究对象——日本"巨型 FTA"战略密切相关,二者的平衡理念也在很大程度上影响和塑造了日本"巨型 FTA"战略。

2.2.1　冷战后日本国家大战略中的平衡思维

大战略理论创始人利德尔·哈特（Liddell Hart）认为:"所谓大战

[①] 贾庆国:《中美日三国关系:对亚洲安全合作的影响》,载于《国际政治研究》2000 年第 2 期,第 31 页。

[②] 夏立平:《当代国际关系中的三角关系:超越均势理念》,载于《世界经济与政治》2002 年第 1 期,第 17 页。

略—高级战略的任务，就是协调和管理一个国家或一组国家的全部资源，以便达到战争的政治目的。"① 可见，"大战略"一词带有浓厚的军事色彩。冷战结束后，随着"低政治"因素在国际政治领域中的地位上升，"大战略"也被赋予了更多的超越军事的含义。冷战后日本有没有国家大战略？这个问题很难有一个明确的答案。虽然日本一度在2009年至2012年底设置过隶属于内阁官房的国家战略室，但其主要功能为策划经济运行以及财税等方面的基本方针，与传统意义上的国家战略制定部门还是相距甚远。不过这种现状并不妨碍学者们对日本的国家大战略展开研究。在众多研究者中，东亚问题专家理查德·J. 塞缪尔斯（Richard J. Samuels）的成果在学界相对而言有较高的认可度，他在《日本大战略与东亚的未来》一书中对于日本的国家大战略进行了深入分析。塞缪尔斯认为战后日本在相当一段时期内的国家大战略毫无疑问是"吉田路线"。所谓"吉田路线"指的是战后初期出任日本首相的吉田茂制定的一系列外交政策的统称，最为典型的特征是"轻军备、重经济"。吉田茂反对即刻实施大规模再军备，认为日本当时最迫切的课题是经济复兴。② 一般而言，大战略会揭示国家目标与其实现手段之间的关系，③ "吉田路线"则较为清晰地反映了这种关系。国际政治学者高坂正尧认为该路线首要的国家目标是经济目标。为此，日本与美英海洋国家缔结友好关系，参与开放的国际经济体制。④ 此外，寻求美国的核保护是其手段之一。该路线对战后日本产生了持续而深远的影响，被认为是战后日本长期的外交指针。"吉田路线"之所以能够较为顺利地得以执行，重要原因之一是作为其保护伞的美国拥有强大的实力，而在该时期的大多数时间里中国并未达到现有的地位和影响力。

当然，大战略需要调动国家的全部资源和手段，还应包括经济战略、外交战略等，从这个视角来看，20世纪80年代前首相大平正芳的

---

① Basil Liddell Hart, *Strategy*: *The Indirect Approach*. London: Faber & Faber, 1967, P. 335. 转引自 Collin S. Gray, *Modern Strategy*. Oxford: Oxford University Press, 1999, P. 18. 转引自李少军：《国际政治学概论（第五版）》，上海人民出版社2019年版，第398页。

② 肖伟：《战后日本国家安全战略的历史原点》，新华出版社2009年版，第181页。

③ 杨卫东：《美国霸权地位的衰落——基于政治领导力的视角》，载于《国际论坛》2021年第1期，第58页。

④ ［日］中西宽：『敗戦国の外交戦略—吉田茂の外交とその継承者—』、平成15年度戦争史研究国際フォーラム報告書、2004年3月版、125頁。

"综合安全保障观"、2013年日本推出的《国家安全保障战略》等也一定程度上具备了大战略的基本要素。不过，2013年的《国家安全保障战略》是对1957年的《国防基本方针》的修订，虽然时间跨度接近于"吉田路线"，但是从内容来看，《国防基本方针》更侧重于与战争相关的安全保障，① 在提出的四项基本方针中，日美安保体制与适应国情加强防卫力量是核心理念，② 不具备大战略的典型特征，而"综合安全保障观"无法涵盖战后至20世纪70年代末这一时期，因此，纵贯整个日本战后史的应该只有"吉田路线"。"吉田路线"在日本战后的经济发展史中厥功至伟这一点无法否认。如果论及冷战后的日本国家大战略，"吉田路线"依然是最佳选择。不过，20世纪80年代以来，"吉田路线"的作用似乎大为受限，越来越多的学者提出了质疑。例如，西原正于1977年首次使用了"吉田主义"一词，主张只有吉田主义才是日本的外交战略，同时也认为进入80年代后吉田主义的有效性正在丧失。③ 塞缪尔斯对出现这种现象的背景和原因进行了总结，指出：第一是美国的相对衰落；第二是伴随中国崛起出现的巨大软实力资源和经济机会，这有可能挑战美国所能提供的资源和机会；最后，日本所显示出的任何谋求大国地位和完全的安全自治的野心，将必然刺激日本邻国采取平衡行为，并无疑会招致美国的反对。④ 在此基础上，塞缪尔斯认为"吉田路线"，即冷战后日本的国家大战略会得到调整，"日本不会与中国走得太近，也不会离美国太远。一个恰到好处的共识将会取代吉田共识"。⑤ 虽然此处的结论是塞缪尔斯对"对冲（hedge）"的表述，但实际上作为金融学术语，"对冲"的最基本特征是两笔交易的数量大致相当，而投射在国际政治中，则完全可以理解为双方权力平衡，即塞缪尔斯认为冷战结束后日本在中美两国之间寻求平衡，而且这或许将成为日

---

① ［日］内阁官房「国防の基本方針」、1957年5月20日、http://www.cas.go.jp/jp/gaiyou/jimu/taikou/1_kokubou_kihon.pdf.

② ［日］西川吉光：『日本の安全保障政策』、晃洋書房、2008年、122頁。

③ ［日］李钟元、田中孝彦、细谷雄一：《日本国际政治学·第四卷·历史中的国际政治》，刘星译，北京大学出版社2017年版，第194页。

④ ［美］理查德·J. 塞缪尔斯：《日本大战略与东亚的未来》，刘铁娃译，上海人民出版社2010年版，第262~263页。

⑤ ［美］理查德·J. 塞缪尔斯：《日本大战略与东亚的未来》，刘铁娃译，上海人民出版社2010年版，第274~275页。

本今后一段时期内的国家大战略的主要思维。美国实力的相对衰落与中国实力的不断增强是日本在中美两国之间寻求平衡的重要原因。

2010年日本GDP被中国超越以后退居世界第三，其后与中美两国之间的差距越来越大，另外，中美两国的GDP虽仍有不小的差距，但差距在不断缩小已是不争的事实，这种现状以及对未来的预期使得日本越来越难在中美两国之间站队，传统的依靠美国核保护伞的"吉田路线"也越来越失去现实意义。"吉田路线"面临变革，而在两大国之间寻求平衡或许是所谓"后吉田路线"的调整方向和现阶段日本的最佳选择。对于这一点，也有其他学者持类似见解，例如赵全胜认为日本会在中美两国之间充当平衡者角色[①]；张季风指出考虑到日美同盟关系，日本会在中美博弈中支持美国，但中国实力的上升或许会带来变化[②]；姜龙范认为日本无法超然于中美战略博弈，寻求平衡是日本自保的重要课题[③]。

基于上述分析，本书认为可将"后吉田路线"视为冷战后日本主要的国家大战略。"后吉田路线"是"吉田路线"的延伸，继承了政治外交上依附美国的传统，但又以在中美两国之间掌握平衡为最主要特征，而这也是"吉田路线"发生的最大变化。冷战后，美苏争霸体制瓦解，随着中国实力的日益提升，"吉田路线"也面临着调整，"后吉田路线"渐趋成形。"后吉田路线"从单纯依附美国逐渐转为在中美之间寻求平衡，即安全上依靠美国，经济上依赖中国，强调巩固日美同盟的同时，也不忘表明同中国发展经贸关系的重要性。日本虽然在某一届政府中或许存在摇摆过度、倾向性过强的态势，但从整体看，重视平衡应为冷战后日本国家大战略的主要特征。之所以如此，是因为所有战略的制定基础都是国家利益，都是为了更大限度上服务于本国的国家利益，因此，在中国经济快速发展的背景下，日本不会为了巩固日美同盟而放弃同中国的经贸往来。

从逻辑上看，"巨型FTA"战略属于日本的新自由贸易战略，是冷

---

① 赵全胜：《中日关系再出发与东亚方式》，引自赵全胜等：《"安倍首相访华与中日关系发展"笔谈》，载于《日本研究》2018年第4期，第2页。
② 张季风：《全球变局下的中日经济关系新趋势》，载于《东北亚论坛》2019年第4期，第9页。
③ 姜龙范：《中日美三边关系博弈互动的新态势、新挑战及对策建议》，载于《东北亚学刊》2019年第2期，第52~53页。

战后日本国家大战略中的经济战略的有机组成部分，在整体推进方向上大概率会受到国家大战略的影响，即平衡也是"巨型FTA"战略的主要特征或是手段之一。不过，我们应该认识到，"巨型FTA"战略的平衡对象不可能仅限于中美两国，在不同时期以及不同的领域，日本的平衡对象应会有所变化。简而言之，日本"巨型FTA"战略的平衡思维既包括在中美之间寻求平衡，也包括其他层面的平衡，呈现出复合特征，而且会投射在其外交战略的各个领域中。

2.2.2　日本FTA战略中的平衡设计

日本制定了明确的FTA战略。2002年10月，日本外务省发布了《日本的FTA战略》，这是日本首份官方FTA战略文件。在该战略中，日本重点解读了EPA/FTA战略的"掌握平衡"问题。

所谓"掌握平衡"是指，日本在推动FTA过程中特别重视在重点区域之间保持平衡，不能"厚此薄彼"。战后日本多依托于日美同盟开展外交，同美欧之间有所谓的相同价值观存在，因此，在FTA战略方面，日美与日欧之间的FTA必在重点考量之中。这一点，在《日本的FTA战略》中有明显体现。"日美关系是日本外交的基轴，若日美EPA/FTA实现则有助于强化这种关系。……另外，基于构建日美欧平衡关系的视点，日本亦应考虑同欧洲之间通过EPA/FTA强化经济合作。"①"应在密切关注WTO谈判进程的同时，将在日本EPA/FTA战略中如何定位日美关系和日欧关系视为东亚EPA/FTA的长期课题。"② 在这些阐释中，日本明确表露了要同美欧保持平衡的意图，在此基础上，作为长远目标要力争实现日美欧三角平衡。另外，如前所述，日本将"日中韩+ASEAN"视为FTA战略的初始重点工作，以此来推动东亚地区的经济联合，强调通过EPA/FTA同东盟发展经济关系的重要性，还特意提到了中国也在努力同东盟开展EPA/FTA谈判，这实际上也是一种平衡理念的体现，即在发展同东盟经济关系方面保持中日韩三方均衡，至少，日本不希望落后于中韩两国。简而言之，在日本首份官方FTA战略文件中，维系日欧与日美之间的平衡、日美欧三方均衡、中日

---

①② ［日］外務省「日本のFTA戦略」、2002年10月、https：//www.mofa.go.jp/mofaj/gaiko/fta/senryaku_05.html。

韩三方均衡等平衡理念跃然纸上。

《日本的 FTA 战略》是日本政府经过精心准备推出的首份 FTA 战略方针和官方文件，其指导意义和重要性不言而喻。日本"巨型 FTA"战略是日本 FTA 战略的高级发展阶段，代表着一种新的发展方向。在推进设计方面，同样遵循"掌握平衡"原则，即在具体推动过程中贯彻复合的、多层的平衡原则，而并非单一的平衡，以更好地维护日本的国家利益。

2.3 复合平衡逻辑框架的构建原则、要素与内容

迄今为止，国内外学界并没有出现严格意义上的"复合平衡"概念，因此，也就不存在复合平衡理论。所谓的复合平衡是本书为了更好地剖析问题而构建起来的逻辑分析框架。

2.3.1 复合平衡的构建原则

本书基于分析折中主义理念来进行逻辑框架的构建。实际上，在分析折中主义出现之前，国际政治领域中的著名学者就已经提出了类似思想。如摩根索认为"国际事务的复杂性使得简单的处理方式和可信的预言判断是不可能存在的"[①]。虽然摩根索的本意是想说明国际政治学者所能做到的是分析各种可能存在的趋势，并通过研究不同环境中占主导的趋势来揭示范式的发展方向，而非简单笼统地对国际事务的未来进行预言，但我们同样可以理解为在分析错综复杂的国际事务时，比起简单地运用一种范式，多种范式的有机结合或许会得出更全面、更具说服力的结果。另如，新自由制度主义的代表人物罗伯特·基欧汉（Robert Keohane）并没有掩饰对现实主义代表学说之一的霸权稳定论的肯定，

---

① ［美］汉斯·摩根索著、［美］肯尼迪·汤普森改写：《国家间政治：为了权力与和平的斗争（第6版）》，李晖、孙芳译，海南出版社 2008 年版，第 27 页。

认为其是一种有用的分析国际合作与纷争的起点。① 这种表态至少可以说明基欧汉在一定程度上跨越了范式的界限和局限性。

在国际政治领域中,曾经采用过超越范式的思维来进行研究的学者并不仅限于三大范式的代表人物,其他一些学者也曾在自己的著述中运用折中主义阐述观点,如康灿雄(David C. Kang)的《中国崛起》、埃泰尔·索林根(Etel solingen)的《核逻辑》、玛莎·芬尼莫尔(Martha Finnemore)的《干涉的目的》等。② 基于这种现象,鲁德拉·希尔(Sil R.)和彼得·卡赞斯坦(Katzenstein P. J.)认为"如果将来自不同范式的多种原因因素考虑在内,国际关系理论可能会更有解释力,可以展示这些因素是如何影响或相互结合,在某种条件下共同制造出某种结果"③。希尔与卡赞斯坦提出分析折中主义概念,并非要创造出有别于三大范式以及英国学派等的新理论,相反,分析折中主义以既有范式或理论为基础,强调运用多种范式或理论来解释复杂的国际政治经济现象,因此,更多地体现为一种以融合为主要特征的研究方法。基于此,本研究在构建复合平衡逻辑框架时,并不刻意强调范式之间的区分,而是将现实主义、英国学派以及其他一些较新但有一定影响力的理论纳入研究视野。

2.3.2 复合平衡的要素

复合平衡逻辑框架包括三大要素,分别是"复合""平衡"以及平衡的主要对象——"权力",对于这三大要素,国内外学界有较为厚实的研究基础。

1. 复合

在国际政治领域中,"复合"译成英文一般为"complex",而

---

① Robert O. Keohane, *After Hegemony: Cooperation and Discord in the World Political Economy*. Princeton, N. J.: Princeton University Press, 1984, P. 39.

② David C. Kang, *China Rising: Peace, Power, and Order in East Asia*. New York: Columbia University Press, 2007, pp. 1 – 296; Martha Finnemore, *The Purpose of Intervention: Changing Beliefs about the Use of Force*. Ithaca, N. Y.: Cornell University Press, 2004, pp. 1 – 184; Etel Solingen, *Nuclear Logics: Contrasting Paths in East Asia and the Middle East*. Princeton, N. J.: Princeton University Press, 2007, pp. 1 – 424.

③ [美]鲁德拉·希尔、[美]彼得·卡赞斯坦:《超越范式 世界政治研究中的分析折中主义》,秦亚青、季玲译,上海人民出版社2013年版,第36~37页。

"complex"译成中文时可以有多种选择，如"复杂的""复合的""错综的""组合的"等，相对而言，"复杂的"和"复合的"较为常见。例如，赫德利·布尔提出的概念"complex balance of power"多被译为"复杂均势"，而罗伯特·基欧汉与约瑟夫·奈（Joseph S. Nye）的著名理论"complex interdependence"则一般被译为"复合相互依赖"。本研究中之所以采用"复合"这种说法主要基于以下原因：第一，布尔提出的"复杂均势"是相对于"简单均势"的一个概念，他认为"简单均势"由两个国家构成，而"复杂均势"涉及三个及以上的国家。[①] 不过，布尔并未对此概念进行深入探讨。基欧汉和奈对"复合相互依赖"进行了详尽分析，另外，其描述更接近于本研究中的对象特征。第二，在中文语境下，"复合"一词往往可以解读为"多元""多层""组合""综合"等，既包含有错综复杂之意，又有分层或组合之感，而"复杂"作为"简单"的反义词，虽然也有错综之意，但多用于强调难度，与本书中的研究对象表现出来的特征有较大差异。此外，本书的主要研究对象为日本"巨型 FTA"战略，是日本亚太经济合作战略和自由贸易战略的重要组成部分，而日本在制定类似的经贸战略时非常重视"多层的[②]"设计，而这与中文语境下的"复合"一词最为接近。

2. 平衡

平衡（balance）一词从本义上来看是指双方或多方之间保持一种相对均衡的状态，也可以用于达到该状态的手段。平衡现象自古有之，无论是自然界还是人类社会，平衡处处可见。与其说平衡是人或动物后天养成的能力，倒不如说其更接近于一种本能或者说是先天素质。作为平衡一词的近义词，摩根索曾经对"均衡"做过如下阐述："它意味着由多个自治因素构成的系统内部的稳定。一旦外在的因素或者系统中这个或那个因素发生变化破坏了均衡状态，系统就会显示出重建原有的，或者形成一个新均衡的倾向。"[③] 另外，摩根索对"平衡"的特性也进行过研究，指出"平衡的不稳定和变化不是偶然的或短期的，而是与生

[①] ［英］赫德利·布尔：《无政府社会（第四版）世界政治中的秩序研究》，张小明译，上海人民出版社2015年版，第89~93页。

[②] 日语一般表述为"重層的"，意为"多层重合或者是多种要素组合在一起"。

[③] ［美］汉斯·摩根索著、［美］肯尼迪·汤普森改写：《国家间政治：为了权力与和平的斗争（第6版）》，李晖、孙芳译，海南出版社2008年版，第203~204页。

俱来的和经常的"①。平衡概念在国际政治领域中得到广泛应用,例如有学者提出"研究国际社会现实的理论家也自然地把平衡作为核心概念,解释民族间的权力关系,并认为民族国家几乎都被其本性的规律所驱使,于是通过某种形式的权力制衡来谋求他们的安全。"② 另如,斯皮克曼指出:"国家之间的相处模式一直是在彼此遏制他国力量。事实是,国家只关注那些对自身有利的平衡。他们的目的不是真正的平衡,而是给自己留有巨大的行动空间。"③ 再如,乔治·凯南(George Kennan)认为"保证稳定和秩序的关键便是实现国际政治中的力量均衡"④。特别在国际政治均势理论中,"平衡"或者说"均衡"被视为理论内核,无论"均势"有多少种界定,都无法摆脱"平衡"或者是"均衡"的原有特性。而在中文语境中,"均衡"往往指一种状态,而"平衡"除此之外,还多有手段、策略之意。本书中主要指思维或者是手段、策略,因此,"平衡"一词更为合适。

3. 权力

在人类文明演进的过程中,权力是一个极其重要的概念。孔子、孟子等中国的先哲都曾探讨权力概念。古希腊的柏拉图(Plato)、奥古斯丁(Augustine)等哲学家也对权力概念进行过剖析。有学者认为对权力的系统反思和集中研究始于20世纪五六十年代。⑤ 对于权力的研究,涉及社会科学的各个领域,研究视角多样。例如,英国哲学家伯特兰·罗素(Bertrand Russell)基于人的原始欲望视角来研究权力,认为在社会科学领域中权力是基本概念,具有许多形态,例如财富、武装力量、民政当局以及影响舆论的势力。⑥ 另外,罗素强调权力研究的全局性,认为孤立研究某种形态的权力只能获得局部成功。⑦ 德国哲学家和社会学家马克斯·韦伯(Max Weber)主张,权力意味着在社会关系里即便遇

---

① [美]汉斯·摩根索著、[美]肯尼迪·汤普森改写:《国家间政治:为了权力与和平的斗争(第6版)》,李晖、孙芳译,海南出版社2008年版,第210页。
② [美]詹姆斯·多尔蒂、[美]小罗伯特·普法尔茨格拉夫:《争论中的国际关系理论(第五版)》,阎学通、陈寒溪等译,世界知识出版社2013年版,第43页。
③ [美]尼古拉斯·斯皮克曼:《世界政治中的美国战略—美国与权力平衡》,王珊、郭鑫雨译,上海人民出版社2019年版,第20页。
④ 李庆余、任李明、戴红霞:《美国外交传统及其缔造者》,商务印书馆2010年版,第282页。
⑤ 曾水英:《理解政治权力》,中央编译出版社2013年版,第5页。
⑥⑦ [英]伯特兰·罗素:《权力论》,吴友三译,商务印书馆2012年版,第4页。

到反对也能贯彻自己意志的任何机会。① 或者说"权力是把一个人的意志强加在其他人的行为之上的能力"。② 换言之，在韦伯看来，权力是一种具备强制属性的能力。彼得·布劳（Peter Michael Blau）进一步拓展了韦伯的权力概念，认为权力是一种带有强制性的社会互动关系，支配与服从是这种社会互动关系的主要表现形式。③ 本书在复合平衡框架范畴中论述权力，即权力与均势概念密切相关。"均势或曰'势力均衡'中的'权力'（power）不仅仅指状态意义上的'实力'（strength），更指力量层面的'势力'（force）及意志层面的'影响力'（influence）。"④

"对政治家和国际政治分析家而言，权力一直是一个令人困惑的概念"⑤，在国际政治领域里，虽然迄今为止并没有绝对权威的定义出现，但无论是将权力作为重要标签之一的现实主义，还是承认权力重要性的新自由制度主义和建构主义等主流学派，好像从来都没有停止过对于权力概念的争论。许多著名学者早已涉猎其中。例如，摩根索明确指出："我们所谈到的权力，是指人对其他人的头脑和行为进行控制的力量。"⑥ 摩根索、怀特等也曾关注权力与国际政治的相关性等问题。摩根索认为："与所有政治一样，国际政治是对权力的追逐。无论国际政治的终极目的是什么，权力永远是其现时的目标。"⑦ "怀特以一种试探、询问的方式提出大国政治表现为权力之争。"⑧ 一言以蔽之，在现实主义者的眼中，权力是国际行为体所追求的主要目标或保证生存和利益的重要手段。当然，讨论"权力"概念并不是现实主义的专利，其

---

① ［德］马克斯·韦伯：《经济与社会（上卷）》，林荣远译，商务印书馆1997年版，第81页。
② 《马克斯·韦伯论经济和社会规律》（英文版），剑桥大学出版社1954年版，第323页。转引自倪世雄：《当代西方国际关系理论（第二版）》，复旦大学出版社2018年版，第249页。
③ 曾水英：《理解政治权力》，中央编译出版社2013年版，第31页。
④ 王义桅：《超越均势：全球治理与大国合作》，上海三联书店2008年版，第8页。
⑤ 秦亚青：《西方国际关系理论经典导读》，北京大学出版社2009年版，第99页。
⑥ ［美］汉斯·摩根索著、［美］肯尼迪·汤普森改写：《国家间政治：为了权力与和平的斗争（第6版）》，李晖、孙芳译，海南出版社2008年版，第36页。
⑦ ［美］汉斯·摩根索著、［美］肯尼迪·汤普森改写：《国家间政治：为了权力与和平的斗争（第6版）》，李晖、孙芳译，海南出版社2008年版，第35页。
⑧ ［英］马丁·怀特著，［英］赫德利·布尔、［英］卡斯滕·霍尔布莱德编：《权力政治》，宋爱群译，世界知识出版社2004年版，第12页（序言）。

他主流国际关系理论学派，如新自由制度主义以及建构主义学者也并不掩饰对其的关注。新自由制度主义在不否认权力在国际政治中具有重要地位的前提下，强调国际体系中各行为体之间相互依赖的特征和本质对权力有极大的限定性。基欧汉与奈认为"权力可以被视为一种能力，即某行为体促使其他行为体做其原本不会去做的事情（其代价为前者可以接受），权力也可以视为对结果进行控制的能力"。① 从对权力的阐述中可以看出，尽管现实主义和新自由制度主义的权力观大相径庭，但双方均不否认权力的"控制"特性。建构主义学者则强调权力之所以能够在国际体系中发挥作用，其决定性因素是观念。亚历山大·温特（Alexander Wendt）指出"国际政治中权力分配的意义在很大程度上是由利益分配建构的，利益的内容在很大程度上又是由观念建构的"，② 不过温特也不否定权力在国际关系中的重要性。总而言之，在现有的国际政治体系中，"权力"依然是不可取代的重要概念，"虽然形式各异，但权力政治的实质没有根本改变"。③

2.3.3　复合平衡的内容

本章 2.1 中分析到的传统均势理论、威胁制衡理论、经济制衡理论、利益制衡理论以及三角关系理论均能在某一方面对日本"巨型 FTA"战略的平衡思维作出较好的解释，但也均有力所不及之处。例如，传统均势理论无法对日美通过 TPP 联合限制中国作出很好的解释；在 RCEP 中，日本显然是将中国视作威胁的存在，联合印度对中国实施制衡即为例证之一，但在推进后期，日本主动提出要与中国联手加快推动进程，这是沃尔特的威胁制衡理论难以解释的现象；坎贝尔的经济制衡理论在解释日本对欧洲等其他国家的"巨型 FTA"战略时显得力不从心；施韦勒的利益制衡理论虽然对沃尔特的威胁制衡理论进行了修正，但侧重点过于集中在国家的"追随"行为之上，在解释日欧 EPA、

---

① ［美］罗伯特·基欧汉、［美］约瑟夫·奈：《权力与相互依赖》，门洪华译，北京大学出版社 2002 年版，第 12 页。
② ［美］亚历山大·温特：《国际政治的社会理论》，秦亚青译，上海人民出版社 2000 年版，第 167 页。
③ 倪世雄：《当代西方国际关系理论（第二版）》，复旦大学出版社 2018 年版，第 257 页。

中日韩 FTA 等方面显然难以让人信服；三角关系理论本身就没有形成体系，另外，正如该名称所示，只适用于诠释三边关系。

本研究遵循分析折中主义原则，对于上述各理论进行糅合、加工，并结合冷战后日本国家大战略和 FTA 战略中的复杂多样的平衡理念提出复合平衡逻辑框架，其主要内容如下：

第一，复合平衡提出的背景是，冷战后经济因素在国际政治领域中影响不断扩大，传统的均势理论对经济问题缺乏解释力，而另外一些"平衡"或者是"制衡"理论虽然可以一定程度上解释经济问题，但范围受限。从这个意义上讲，复合平衡是对传统均势等理论的带有折中色彩的修正，无"高政治"与"低政治"之分，侧重于解释与世界政治密切相关的国际经济问题。

第二，复合平衡以"平衡"为理论内核。"平衡"既是一种手段，也是一种状态，体现为复合的、多层的特征。复合平衡建立在现有的传统均势理论、威胁制衡理论、经济制衡理论、利益制衡理论以及三角关系理论基础上，是对这些理论的修正、补充、组合和延伸，并非简单的复制粘贴。

第三，一国在日益复杂的国际政治经济活动中往往采取灵活的复合平衡战略，在满足一定条件的前提下会主动求变。复合平衡战略主要包括制衡、三角平衡等。

制衡主要包括以下四种类型：

（1）传统制衡，这是一国常用的平衡战略，是指两个及以上的中等规模的国家联合起来遏制同一经济体系中最为强大的国家。实施传统制衡的国家与制衡的对象国可能是盟友关系，也可能是非盟友关系，根据战略需求调整制衡周期。

（2）威胁制衡，即两个及以上的国家联合起来限制同一经济体系中最有威胁的国家。所谓的"最有威胁"主要基于认识判断，而判断是否具有威胁的标准中，国家经济实力往往并非最重要的标准，价值观、意识形态等反而经常成为重要参考指标。在威胁制衡中，最为常见的形态是，两个及以上的同盟国或者是具有所谓相同价值观的友好国家共同对与其具有不同价值观、社会制度等的国家实施制衡。

（3）经济制衡，即与同一经济体系中最为强大的国家进行结盟的同时，为了不过度依赖于该大国而主动在经贸领域追求战略自主，重视加大经济上的投入,致力于提高经贸规则制定话语权等,以期至少在经贸领域的某些方面与强大的盟友实现地位平等,提高自身在体系中的地位,从而更好地维护自身的国家利益。

(4)利益制衡,即国家基于"利益"标准来决定对体系中最为强大的国家采取"追随"还是"制衡"策略。与"制衡"相比,更多地体现在"追随"行为上,而这种追随多指基于历史或者现实的因素在外交策略方面与强大的国家保持同步性,承认最为强大国家的领导地位。"利益制衡"与传统均势理论中的弱国寻求强国保护为主要特征的"追随"有显著不同。"利益制衡"是基于国家利益需求基础上的二选其一的平衡战略,具有可灵活转变的特性。

三角平衡主要包括两大类型:

(1)三方实力对称型,虽然在现实中难以存在严格意义上的"等边三角形",但三方相互之间实力差距较小,在经济实力、国际政治影响力等相仿的三国之间的平衡关系属于该种类型。

(2)三方实力不对称型,包括"两强一弱"型和"一强两弱"型,即三国之间在经济实力、国际政治影响力等方面并非处于大致相等的态势,其中的一方或两方处于较为明显的劣势情况下适用该平衡类型,经济需求、价值认同等成为弥补实力差距,维持不对称平衡的重要变量。另外,所谓"两强一弱"型和"一强两弱"型,既可能指三角关系的三个点,也可能指三条边。

第四,复合平衡分为积极和消极两种类型,二者的占比在不同历史阶段会有不同的体现。另外,积极型复合平衡与消极型复合平衡之间可自由转换。

(1)积极型复合平衡主要体现为:一国积极主动地实施包括各种制衡、三角平衡等策略来处理同对象国之间的经贸谈判,以期达到预设的战略目标。

(2)消极型复合平衡主要表现为,由于一国将战略重心置于其他方面而导致在同某一对象国进行经贸谈判时投入精力不足,或者是在谈判中遇到难以达成共识的问题时,由于不想放弃同对象国之间的谈判,该国往往通过消极应对、维持现状等手段来避免使谈判破局。

小　　结

　　构建复合平衡逻辑框架离不开现有的研究基础，即国际政治领域中的平衡理论。这些研究基础主要包括：以"平衡"为内核的均势理论、制衡、三角平衡等，其中制衡又包括传统制衡、威胁制衡、经济制衡、利益制衡等。

　　另外，冷战后日本的国家大战略和 FTA 战略也与复合平衡逻辑框架的构建密切相关。"巨型 FTA"战略是自由贸易战略的一环，而自由贸易战略是国家大战略的有机组成部分，从逻辑关系上来看，"巨型 FTA"战略在整体推进方向上大概率会受国家大战略的影响。一般认为"吉田路线"充当了战后日本国家大战略的角色。冷战之后，随着中国影响力的日趋增强，日本一定程度上对"吉田路线"进行了调整，开始注重在中美两国之间寻求平衡。故此，"寻求平衡"成为"后吉田路线"这一日本新国家大战略的基本特征之一，对日本"巨型 FTA"战略也产生了巨大影响。另外，作为日本 FTA 战略的自然延伸和高级发展阶段，日本"巨型 FTA"战略不可避免地会在一定程度上受到日本 FTA 战略的影响。在日本 FTA 战略的初始设计中，"平衡"是重要理念之一，而且这种平衡并非单一平衡，而是具备复合的、多层的特征。日本"巨型 FTA"战略显然继承了这一带有复合性质的平衡思想。

　　如上所述，冷战后日本的国家大战略赋予了日本"巨型 FTA"战略以平衡色彩，而日本 FTA 战略则为日本"巨型 FTA"战略提供了复合平衡思想。实际上，"平衡"是国际政治领域的基本概念之一，有时也被译为"均衡"。平衡的种类繁多，并且平衡的对象往往也是多重或者是多样的，本身就具备复合特征。基于此，本书尝试构建复合平衡逻辑框架，借此更全面地剖析日本"巨型 FTA"战略。本书中的复合平衡既是对国际政治领域现有平衡理论的继承，也是进一步的补充和发展，也是日本"巨型 FTA"战略主要运行逻辑的体现。

第 3 章 日本"巨型 FTA"战略的演变、动因与政策考量

日本"巨型 FTA"战略形成于日本 FTA 战略,是日本 FTA 战略发展到一定阶段适应国际政治经济新形势出现的一次转型。日本"巨型 FTA"战略有其清晰的演变脉络,主要包括形成阶段、深化及发展阶段。日本基于经济、政治、外交等动因积极推动"巨型 FTA"战略,有其深层的政策考量。

3.1 日本"巨型 FTA"战略的演变脉络

日本"巨型 FTA"战略基本形成于 2010 年前后,实质启动于 2013 年前后。在实质启动之后,以 TPP 为战略核心,同时推动几大"巨型 FTA","巨型 FTA"战略得到进一步的深化和发展,取得了一些标志性的成果。

3.1.1 日本"巨型 FTA"战略的形成

冷战后,经济全球化发展迅速,经济发展的不均衡导致世界各国贫富差距进一步加大,南北问题以及贫困问题等越来越突出,这些成为影响国际政治和经济安全的重要因素,发展国家和地区间的战略互惠关系则成为新时代国家安全保障的需求。在经济领域,需要强化 WTO 下的多边贸易体制,而双边或多边 FTA 可以成为其重要的补充。在世界范围内,20 世纪 90 年代之后 FTA 网络的扩大趋势显著。(2002 年前后)WTO 公布的 FTA 数量约有 140 个,其中 90 多个是在 20 世纪 90 年代出

现的，近 30 个是在进入 21 世纪之后加速出现的。① 在这种国际背景下，日本自然也意识到了发展 FTA 的必要性和迫切性。"20 世纪末的最后几年中，日本虽然重视 GATT/WTO 等多边通商贸易体系，但同时着手进行向推进区域一体化的多层次通商政策的转换。"② 换言之，以双边机制为标志的 FTA 也纳入了日本的推动视野。"2002 年 5 月，日本经济财政咨询会议制定了《日本经济活性化六大战略》，明确提出要以商签双边 FTA 来适应全球化迅速发展的新形势。"③ 2002 年 11 月，日本经济产业省发布"推进经济合作"的相关文件，其中提出了日本对外经济政策"多层路径"概念，即在强调继续推动 WTO 多边自由化谈判的同时，也要有效利用地区间以及双边经济合作协定等来推进自由贸易发展。④ 按照日本当初的设计，两种发展路径并非平行，而是有主次之分的，这一点从 2002 年日本《通商白皮书》的相关表述中可见一斑，即以 WTO 为主，以地区间以及双边经济合作协定为辅，或者说是有效补充。⑤ 不过，从实际的推动过程来看，随着 WTO 多哈回合谈判陷入僵局，日本虽打着维护多边贸易机制的旗号，但显然对开展地区间以及双边经济合作协定等投入了更大的精力和热情。

具体而言，日本从与新加坡缔结 EPA 开始正式开启了 FTA 战略。1999 年 12 月 8 日，小渊惠三同吴作栋决定就两国之间自由贸易协定的各项政策进行共同研究，成立了以两国政府相关人士、著名学者以及产业界的领导者为核心的日本·新加坡自由贸易协定共同研讨会，于 2000 年 3 月至 9 月召开了 5 次会议，⑥ 为日本同新加坡缔结 EPA 奠定了

---

① ［日］外務省「日本のFTA戦略」、2002 年 10 月、http：//www.mofa.go.jp/mofaj/gaiko/fta/senryaku.html。

② ［日］平川均：《日本东亚区域一体化政策的发展及其课题》，引自杨栋梁、郑蔚主编：《东亚一体化的进展及其区域合作的路径》，天津人民出版社 2008 年版，第 249 页。

③ 李荣林等：《APEC 内部 FTA 的发展及其对 APEC 的影响》，天津大学出版社 2011 年版，第 165 页。

④ ［日］経済産業省「経済連携の推進」、2002 年 11 月、https：//www.meti.go.jp/report/downloadfiles/g21127b02j.pdf。

⑤ ［日］経済産業省『通商白書 2002』、2004 年 12 月 21 日、https：//warp.da.ndl.go.jp/info：ndljp/pid/285403/www.meti.go.jp/hakusho/tsusyo/soron/H14/04 - 02 - 03 - 02.html。

⑥ ［日］外務省「日本・シンガポール新時代経済連携協定の背景」、https：//www.mofa.go.jp/mofaj/area/singapore/kyotei/kk_hiakei.html。

基础。2001年10月20日，小泉纯一郎与吴作栋在上海进行会谈并发表共同声明称日本·新加坡EPA谈判成功结束，强调两国EPA为亚洲首个全面且内容丰富的经济合作协定。[①] 2002年1月13日，日本同新加坡签署EPA，同年11月30日生效，这是日本签署生效的首个EPA，对于日本以FTA战略为核心的自由贸易战略意义重大。选择新加坡为首个EPA合作伙伴，不仅仅因为新加坡是日本主要的贸易及投资对象国，更主要的是在于日本对与东盟关系的重视。

日本于2002年10月发布了《日本的FTA战略》，详细解释了FTA的实施理由、受益之处、注意事项、谈判内容以及优先顺序，确认日本FTA战略的核心区域为东亚，[②] 这说明日本首先想要稳定周边，具体指包括中国、韩国、东南亚等国家和地区，并且希冀与其一贯的东盟战略形成无缝对接。日本将FTA战略的核心区域定为东亚，还有一个重要原因在于欧洲统一大市场以及北美自由贸易区带来的刺激，日本非常担心在这种竞争态势下处于不利地位，因而从20世纪80年代后期开始就已经将注意力转向亚洲。[③] 该文件是日本首个具备官方性质的FTA战略指导文件，文件的出台意味着FTA战略已经上升为日本的国家战略。日本随后又出台了一系列的官方文件不断地对FTA战略进行确认、巩固和微调。2004年12月，日本发布了《关于今后推进经济合作协定的基本方针》，阐述了大力发展EPA的重要性及基本方针。[④] 该文件主要总结了日本在推进EPA方面的成果，再次确认FTA战略应以东亚地区为中心，虽然跨区域推动"巨型FTA"尚未正式纳入视野，但重点讨论了谈判对象国家与地区的确定基准，这实际上为日本之后推动"巨型FTA"打下了基础。2006年4月，日本发布了《全球经济战略》，虽依旧将重心置于东亚地区，但同时强调要用全球视野来推动FTA战略，

---

① ［日］外務省「日・シンガポール新時代経済連携協定（JSEPA）の交渉の終了に関する日・シンガポール両首脳共同発表」、2001年10月20日、https：//www.mofa.go.jp/mofaj/area/singapore/kyotei/jsepa.html。

② ［日］外務省「日本のFTA戦略」、2002年10月、http：//www.mofa.go.jp/mofaj/gaiko/fta/senryaku.html。

③ 宋玉华等：《开放的地区主义与亚太经济合作组织》，商务印书馆2001年版，第163页。

④ ［日］外務省「今後の経済連携協定の推進についての基本方針」、2004年12月21日、https：//www.mofa.go.jp/mofaj/gaiko/fta/hoshin_0412.html。

特别提到了要加强亚太地区的合作，认为欲推动以"东盟+3"为核心的东亚地区经济整合，作为亚太地区发达国家的日美韩三国的合作不可或缺。① 将目光投向亚太地区，强调全球视野，这意味着日本推动"巨型 FTA"已经处在酝酿阶段。

在上述各文件的指引下，到 2010 年为止日本已经先后同新加坡、墨西哥、马来西亚、智利、泰国、印度尼西亚、文莱、东盟整体、菲律宾、瑞士、越南签署生效了 EPA，FTA 战略取得了明显成效。然而，同世界上其他一些国家相比，日本在推动 FTA 方面仍处于劣势，这一点日本在 2010 年 11 月发布的《关于全面经济合作的基本方针》中也予以承认，同时，该方针明确表示要在推动亚太地区双边 EPA、"广域经济合作"以及 APEC 各领域的发展等方面发挥主导作用，另外还指出"广域经济合作"包括中日韩 FTA、东亚自由贸易圈构想（EAFTA）、东亚全面经济合作构想（CEPEA）等。② 可以看出，此处的"广域经济合作"虽然与"巨型 FTA"并非同一概念，但随着日本 FTA 战略的深化以及"巨型 FTA"推进目标的渐趋集中，二者的概念出现了趋同倾向。简言之，该文件的出台标志着日本已经下定决心推动包括"巨型 FTA"在内的区域自由贸易协定，"巨型 FTA"战略基本形成。

3.1.2 日本"巨型 FTA"战略的深化与发展

"巨型 FTA"战略基本形成之后，日本政府继续发布了一些官方文件予以支撑和推动。例如，2012 年 7 月 31 日发布的《日本再生战略》中明确指出要早日开启中日韩 FTA、RCEP 等"广域经济合作"谈判，并且一定程度上诠释了推动"广域经济合作"的目的，即通过与更多的国家开展战略性多方经济合作的同时，构建推动日本企业扩大海外贸易并将其成果反馈国内的体系。③ 2012 年 12 月，安倍晋三再次当选为日本首相，主打经济牌的安倍政府自然不会放弃推动"巨型 FTA"，毕

---

① ［日］経済産業省「グローバル経済戦略＜要約版＞」、2006 年 4 月、https：//www.meti.go.jp/committee/summary/eic0009/pdf/006_05_02.pdf。

② ［日］外務省「包括的经济连携に関する基本方針」、2010 年 11 月 6 日、https：//www.mofa.go.jp/mofaj/gaiko/fta/policy20101106.html。

③ ［日］内閣官房「日本再生戦略 ～フロンティアを拓き、『共創の国』へ～」、2012 年 7 月 31 日、https：//www.cas.go.jp/jp/tpp/pdf/2012/2/10.20120918_5.pdf。

竟"巨型 FTA"与"安倍经济学"第三支箭的增长战略息息相关，而这一点从《日本再兴战略》中可见一斑。《日本再兴战略》是为了响应上述"安倍经济学"中的增长战略而制定的经济成长战略，从 2013 年至 2016 年共发布了四份，其中 2014 年和 2015 年为改订版。这四份文件虽然在表述上有所差异，但大致可以认为其核心思想是强调通过 TPP 谈判构建亚太地区新规则的同时，积极推进 RCEP 和中日韩 FTA 等"广域经济合作"协定，共同为亚太自贸区的规则制定打下基础。[1] 到了 2017 年，日本开始制定《未来投资战略》，到目前为止共发布了两份，即《未来投资战略 2017》和《未来投资战略 2018》，在这两份文件中都表示要在构建新的广域经济秩序的过程中发挥核心作用，成为全面、协调、高水平世界规则制定的牵引者。[2] 这一系列官方文件的发布以及"巨型 FTA"谈判的推进，意味着日本"巨型 FTA"战略正在不断得以完善和发展。

日本"巨型 FTA"战略大致从 2017 年中期开始进入提速期，其标志性事件是 2017 年 7 月日欧 EPA 达成框架协议。日欧 EPA 于 2019 年 2 月 1 日最终成行，成为日本"巨型 FTA"战略的标志性成果之一。在日欧 EPA 达成框架协议的刺激下，日本也加快了 CPTPP 的推动进程。所谓 CPTPP 是美国于 2017 年 1 月退出 TPP，TPP12 变为 TPP11 后改名得来的。日本通过出访、会谈、协调等手段在维系 TPP11 的过程中确立了主导国地位，最终于 2018 年 12 月 30 日推动其成行。主导 CPTPP 成行是日本"巨型 FTA"战略最具代表性的成果。日本还与美国合作推动新时期日美贸易协定于 2020 年 1 月 1 日成行，使其成为日本"巨型 FTA"战略的又一标志性成果。另外，作为主要国家之一，日本与中国

---

[1] ［日］首相官邸「日本再興戦略 – JAPAN is BACK – 」、2013 年 6 月 14 日、http://www.kantei.go.jp/jp/singi/keizaisaisei/pdf/saikou_jpn.pdf；［日］首相官邸「『日本再興戦略』改訂 2014 – 未来への挑戦 – 」、2014 年 6 月 14 日、https://www.kantei.go.jp/jp/singi/keizai-saisei/pdf/honbun2JP.pdf；［日］首相官邸「『日本再興戦略』改訂 2015 – 未来への投資・生産性革命 – 」、2015 年 6 月 30 日、https://www.kantei.go.jp/jp/singi/keizaisaisei/pdf/dai1jp.pdf；［日］首相官邸「日本再興戦略 2016 – 第 4 次産業革命に向けて – 」、2016 年 6 月 2 日、http://www.kantei.go.jp/jp/singi/keizaisaisei/pdf/2016_zentaihombun.pdf。

[2] ［日］首相官邸「未来投資戦略 2017 – Society 5.0 の実現に向けた改革 – 」、2017 年 6 月 9 日、https://www.kantei.go.jp/jp/singi/keizaisaisei/pdf/miraitousi2017_t.pdf；［日］首相官邸「未来投資戦略 2018 – 『Society 5.0』『データ駆動型社会』への変革 – 」、2018 年 6 月 15 日、https://www.kantei.go.jp/jp/singi/keizaisaisei/pdf/miraitousi2018_zentai.pdf。

等各方携手推动东盟主导的RCEP成功签署，在谈判进程中，日本联合澳大利亚等国坚持高标准贸易规则，一定程度上树立了自身欲引领21世纪贸易规则制定的形象，在RCEP谈判进程中获得了相当的发言权，并为RCEP将来的升级换代做了铺垫。此外，日本也同意在"RCEP+"思想的指导下加快推动中日韩FTA进程。特别是，对于APEC长期愿景的亚太自贸区，日本推进意愿强烈，多次表现出欲在其推动进程中争夺主导权的意愿。

另外，日本在推动"巨型FTA"成行之后，对其后续工作也投入很大精力，其中又以CPTPP扩容为代表。在日本主导下，CPTPP早早为扩容做好了准备。2019年1月，在东京召开了第一届TPP部长级委员会会议，确立了其他经济体申请加入的手续和流程等。首届会议的地点选在东京，也从侧面彰显了日本在CPTPP中的主导地位和影响力。2019年10月，第二届TPP委员会会议在新西兰的奥克兰召开，在本次会议上通过了包括TPP委员会的手续规则等在内的一些重要文件，另外，召开了12个小委员会会议，分别负责货物贸易、中小企业等谈判事宜。2020年8月，由于新冠疫情的影响，第三届TPP委员会会议以电视会议形式召开，本次会议讨论的重点是新冠疫情后的经济恢复问题，确认了通过CPTPP推动自由贸易重要性的同时，还讨论了供应链和数字化等问题。此外，召开了15个小委员会会议，与会专家分别就商品贸易、技术性贸易壁垒（TBT）等展开了研讨。[①] 至此，在日本及其他成员的推动下，CPTPP的扩容准备工作基本就绪。虽然有一些经济体对于加入CPTPP表现出了兴趣，但尚未正式提出申请。2021年2月初，英国成为第一个申请加入的经济体，日本对此表示欢迎，实际上，2020年10月日英EPA的签署也为此作出了铺垫。2023年3月底，英国宣布已完成加入CPTPP的相关谈判。2021年9月16日，中国正式申请加入CPTPP。

日本推动"巨型FTA"战略在很大程度上助推了日本FTA战略的实施和深化，按照日本《通商白皮书2021》的内容，如表3-1~表3-5所示，日本在FTA覆盖率方面已经基本上达到了2013年的《日本再兴战略》、2017年的《未来投资战略2017》等官方文件中制定

---

① ［日］経済産業省『通商白書2021』、2021年6月29日、https://www.meti.go.jp/report/tsuhaku2021/pdf/03-01-04.pdf。

的在 2018 年之前提高至 70% 的目标,① 在这一项指标上与多数 FTA 强国相比较还占有一定优势。简言之，日本在 CPTPP、日欧 EPA 和新时期日美贸易谈判中取得了标志性成果，推动 RCEP 签署，中日韩 FTA 建设也取得了一定成果，在推进亚太自贸区的过程中正在谋求提升话语权，战略实施效果基本达到了日本的预期。

表 3-1　　　　　　　中国的 FTA 覆盖率（截至 2021 年 3 月）

国家·地区类比	占比（%）
已生效的国家（地区）	42
包括已签署的国家（地区）	48.8
包括正在谈判的国家（地区）	52.9

资料来源：［日］经济产业省『通商白書 2021』、2021 年 6 月 29 日、https：//www.meti.go.jp/report/tsuhaku2021/pdf/03-01-04.pdf。

表 3-2　　　　　　　日本的 FTA 覆盖率（截至 2021 年 3 月）

国家·地区类比	占比（%）
已生效的国家（地区）	50.9
包括已签署的国家（地区）	80.4
包括正在谈判的国家（地区）	85.8

资料来源：［日］经济产业省『通商白書 2021』、2021 年 6 月 29 日、https：//www.meti.go.jp/report/tsuhaku2021/pdf/03-01-04.pdf。

表 3-3　　　　　　　韩国的 FTA 覆盖率（截至 2021 年 3 月）

国家·地区类比	占比（%）
已生效的国家（地区）	71.4
包括已签署的国家（地区）	78.6
包括正在谈判的国家（地区）	88

资料来源：［日］经济产业省『通商白書 2021』、2021 年 6 月 29 日、https：//www.meti.go.jp/report/tsuhaku2021/pdf/03-01-04.pdf。

---

① 所谓 FTA 覆盖率是指，一国同其 FTA 对象国的贸易额占该国总贸易额的比例。一般认为，FTA 覆盖率与 FTA 战略的成效成正比。

表 3-4　　　　　美国的 FTA 覆盖率（截至 2021 年 3 月）

国家·地区类比	占比（%）
已生效的国家（地区）	43.6
包括已签署的国家（地区）	43.6
包括正在谈判的国家（地区）	48.3

资料来源：［日］経済産業省『通商白書 2021』、2021 年 6 月 29 日、https：//www.meti.go.jp/report/tsuhaku2021/pdf/03-01-04.pdf。

表 3-5　　　　　欧盟的 FTA 覆盖率（截至 2021 年 3 月）

国家·地区类比	占比（%）
已生效的国家（地区）	46.3
包括已签署的国家（地区）	46.3
包括正在谈判的国家（地区）	53.7

资料来源：［日］経済産業省『通商白書 2021』、2021 年 6 月 29 日、https：//www.meti.go.jp/report/tsuhaku2021/pdf/03-01-04.pdf。

3.2　日本"巨型 FTA"战略的实施动因与政策考量

"巨型 FTA"战略代表着日本自由贸易战略的新方向，这决定了日本推动该战略首先会基于经济贸易等方面的深层动因与政策考量。同时，"巨型 FTA"战略是日本经济外交的重要组成部分，也与"印太战略"等密切相关，这意味着该战略的实施动因与政策考量中也包含了政治外交等方面的因素。

3.2.1　发展经济并提升经贸话语权

发展经济是日本推行"巨型 FTA"战略的首要动因。2010 年前后，日本的经济形势难言乐观。受国际金融危机的影响，2008 年的世界经济萎缩1.68%，日本经济萎缩3.4%。① 2010年2月，日本内阁府公布2009年日本实际GDP比上一年下降5%，为战后最大降幅，连续两年负增长。② 这种状况对日本的国际经济地位产生了实质性影响，特别是2010年GDP被中国超越跌为世界第三位对日本人心理上的冲击甚大，以至于日本在2010年11月发布的《关于全面经济合作的基本方针》中指出当前正面临着可称为"历史分水岭"的巨大变化，新兴国家的经济快速发展，日本的国际经济地位相对呈现下降趋势。③ 在这种背景下，日本积极寻求提振经济之策，而实施"巨型FTA"战略则是其中之一。综合考量之下，日本于2010年前后下定决心实施"巨型FTA"战略，开始进行相关准备工作。2013年前后，日本正处于战后第16次经济扩张期，2012年12月安倍晋三就任日本第96届内阁总理大臣，提振经济，或者说是维系经济温和复苏势头成为安倍重要的政策课题之一，"巨型FTA"战略也在2013年前后开始正式进入实施阶段。

推行"巨型FTA"战略，可以整合零散的FTA贸易规则，缓解"意大利面碗"效应，提高资源利用率，扩大出口，提升就业率，倒逼农业等相关产业实施结构性改革，更为关键的是，能够对拉动GDP有较大的促进作用。以已经签署或成行的TPP、CPTPP、日欧EPA、新时期日美贸易协定和RCEP这五大"巨型FTA"为例，综合日本官方于2015年、2017年、2021年试算的结果，五大"巨型FTA"对日本实际GDP的拉动效果如表3-6所示。其中，TPP属于已经签署但没有成行的"巨型FTA"，考虑到美国有重返可能，该数值依然有较大的参考价值。CPTPP在失去美国之后虽然对于日本实际GDP的预期拉动效果大减，但其有较强的扩容预期，扩容后的经济效果可期。简言之，即便不考虑上述扩容等因素，仅TPP之外的四大"巨型FTA"就可以从理论上拉动日本实际GDP达6%左右，而2010年至2019年日本实际GDP

---

① 张季风：《日本经济与中日经贸关系研究报告（2020）》，社会科学文献出版社2020年版，第20页。

② 王新生：《战后日本史》，江苏人民出版社2013年版，第575页。

③ ［日］外务省「包括的経済連携に関する基本方針」、2010年11月6日、https：//www.mofa.go.jp/mofaj/gaiko/fta/policy20101106.html。

的年平均增长率仅为约1.34%,① 可见,拉动 GDP,提振经济是日本大力推行"巨型 FTA"战略的重要动因。

表3-6 五大"巨型 FTA"拉动日本实际 GDP 的试算结果

"巨型 FTA"名称	拉动实际 GDP 效果(%)
TPP	约2.6
CPTPP	约1.5
日欧 EPA	约1
新时期日美贸易协定	约0.8
RCEP	约2.7

资料来源：根据日本内阁官房网站"日 EU·EPA 等的经济效果分析"的相关内容整理而成。

话语权既是权利,更是权力。就日本而言,日本极力推动"巨型 FTA"战略,意在东亚乃至亚太经贸秩序中提升规则话语权。实际上,从战后经济发展的过程来看,日本似乎也有这种底气。从经济上看,战后日本经历了高速成长期。直到2010年 GDP 总量被中国反超之前,日本的经济实力在东亚地区始终首屈一指,这也为其争夺东亚地区的经贸规则话语权增添了不少底气。泡沫经济破灭之后,日本迎来了所谓的"失去的二十年"或者"失去的三十年",但近年来国内外已有学者对这种说法提出了质疑,② 这些学者多从经济转型的视角对于日本实力进行了剖析,认为日本"失去的二十年"是一个伪命题。实际上究竟是

---

① 该数值依据 https：//finance-gfp.com/? p=145 网站的统计信息计算得出。由于新冠疫情的影响,2020年日本的实际 GDP 出现了大幅下降,考虑到不可抗力等因素会一定程度上影响数据的说服力,因此统计截止到2019年。

② FINGLETON E, Now They Tell Us: The Story Of Japan's "Lost Decades" Was Just One Big Hoax. 2013-08-11, https：//www.forbes.com/sites/eamonnfingleton/2013/08/11/now-for-the-truth-the-story-of-japans-lost-decades-is-the-worlds-most-absurd-media-myth/#3d3812c63fe4；杨川梅：《不能轻言日本再入"失去的十年"》,载于《中国经济导报》2011年8月27日, http：//www.ceh.com.cn/xwpd/2011/08/86629.shtml；张季风：《重新审视日本"失去的二十年"》,载于《日本学刊》2013年第6期,第10页；白益民：《日本隐瞒经济实力》,载于《资本市场》2016年第1期,第115~117页等。

否为伪命题并无定论，这正如近年来学界一直在争论的"美国衰落论"一般，考察视角不同，结论也或许各异。冷战后一些国际政治学学者，如罗伯特·吉尔平（Robert Gilpin）和查尔斯·P. 金德尔伯格（Charles P. Kindleberger）等把建立一个强国的经济基础归结于这个国家境内所拥有的工业资源，以此认定美国实力下降，而苏珊·斯特兰奇（Susan Strange）却通过其结构性实力理论得出了完全相反的结论。[①] 因此，对于日本而言，如果从不同的视角来考察的话，"失去的二十年"或许有可能是一个伪命题。不管结论如何，至少可以说日本依然有着超强的经济实力，GDP 世界第三的位置足以说明问题。但基于"重经济，轻军备"的"吉田路线"，在战后的大部分时期内，日本实施追随美国的外交策略，独立争夺国际话语权不是日本的首选。塞缪尔斯在论及当代日本的战略选择时，认为日本有四项与自身长久价值一致的选择，其中第三种选择是中等力量国际主义者所倡导的，即通过促进自身的繁荣，减少日本在国际政治中的抛头露面获得威望。[②]

整体而言，日本追随美国的策略更多地体现在安全、军事等"高政治"领域，而在其他一些领域，例如，属于"低政治"的自由贸易领域中并不乏争夺经贸规则制定话语权的想法。日本的逻辑在于，在"贸易立国"战略指引下，通过大力发展自由贸易，提升国家经济实力，使日本成为经济大国的同时，也为谋求成为政治大国奠定基础，而争夺经贸规则制定话语权是其中必不可少的步骤。进入 21 世纪以来，国际政治经济形势的变化，特别是一些新兴国家的崛起给日本带来了巨大压力，在国家整体经济实力相对下滑的状况下，日本有意识地加大了在诸如提升经贸规则制定话语权等细分领域的投入，而 FTA 战略特别是"巨型 FTA"战略成为理想的载体之一。以 TPP 为例，日本当初加入就有争夺经贸话语权的强烈意图。有观点指出，安倍将加入 TPP 视为抢夺贸易规则制定权的重要机会。[③] 事实上，安倍本人也曾声称，亚洲太平洋地区、印度太平洋地区正变得更加富有，日本必须在该地区占据制定

---

① [法] 达里奥·巴蒂斯特拉：《国际关系理论（第三版修订增补本）》，潘革平译，社会科学文献出版社 2010 年版，第 309~312 页。

② [美] 理查德·J. 塞缪尔斯：《日本大战略与东亚的未来》，第 257~258 页。

③ 吴怀中：《安倍"战略外交"及其对华影响评析》，载于《日本学刊》2014 年第 1 期，第 60 页。

规则的主导性地位。① 在美国退出之后，日本凭借在成员国中的巨大经济优势顺利取得了 CPTPP 的主导权，那么可以预见，日本不会放弃争夺在亚太地区的经贸话语权。总而言之，日本实施"巨型 FTA"战略的动因之一是提升在东亚乃至亚太地区的经贸规则制定话语权，并且随着战略的推进，日本希冀在更高的国际经贸规则层面上发挥更大的作用，获取更多的话语权，以助力国家整体战略的推行。

3.2.2 顺应新区域主义潮流

一般而言，国内外学界多将 20 世纪 90 年代后 FTA、EPA、特惠贸易协定（PTA）、关税同盟（CU）等大量产生的现象称为新区域主义，也称新地区主义。而这些贸易协定被统称为区域贸易协定，即 RTA（regional trade agreement）。冷战结束之后，一股区域一体化的浪潮席卷全球，许多区域一体化组织如雨后春笋般出现，这为区域一体化理论研究提供了更多实践素材。地区主义研究就是在这样的背景下迎来了一次大的发展。② 战后，日本一直是多边主义的维护者，然而，WTO 多哈回合谈判的困境使得日本将目光也投向了区域贸易协定。总体而言，跨入 21 世纪以来，日本在自由贸易领域坚持两条主线：一是继续维护多边主义，以推进 WTO 改革为主；二是大力推动自由贸易谈判。特别是 2013 年前后以来，日本将重心放在了"巨型 FTA"战略的实施上，这同时也是顺应新区域主义发展浪潮的过程。

新区域主义有较为显著的特征。有学者从经验和理论两个层面较为宏观地总结了新区域主义的核心特征，经验方面总结的特征包括综合性、区域间性、开放性、主体化、趋同化等，理论方面总结的特征包括体系化、社会化、综合化、秩序化。③ 另有学者主要从以下五个方面相对微观地描述了新区域主义的特征：第一，在对象方面是一个大国对应一个或多个小国；第二，区域贸易协定具备"深层"一体化特征；第

---

① ［日］首相官邸「日本は戻ってきました」、2013 年 2 月 23 日、https://www.kantei.go.jp/jp/96_abe/statement/2013/0223speech.html。

② 王帆、曲博：《国际关系理论：思想、范式与命题》，世界知识出版社，2013 年版，第 266~267 页。

③ 郑先武：《"新区域主义"的核心特征》，载于《国际观察》2007 年第 5 期，第 58~62 页。

三，在让步幅度方面，小国大于大国但往往在收益上会有弥补，而这符合"非传统收益理论"特征；第四，在贸易自由化方面相对温和；第五，邻近国家之间的贸易协定占多数。①

这种以 FTA、EPA 等为代表的被称为新区域主义的经济一体化现象迄今为止仍有巨大的影响力。例如，2003 年，中日韩三国在印尼巴厘岛发表《中日韩推进三方合作联合宣言》，有学者借此把"巨型 FTA"之中的中日韩 FTA 与新区域主义联系在一起，将该宣言视为东亚新区域主义即将迎来一个新发展阶段的标志。② 就日本而言，21 世纪初开始的双边 FTA 谈判热潮、2013 年前后开始实施的"巨型 FTA"战略实际上都属于新区域主义的发展范畴，新区域主义也可被视为日本"巨型 FTA"战略在国际层面上的思想渊源。之所以作出如上判断，具体而言主要基于以下几点理由：

第一，日本"巨型 FTA"战略的对象主要包括巨型多边或双边 FTA 与 EPA，而这两者本身就属于区域贸易协定的一部分，与新区域主义紧密相关。新区域主义兴起的标志之一是北美自由贸易协定的签署，虽然在特朗普政府的推动下，北美自由贸易协定升级为美墨加协定，但不可否认的是北美自由贸易协定作为较早出现的"巨型 FTA"，其协议内容得到了广泛关注和一些国家的认可与借鉴。日本也不例外，其推动的部分"巨型 FTA"的协定内容是以北美自由贸易协定为基础的，特别是新时期日美贸易协定几乎是该协定的翻版。当然，严格来讲，就新时期日美贸易谈判而言，日本在表面上经历了由被动到主动的转变过程。日本在谈判筹备阶段基本上处于被动接受一方，美国参照北美自由贸易协定内容略加修改提出了 22 项谈判目标，日本并没有提出太大的异议，除了迫于美国压力之外，也与日本基本认可该谈判框架和内容有一定关系，这也从侧面印证了北美自由贸易协定在西方国家中受认可度较高的事实。

第二，新区域主义以"开放性"为基本特征之一，与日本"巨型 FTA"战略的基本特征吻合。旧区域主义的封闭特征较为明显，例如作

---

① 俞顺洪：《国外新区域主义研究综述》，载于《特区经济》2008 年第 2 期，第 278~279 页。

② 张超：《新区域主义的兴起及其在东亚的发展研究》，华中科技大学博士论文 2004 年，第 78 页。

为欧盟前身的欧洲共同体所实施的关税政策具备较强的排他性，这一点与以区域贸易协定兴起为主要标志的新区域主义有着显著的区别。新区域主义之所以具备开放性特征，与冷战结束后迅猛发展的全球化以及南北合作关联密切，各国在经济上的相互依赖使得跨越区域的合作成为必然。日本推动的多数"巨型 FTA"的基本特征之一是"开放性"，例如 TPP 原本是 APEC 成员发起的区域 FTA，APEC 以不排他的开放性为重要特征，TPP 自然也奉行开放性原则。另如，特朗普上台后宣布退出 TPP，TPP 在日本的主导下以 CPTPP 的形式继续存在，CPTPP 将扩容作为今后的重点工作之一，生效之初即在日本东京召开相关委员会制定并公布了加入流程，加入门槛较低，手续相对简单，表现出明显的开放性特征。实际上，这也是中国申请加入 CPTPP 的原因之一。

第三，新区域主义的目标之一是建立跨区域的自由贸易体系，且包含政治、经济、文化、思想等层面，这与日本"巨型 FTA"战略的主要特征不谋而合。正如有学者指出的那样，新区域主义是涵盖政治、经济、社会和文化等层面的一体化战略。① 简言之，新区域主义的兴起以区域贸易协定为重要变量，区域贸易协定的基本特征之一是其跨区域性，而"巨型 FTA"的本质特征之一亦为跨区域性。如前所述，当下，学界对于何为"巨型 FTA"还存在一些争议，不过无论从鲍德温定义的广域 FTA 以及两国或地区间 FTA，还是其他学者的概念界定，"巨型 FTA"为区域间 FTA 这一点应为不争的事实，即具备跨区域性。日本实施"巨型 FTA"战略的主要目标是建立跨区域 FTA，这显然与新区域主义的目标是一致的。另外，日本"巨型 FTA"战略不仅着眼于经贸领域，其政治、话语权等方面的意图也不容忽视。例如，日本当初加入 TPP 的目的之一是协同美国制衡中国，此外，日本争夺亚太地区经贸规则制定话语权的战略意图也在其"巨型 FTA"战略中暴露无遗。

第四，新区域主义对相关国家加快国内产业结构调整有潜在要求，这与日本"巨型 FTA"战略实施的基本要求一致。按照鲍德温的多米诺骨牌效应理论，② 我们可以认为一国国内的相关利益团体在推动国家

---

① 邢立娟：《"新区域主义"与多边贸易体制的冲突及协调》，载于《财经问题研究》2007 年第 5 期，第 89 页。

② Richard Baldwin, A Domino Theory of Regionalism. NBER, 1993, P. 20.

加快自由贸易谈判的过程中会起到较大的助推作用。就日本而言，虽然在推动 TPP 的过程中遭到以日本农业协会为代表的农业集团的反对，但工商业界在助推日本加入 TPP 中发挥了巨大作用。例如，美国退出 TPP 后，以日本经团联、日本贸易会、经济同友会等为代表的工商业界主流团体曾联名上书政府发挥主导作用促使 TPP11 成行。一个国家想加快自由贸易谈判步伐，国内相关产业的结构调整势在必行，这也是新区域主义的内在要求。日本想要顺利推动"巨型 FTA"战略，也必须在国内相关领域加快改革，减少结构性矛盾，加大出口，增强经济活力，从而能够更容易地对标高标准贸易规则，在亚太地区经贸规则制定方面获取更多话语权的同时，也可以更高效地推动"巨型 FTA"战略，而这一切离不开相关利益团体的理解和支持。日本以汽车工业等为支柱产业，这使得以日本工商业界团体为代表的"巨型 FTA"战略赞成派在国内政治、经济领域拥有巨大的话语权，在其支持下，日本政府才能有底气对国内相关产业结构进行大幅调整。

总而言之，日本实施"巨型 FTA"战略属于新区域主义在亚太地区进一步发展的表现之一，是顺应新区域主义发展潮流的需要，该战略亦是亚太地区新区域主义潮流的重要组成部分。

3.2.3 谋求"轮轴国"身份

一般认为，对于轮轴辐条（hub and spoke）现象的探讨最早始于沃纳科特（Wonnacott），他基于三角关系的视角开始对处于类似于轮轴辐条关系的 FTA 对象国展开阐释。[①] 所谓的轮轴辐条理论是指模拟轮轴辐条运作体系建立起来的解释 FTA 现象的理论，正如在轮轴辐条体系中辐条只能跟轮轴发生联动，辐条之间没有交集一样，在 FTA 的轮轴辐条体系中，"辐条国"不止一个，而且只与"轮轴国"签署 FTA，各"辐条国"之间没有经济上的密切往来，自然也不签署 FTA。即从理论上来看，在该 FTA 体系中，"轮轴国"显然居于中心，拥有领导地位，"辐条国"往往处于从属地位，以"轮轴国"为中心运作。而在现实中，特别是随着 20 世纪 90 年代以来以 FTA、EPA 等为代表的 RTA 的

---

① R. J. Wonnacott, Canada's Future in a World of Trade Blocs: A Proposal. *Canadian Public Policy*, Winter, Vol. 1, No. 1, 1975, pp. 118–130.

大量出现，各 FTA 缔约国之间联系日益密切，所谓的"辐条国"之间发生交集的现象越来越普遍，单纯的轮轴辐条体系也日趋罕见，这使得该理论的解释力度受到局限。但是，经过模糊处理过的轮轴辐条理论，不过度拘泥于"辐条国"之间是否互相签署 FTA，而重点强调"轮轴国"的中心地位，依然具备较强的说服力，特别是适合用来解释推进"巨型 FTA"的动因。在轮轴辐条体系中，"轮轴国"一般而言只有一个，但有时也有次"轮轴国"的存在，另外，国际政治经济形势等条件发生较大变化时，轮轴辐条体系可能也会发生较大变动，往往具备动态特征。

以 TPP 和 CPTPP 为例，在 TPP 体系中，基于国家实力、国际影响力、资源禀赋等要素，应将美国视为单一"轮轴国"，将日本视为次"轮轴国"，即在该体系中日本认同并从属于美国的领导地位，而又基于日美同盟关系以及日美两国在成员国中为 GDP 前两位大国的事实，美国和日本共同主导 TPP。美国退出后，TPP 改名为 CPTPP，从理论上看，日本顺位上升为"轮轴国"应无异议，并且从目前来看，尚无国家处于次"轮轴国"的位置，即如果不考量成员国之间是否互相签有 FTA 的要素，CPTPP 现为拥有单一"轮轴国"的轮轴辐条体系。虽然，日本的"轮轴国"地位并不突出和稳定，但该身份大大提升了日本在 CPTPP 中的地位和影响力。

另外，就 FTA 的形态而言，一般分为双边和多边两种。双边 FTA 显然不符合轮轴辐条体系的特征，因为"辐条国"的数量不合要求。因此，轮轴辐条体系存在的条件之一是至少为多边 FTA，虽然按照本书中的定义来看，多边 FTA 并不一定是"巨型 FTA"，如东盟自贸区，"巨型 FTA"也并不一定是多边 FTA，但整体而言，属于"巨型 FTA"的多边 FTA 往往具备较大的国际影响力，如 TPP、RCEP 等。所以，从理论上来看，积极实施"巨型 FTA"战略会提高成为更多"巨型 FTA"的"轮轴国"或者是次"轮轴国"的概率，而这显然与提升国际影响力密切相关。

对于日本而言，CPTPP 的经验坚定了日本继续践行"巨型 FTA"战略的决心。从现实来看，随着新区域主义的兴起，各主要国家在跨入新世纪以来高度重视实施 FTA 战略，在战略实施过程中"巨型 FTA"战略的重要性凸显，推动"巨型 FTA"成为 2013 年前后开始的潮流，这使得轮轴辐条体系出现了更为复杂的特征，即某个体系的"轮轴国"与"辐条国"或许都在找寻新的 FTA 对象国，"辐条国"也有机会成为新体系中的"轮轴国"，交叉性与重叠性成为世界 FTA 的新特征，"意大利面碗"效应不可避免。无论在哪一个轮轴辐条体系中，相比起"辐条国"而言，"轮轴国"有更为可观的政治经济收益。"轮轴国"身份与国际经贸规则话语权成正比关系，一国的"轮轴国"身份越稳固或者是数量越多，相应的国际经贸规则话语权越大，这也是日本在一些"巨型 FTA"，如 RCEP 中经常显示存在感，争夺主导地位的主要原因之一。简言之，日本推行"巨型 FTA"战略的动因之一是，尽可能地在更多"巨型 FTA"中成为"轮轴国"或次"轮轴国"，以提升自身在地区乃至国际经贸领域的影响力和地位。

3.2.4 构建亚太"巨型 FTA"网络

日本"巨型 FTA"战略以亚太为中心。亚太是亚洲太平洋地区的简称，1974 年联合国经济社会理事会率先使用这一称谓，范围涵盖了东北亚、东南亚、大洋洲和北美洲西部。[①] 在相当长的一段时期内，日本"巨型 FTA"战略有明显的亚太指向，是日本亚太经济合作战略的有机组成部分，目的是在亚太地区建立并完善"巨型 FTA"网络，并与现存的双边 FTA 形成有效互补。日本的这种亚太指向在很大程度上源于环太平洋合作思想。

环太平洋合作思想是一个理论群，起始于 20 世纪 60 年代，发展于 20 世纪七八十年代，对其后的日本经济外交等领域产生了深远的影响。环太平洋合作思想主要由"太平洋经济圈构想""亚洲·太平洋构想""环太平洋连带构想""太平洋经济文化圈构想""太平洋五原则"构成。小岛清于 1965 年提出"太平洋经济圈构想"，主张以太平洋地区的五个发达国家（日本、美国、加拿大、澳大利亚、新西兰）为中心在太平洋地区建立自由贸易区域，域内实现关税为零;[②] 三木武夫于 1967 年提出"亚洲·太平洋构想"，认为最根本的是东西问题与南北问题，

---

① 陈峰君：《冷战后亚太国际关系》，新华出版社 1999 年版，第 1 页。
② ［日］星野三喜夫：「『開かれた地域主義』と環太平洋連帯構想」、『新潟産業大学経済学部紀要』、2011 年 6 月、37 頁。

日本应该在亚洲和太平洋之间充当沟通交流的桥梁,① 应探求亚洲、太平洋地区的持久和平和繁荣的道路;② 大平正芳于 1978 年发起倡议,组织研究团队于 1979 年完成"环太平洋连带构想"的正式报告,其特色在于不采取排他的地区主义,维持自由开放的相互依存关系,与现存的两国以及多国关系不产生矛盾,构成互补关系;③ 中曾根康弘于 1978 年在其《新的保守理论》一书中提出"太平洋经济文化圈构想",认为环太平洋地区是具备极好条件、将来大有可为的地区,形成一个环太平洋经济文化圈,是一项顺应世界历史潮流的具有划时代意义的大事业;④ 铃木善幸于 1982 年发表演说认为太平洋的时代已经到来,为实现各国之间的"连带"提出"太平洋五原则",主张太平洋应该是自由、和平、多样、互惠和开放的海洋。⑤ 从该思想的发展历程、历史地位以及影响等方面来看,"太平洋经济圈构想"与"亚洲·太平洋构想"为该理论的基础,其中后者是在参考前者的基础上提出的。"环太平洋连带构想"影响最大,可视为集大成者,其中的一些理念仍为当代日本外交所借鉴。"太平洋经济文化圈构想"与"太平洋五原则"属于后续发展的存在。各构想共同构成了日本的环太平洋合作思想。

环太平洋合作思想为其后的日本经济合作战略留下了"重视亚太"的烙印,对于日本"巨型 FTA"战略的发展方向等也有着重要的指导意义,构成了该战略的国内思想渊源。

第一,环太平洋合作思想是 TPP、太平洋经济合作理事会（PECC）、APEC 的理论原点与思想渊源。在日本"巨型 FTA"战略中,TPP 为重中之重。TPP 是新西兰、智利、新加坡和文莱这四个 APEC 成员国于 2005 年发起的跨区域国际组织,在 2016 年正式签署之际,12 个

---

① ［日］データベース「世界と日本」「外国特派員協会における三木武夫外相演説」、1967 年 6 月 29 日、https：//worldjpn. grips. ac. jp/documents/texts/exdfam/19670629. S1J. html。

② ［日］芳賀綏等:《三木武夫及其政见》,复旦大学历史系日本史组编译,上海人民出版社 1975 年版,第 105 页。

③ ［日］星野三喜夫:「『開かれた地域主義』と環太平洋連帯構想」、『新潟産業大學經済学部紀要』、2011 年 6 月、37 頁。

④ ［日］中曾根康弘:《新的保守理论》,金苏城、张和平译,世界知识出版社 1984 年版,第 134~140 页。

⑤ ［日］データベース「世界と日本」「東西センターにおける鈴木善幸内閣総理大臣の演説」、1982 年 6 月 16 日、https：//worldjpn. grips. ac. jp/documents/texts/exdpm/19820616. S1J. html。

成员国均为 APEC 成员。APEC 的成立可以说与环太平洋合作思想关联密切。在小岛清、三木武夫的相关理论基础上提出"环太平洋连带构想"之后，大平正芳与时任澳大利亚总理马尔科姆·弗雷泽（Malcolm Fraser）就推进该构想意见达成一致，在二人的倡议下，1980 年 9 月于堪培拉正式成立 PECC。PECC 是 APEC 的正式观察员，在保持独立的前提下为其提供相应研究成果的同时，也为 APEC 部长级会议、非正式领导人会议等的顺利召开承担筹备工作，因此，无论从成立时间抑或是相关工作的高度关联性等方面来看，往往有"先有 PECC，后有 APEC"的说法。例如，日本学者服部龙二从综合安全保障战略以及中日关系等视角对"环太平洋连带构想"进行了探讨，明确指出大平正芳与澳大利亚前总理弗雷泽最终确认日本和澳大利亚在该构想中的中心地位，并通过创立 PECC 为 APEC 的成立铺垫了道路。[①] 另如，彼得·德赖斯代尔（Peter Drysdale）直言大平正芳的构想是在环太平洋地区构建新的共同体，这直接促成 PECC 成为现实，而且还间接地成为 APEC 乃至亚太合作的基石。[②]

第二，环太平洋合作思想主张开放性的区域经济合作，为日本"巨型 FTA"战略提供了推进思路。例如，开放性的区域经济合作最基本的特征是：参与区域经济合作的国家或地区放弃了"进口替代"的战略思想，不再寻求建立区域内互补产品结构、免受外部竞争的产业政策，而通过谋求更大的、更稳定的区域市场来提高生产力和竞争力，促进本身经济的发展。[③] 更为重要的是，环太平洋合作思想强调在开展区域经济合作时遵循"松散的开放"原则，大平正芳、铃木善幸等都提到了这一点。例如，《大平正芳》与《大平正芳传》中均在阐释了日澳两国共同推动该构想的基础上，指出环太平洋合作构想并无"集团化"倾向的原因在于，不涉及政治和军事，而以经济、文化合作为中心的开放的、松散的合作关系。[④] 在日本或主导或推动的"巨型 FTA"中，除双

---

① [日] 服部龙二：《大平正芳的外交与理念》，沈丁心、腾越译，中央编译出版社 2017 年版，第 109~126 页。
② [澳] ピーター・ドライスデール：「東アジアの地域協力と FTA 戦略」、『アジア太平洋連帯構想』、NTT 出版株式会社、2005 年、275~310 頁。
③ 汤碧：《中国自贸区战略动态优化研究》，中国财政经济出版社 2013 年版，第 41~42 页。
④ [日] 日本大平正芳纪念财团编著：《大平正芳》，中日友好协会、中日关系史研究会编译，中国青年出版社 1991 年版，第 688~697 页；[日] 大平正芳回想录刊行会编：《大平正芳传》，武大伟等译，吉林人民出版社 1984 年版，第 578~586 页。

边和三边"巨型 FTA"之外,如 TPP、CPTPP、RCEP、亚太自贸区等都具备开放性和灵活性的特征。

第三,环太平洋合作思想重视亚太的思路为日本"巨型 FTA"战略划定了战略实施的重点领域。日本"巨型 FTA"战略是从日本 FTA 战略中深化而来的,二者在战略设计和构思等方面有许多相通之处。而按照一般思路,外交战略往往从稳固周边开始,待时机成熟之后再辐射更远的区域,日本 FTA 战略也不例外,在初始阶段确定的重点区域是东亚,具体而言是中韩两国以及东盟国家。从跨入 21 世纪到 2010 年前后,日本实施 FTA 战略已近 10 年,与东盟部分国家以及东盟整体已经签署 EPA,中日韩 FTA 也在运作之中,因此,在日本看来,在东亚地区可以挖掘的潜力已不若从前,需要适时进行战略调整。在此背景下,日本于 2010 年发布了《关于全面经济合作的基本方针》,阐释了亚太地区的重要性,[1] 这也是准备启动战略调整的标志。这种调整既是形势所迫,也与环太平洋合作思想给日本留下的重视亚太的烙印不无关系。从东亚扩至亚太区域,意味着开展跨区域 FTA 谈判成为必要条件,也是日本实施"巨型 FTA"战略的理由之一。简而言之,日本在实施 FTA 战略的初始阶段并未将重点区域设定为亚太是受客观条件所限,在时机相对成熟之后,日本果断进行了战略调整,将亚太区域确定为其"巨型 FTA"战略的主战场,这在很大程度上是受环太平洋合作思想的影响。

3.2.5 对中国实施制衡

在塞缪尔斯看来,当今日本政府实施的"对冲战略"的主要特点在于:安全上巩固日美同盟,强化军事实力,以"对冲"军事和防御力量上的脆弱性给日本带来的风险;经济上加强同中国的交流,享受中国发展的红利,以"对冲"中日政治冲突乃至全面对抗的威胁。具体到中日两国层面上,对于中国的崛起,日本采取的政策是在经济上拥抱中国,同时也不忘提出新的"中国威胁论"。[2] 日本在其"巨型 FTA"

---

[1] [日]外务省「包括的经济连携に関する基本方针」、2010 年 11 月 6 日、https://www.mofa.go.jp/mofaj/gaiko/fta/policy20101106.html。

[2] [美]理查德・J.塞缪尔斯:《日本大战略与东亚的未来》,刘铁娃译,上海人民出版社 2010 年版,第 5 页。

战略中部分采取了类似于塞缪尔斯提到的"对冲战略",集中在 TPP 和 RCEP 上。"日本参加 TPP 含有抗衡中国的意图。"① 美国也有制衡中国之意,特别是与美国密切相关的地区,乔治·凯南认为应该"支持限制中国在与美国相关的东亚地区的影响力"②,TPP 所涉及的区域包括东亚地区,在制衡中国这一点上,日美两国一拍即合。在 RCEP 中,日本则是同澳大利亚等准盟友一起在规则制定方面制衡中国,另外,拉拢印度限制中国在 RCEP 中的影响力。

2010 年以来,随着中国名义 GDP 超过日本,日本越来越在意中国日益增长的影响力,有时候会主动通过"巨型 FTA"战略等手段来限制中国。例如日本经济研究专家马修·古德曼（Matthew Goodman）与美国国际战略研究中心资深研究员斯蒂芬妮·西格尔（Stephanie Segal）在 2018 年 3 月共同撰文称,2017 年 12 月,在布宜诺斯艾利斯举行的 WTO 部长级会议期间,东京又出现了一个大胆的新经济外交例子,日本贸易大臣世耕弘成说服了他的美国和欧盟的一些不情愿的同行,世耕弘成、罗伯特·莱特希泽（Robert Lighthizer）和塞西莉亚·马姆斯特罗姆（Cecilia Malmstrom）发表了一份三方声明,承诺共同努力应对产能过剩和技术转让的问题以及其他扭曲市场的做法——以中国为未公开但明显的目标。③ 但更多的时候,日本希望追随美国对中国实施制衡,例如 TPP 就是明显的例子。即便美国退出 TPP,日本也会谋求在其基础上对中国实行制约。美国对外关系委员会研究员詹姆斯·麦克布莱德（James McBride）2018 年 3 月 23 日同他人撰文称,日本最近与中国发生的争端已波及两国经济关系,日元的贬值只是加剧了双方的不和,安倍的鹰派作风,加上他推动修改日本和平宪法的努力,使得一些人将其推动 TPP 贸易的努力视为遏制中国的一种方式。④ 从时间点上看,此文发表在 TPP 改名为 CPTPP 之后,这说明该观点认为 CPTPP 也同样具备

---

① ［新加坡］卓南生:《日本的乱象与真相——从安倍到安倍》,世界知识出版社 2013 年版,第 274 页。

② ［美］保罗·希尔:《乔治·凯南与美国东亚政策》,小毛线译,金城出版社 2020 年版,第 235 页。

③ Matthew P. Goodman & Stephanie Segal, Resisting the Specter of Smoot – Hawley. *Global Economics Monthly*, Vol. 7, Issue 3, March, 2018.

④ James McBride & Beina Xu, Abenomics and the Japanese Economy. March 23, 2018, https：//www.cfr.org/backgrounder/abenomics – and – japanese – economy.

制衡中国的功能。

客观上而言，美国的退出使得日本在制衡中国方面力所不及，这也一定程度上削弱了 CPTPP 的政治色彩。但日本在 TPP 框架上推动 CPTPP 成行，其中不能完全排除其利用"高标准"贸易规则等制衡中国的动机，况且，日本在很长的一段时期内将吸引美国重返 TPP 视为其"巨型 FTA"战略的重要目标。另外，在亚太地区经贸规则制定层面上，美国主导的 TPP 与中国力推的 RCEP 实际上处于一种相互对抗的动态平衡状态中，美国的退出使 TPP 摇摇欲坠，RCEP 则相对而言优势凸显，平衡有被打破之势，尽可能地恢复平衡也是日本推动 CPTPP 成行的动机之一。虽然较之 TPP，CPTPP 大为缩水，但客观上看，CPTPP 依然有较大的影响力。美国国会咨询机构美中经济安全保障调查委员会在 2016 年 11 月发表的年度报告中预测，假如 TPP 生效而 RCEP 没生效，中国会蒙受 220 亿美元的损失，相反假如 TPP 失效而 RCEP 生效的话，由于出口增加等原因将会给中国带来 880 亿美元的经济效益。① 综合来看，让 TPP 失效显然不是日本的选择。而在 RCEP 中，日本一边宣称积极与中国联手共同推动 RCEP 进程，促进亚太地区经济合作与发展，一边联合澳大利亚和印度等国尽可能地抗衡中国，这是典型的"对冲战略"表现，其战略核心思想是从中国市场获益提振经济的同时，限制中国日益增长的影响力。

3.2.6 维护与强化日美同盟

战后初期，美国接管了日本，在政治、经济、社会、思想等各个领域对日本实施了改造，以实现日本的民主化。② 在安全保障领域，日美两国缔结同盟关系，于 1951 年签署《日美安全保障条约》，并于 1960 年对其进行修订，构建了日美安全保障体制。这意味着，"日本在经济上与西方资本主义国家密切合作，在军事上依靠美国保护它免遭未来敌人的侵害；而当大的世界危机来临时，日本不能公然反对美国的领导"③。当时

---

① ［日］平和政策研究所：「環太平洋文明の発展と海洋国家日本の構想—海洋国家連合と新経済秩序の構築—」，政策提言 NO.11，22 頁。
② ［日］坂本太郎：《日本史》，武寅等译，中国社会科学出版社 2008 年版，第 558~560 页。
③ ［美］詹姆斯·L. 麦克莱恩：《日本史》，王翔、朱慧颖、王瞻瞻译，海南出版社 2014 年版，第 576 页。

的日本人则普遍认为,"日本在日美安保体制下,既没有卷入战争,也没有被国际社会孤立,从而成长为世界经济大国"①,也可将此观点视作对"吉田路线"的评价。"吉田路线"是吉田茂"商人式的国际政治观"②的代表。吉田茂基于现实主义理念和实用主义哲学在安全和经济上作出了取舍,将精力投入到发展经济上,而安全则需要依仗日美同盟关系来得以确保,"'日美同盟基轴主义'是吉田茂选择外交路线的重要依据"。③另有观点指出,以吉田茂为核心的"保守本流"的本质就是追随美国。④实际上,日本在战后初期就将协调与美英关系作为外交重点,"吉田路线"因应了日本的这种心理和需求,这或许与吉田茂"受过日本明治时期亲西方传统的熏陶"⑤,是日本著名的"亲英美派"外交家不无关系。⑥简言之,维护日美同盟关系是战后日本的外交基轴之一,"吉田路线"使这种理念进一步扎根于日本人的政治、经济、思想和文化中。"从总体上来看,协调与合作在今后相当长一段时间内仍将是日美关系的主要方面"。⑦

二战结束之后,日本几乎每一届内阁都忠实地执行了维护日美同盟关系这一外交和安全理念,安倍内阁也毫不例外。作为战后日本经济战略的重要组成部分,"巨型FTA"战略也可以发挥这一功能。2008年,美国宣布加入TPP,TPP的影响力大增。美国加入后,将扩容提上了日程,作为盟友的日本自然是重点拉拢对象之一。2011年1月,日美两国就TPP举行双边磋商,2013年3月,日本宣布正式加入TPP谈判,发展经济是首要考量,而巩固日美同盟是其下定决心的重要因素之一。2017年1月,美国退出TPP之后,吸引美国重返TPP一直是安倍政府的政策重点之一。安倍政府的诚心不仅体现在口头上,在实际行动中也

---

① [日]林健太郎:『歴史からの警告:戦後五十年の日本と世界』、中央公論新社、1999年、149頁。
② [日]高坂正堯:『宰相吉田茂』、中央公論社、1978年、19頁。
③ [日]添谷芳秀:《日本的『中等国家』外交——战后日本的选择和构想》,李成日译,社会科学文献出版社2015年版,第37页。
④ [日]孙崎享:《日美同盟真相》,郭一娜译,新华出版社2014年版,第29页。
⑤ [美]理查德·尼克松:《领袖们》,施燕华、洪雪因、黄钟青等译,海南出版社2012年版,第124页。
⑥ 郑毅:《吉田茂时代的日本政治与外交研究》,中国社会科学出版社2016年版,第49页。
⑦ 张香山:《中日关系管窥与见证》,当代世界出版社2020年版,第147页。

有重要体现，其主要标志之一是将与美国相关的 20 项条款进行冻结处理，这样日后美国若回心转意，在回归谈判方面要相对容易得多。古德曼认为，日本在将与美国相关条款冻结方面发挥了关键的领导作用，这样美国能够在做好准备的情况下尽可能容易地重返 TPP。[1] 菅义伟与岸田文雄政府也沿袭了希望美国重返 TPP/CPTPP 这一理念，不得不说其主要原因之一仍然是维护日美同盟关系。此外，在 RCEP 中，日本也有间接维护日美同盟关系的意图。众所周知，RCEP 成员国中并不包括美国，然而，美国对该贸易协定并非毫无影响。美国的影响主要体现在日本、澳大利亚、印度这三国能够在 RCEP 推进过程中部分反映美国的意志，美国可借此实施长臂管控。作为美国的忠实盟友，日本期待联手其他两国特别是印度，以在制衡中国、推进"巨型 FTA"战略与"印太战略"结合等方面发挥更大作用。因此，当印度宣布退出 RCEP 时日本一度失去了战略定力。日本想要挽留印度的考量之一是制衡中国，但印度是否回归又与对中贸易赤字相关，因此日本在推动保留印度重返可能性的同时，尽力促使 RCEP 成行。[2] 可以看出，日本在印度问题上的处理方式与强化日美同盟有间接关系。

　　此外，一直以来，中日韩 FTA 谈判进程反复曲折，在诸多影响因素中，美国因素是重要的隐形要素，这是由于日本和韩国是美国在亚洲的重要盟友，在许多重大问题决策上两国态度深受美国影响的缘故。就日本而言，维护日美同盟的考量也在其中。亚太自贸区为长期愿景，随着 TPP 和其他"巨型 FTA"的深化，最终会形成涵盖中国及整个东亚地区的、最适合亚太地区发展的亚太自贸区。[3] 从国家的综合实力来看，中美两国应为其中最主要的两大推动力量。亚太自贸区虽然是美国提出来的设想，但随着美国加入 TPP，其重要性在美国的战略顺序中有所下降，特别是特朗普政府时期基本上将其进行了搁置处理。"中国—

---

[1] Matthew P. Goodman, An Uneasy Japan Steps up. Apr 04, 2018, https://www.Csis.org/analysis/uneasy-japan-steps.

[2] [日] 吉冈桂子:「米中対立が揺らすASEANの『天秤』—アジアは今、何を考えているのか—」、『外交』、2020 年、Vol. 59 Jan./Feb、108 頁。

[3] Tomoyoshi Nakajima, The TPP and East Asian Economic Integration: From the Japan–China–ROK Perspective. *Journal of International Logistics and Trade*, Vol. 10, No. 3, December 2012, P. 76.

贯重视并积极参与亚太经合组织各领域的合作和工作"①，亚太自贸区建设自然也不例外。亚太自贸区已经一定程度上留下了中国烙印，例如2014年形成的北京路线图等。2010年11月召开的APEC横滨峰会上将"10+6"、TPP等确立为亚太自贸区的实现路径。换言之，亚太自贸区最有可能在RCEP和TPP的基础上整合而成。中国是RCEP的主要推动力量，而且已于2021年9月正式提出申请加入CPTPP，另外，美国没有加入RCEP，又在特朗普政府时期退出了TPP，这意味着在将来的亚太自贸区建设中，中国能够发挥积极作用，而美国很难获得主导权，这并非日本想要看到的结果。日本虽然也有意愿在亚太自贸区建设中发挥主导作用，但从综合国力等现实因素来看，或许对日本而言联合强大的盟友美国一起在亚太自贸区建设中夺取更多话语权是相对现实的选项，这无疑也是维护与强化日美同盟的过程，日本一直执着于吸引美国重返TPP的原因之一也在于此。总而言之，日本"巨型FTA"战略大多与美国因素有直接或间接的关联，而维护与强化日美同盟是日本大力推行该战略的动因之一。

3.2.7 巩固与东盟及其他国家关系

20世纪50年代至70年代，日本对东南亚各国实施了战争赔偿。"日本以赔偿为手段，扩大了对东南亚各国的资本输出和商品输出，并且极大地加深了日本经济对东南亚各国经济的渗透。"② 严格来讲，直至70年代初期，日本和东盟各国来往的主题是赔偿，并未开展真正的双边关系。1973年，日本同东盟就合成橡胶问题开展了部长级会谈，以此为契机正式开始了与东盟关系。③ 日本东盟问题研究的权威山影进教授认为日本和东盟关系向好的最初转机是1977年前首相福田赳夫在

---

① 王巧荣：《中华人民共和国外交史（1949—2019）第二版》，当代中国出版社2020年版，第377页。
② 徐显芬：《未走完的历史和解之路——战后日本的战争赔偿与对外援助》，世界知识出版社2018年版，第41页。
③ ［日］外务省「ASEAN（東南アジア諸国連合）概况」、2019年10月7日、https://www.mofa.go.jp/mofaj/area/asean/page25_001325.html。

马尼拉发表"福田主义",① 日本也是从这个时期开始重视东盟的。"'福田主义'试图利用美国从越南撤退留下的政治真空,以经济为手段构建东南亚的地区新秩序。"② "福田主义"为其后的日本对东盟外交政策奠定了基础。1993 年的"宫泽主义"对"福田主义"作出了确认。2008 年的"新福田主义"则意味着日本将战略重心转移到东南亚地区,欲实现日本的东南亚战略与太平洋战略的对接。③ 一系列的外交政策对日本发展同东盟关系起到了重要的指导作用。日本的这种努力获得了明显的收益,这一点从日本外务省在东盟实施的对日舆论调查结果中可见端详。截至 2021 年上半年,在东南亚地区日本外务省委托的以东盟部分国家或整体为对象的对日舆论调查共进行了十次,④ 其中,以东盟十国为对象的舆论调查共有两次,2017 年进行的舆论调查中,对于"你认为这 50 年中,哪个国家(地区)对 ASEAN 的发展作出了贡献?"的提问,统计回答结果日本和中国分列前两位,分别为 65% 和 47%;2019 年的舆论调查中日本外务省对问题做了改动,其中对于"你认为今后会成为重要伙伴的是下面哪个国家?"的提问,统计回答结果日本和中国分列前两位,分别为 51% 和 48%。⑤ 从统计结果中可以看出,日本深耕东盟地区成效明显。不过,东盟国家人民对中国的期待和重视程度也在稳步提升,这种趋势显然给日本造成了压力,这也在一定程度上促使日本通过实施"巨型 FTA"战略进一步巩固提升与东盟关系。在 CPTPP 成员国中有新加坡、越南、马来西亚和文莱这四个东盟国家,另外,也有其他东盟国家表达了加入的意愿;在 RCEP 和亚太自贸区中包括东盟十国。换言之,日本推动的"巨型 FTA"中,人口多、GDP 占比高的三大"巨型 FTA"与东盟密切相关。无论从现有成员构成抑或

---

① [日] 野上英文:「日・ASEAN 関係『福田ドクトリンが最初の転機』」,朝日新聞、2017 年 8 月 9 日、https://www.asahi.com/articles/ASK7061G5K70UHBI01W.html。
② 田凯:《环太平洋连带构想——日澳倡议与亚太地区秩序的探索》,社会科学文献出版社 2018 年版,第 15 页。
③ 李秀石:《日本新保守主义战略研究》,时事出版社 2010 年版,第 192 页。
④ 分别是 1978 年、1983 年、1987 年、1992 年、1997 年、2002 年、2008 年、2014 年、2017 年、2019 年。
⑤ [日]「平成 29 年度 ASEAN(10 か国)における 対日世論調査結果」、2017 年 11 月、https://www.mofa.go.jp/mofaj/files/000434060.pdf;[日]「令和元年度 ASEAN(10 か国)における 対日世論調査結果」、2019 年 11 月、https://www.mofa.go.jp/mofaj/files/100023099.pdf。

是未来预期来看，日本推动实施"巨型 FTA"战略符合其一贯的东盟战略，"巨型 FTA"战略是日本与东盟继续强化关系的平台。

日本高度重视与东盟关系，于 2013 年 1 月发表了"对东盟外交五原则"，分别为：其一，与东盟各国共同努力致力于自由、民主主义、基本人权等所谓普遍价值观的巩固和扩大；其二，由"法律"支配而非"力量"支配下的自由开放的海洋是"公共财产"，将与东盟各国共同全力对其进行维护，欢迎美国重视亚洲；其三，通过形式多样的经济合作网络，促进物、钱、人、服务等贸易及投资的进一步流动，助力日本经济再生，与东盟各国实现共同繁荣；其四，共同维护并发展亚洲的多样文化和传统；其五，青年一代承担着未来，相互之间加强交流，促进理解。① 同年 12 月在东京召开的日本与东盟特别首脑会议上表明了以"四个伙伴"为核心推动合作的意图。② 在这种背景下，日本推动"巨型 FTA"的战略考虑中，维系并强化与东盟关系应是其中一环。当然，日本推动日欧 EPA 的动因之一是强化与欧盟国家关系；从几大"巨型FTA"的成员构成中可以看出，日本推动该战略也有巩固与加拿大、墨西哥等其他国家关系的战略考量。

小　　结

"巨型 FTA"战略是日本 FTA 战略深入推进的结果，也可以将前者视为后者的高级发展阶段和战略的自然延伸。日本政府通过一系列的官方文件对其 FTA 战略进行确认、微调，在此过程中，随着国际国内形势的变化，推动"巨型 FTA"成为新的发展要求，"巨型 FTA"战略也应运而生。2006 年前后，日本"巨型 FTA"战略处于酝酿阶段；2010年前后，日本"巨型 FTA"战略基本形成；2013 年前后，日本"巨型 FTA"战略开始了实际推进工作。经过一段时间的发展和深化，日本"巨型 FTA"战略于 2017 年下半年开始逐渐取得了一些代表性成果，包括主导 CPTPP 成行、推动日欧 EPA 和新时期日美贸易协定达成、推动 RCEP 签署等。

---

①② ［日］外務省「ASEAN（東南アジア諸国連合）概況」、2019 年 10 月 7 日、https：//www.mofa.go.jp/mofaj/area/asean/page25_001325.html。

第3章 日本"巨型FTA"战略的演变、动因与政策考量

日本推动"巨型FTA"战略的动因与政策考量主要包括以下七方面内容：

第一，发展经济并提升经贸话语权。推动"巨型FTA"战略，可以扩大出口，提升就业率，加快实施结构性改革，能够较大幅度上拉动日本GDP。另外，随着FTA战略的不断深化，日本对于经贸规则话语权的认识有了较大转变，特别是安倍执政时期高度重视提升日本在亚太乃至世界自由贸易领域的经贸规则制定话语权，而"巨型FTA"战略是理想的平台。

第二，顺应新区域主义潮流。冷战结束后，以区域贸易协定大量出现为特征的新区域主义席卷全球，这股浪潮为发展区域贸易协定创造了良好的外部条件，在此背景下推动"巨型FTA"战略可以节约资源，提高效率，取得事半功倍的效果。

第三，谋求"轮轴国"身份。与"辐条国"相比，"轮轴国"或者是"次轮轴国"显然有更为可观的政治经济收益，而推动"巨型FTA"战略并尽力掌握主导权有助于获取"轮轴国"或者是"次轮轴国"身份。

第四，构建亚太"巨型FTA"网络。环太平洋合作思想为战后日本的经济合作战略留下了重视亚太的烙印，日本FTA战略虽然在此影响下也有亚太指向，但21世纪初启动伊始时就将战略范围覆盖整个亚太地区在实力和经验等方面力所不及，因此日本选择了巩固周边，与秘鲁、墨西哥等个别太平洋沿岸国家开展EPA谈判以夯实基础。日本"巨型FTA"战略形成于日本FTA战略，在周边基本稳固的基础上再进入战略实施阶段顺理成章。

第五，对中国实施制衡。冷战结束后，以美国为代表的西方国家一直渲染"中国威胁论"，日本在其中扮演了重要角色，除在军事、安全等领域与美国联手之外，在经贸领域也将制衡中国作为对外政策之一。"日本的国家战略调整在很大意义上瞄准了中国的崛起"[①]，从FTA战略中演化出来的"巨型FTA"战略亦在其列。日本在推动部分"巨型FTA"时体现出制衡中国的意图。

第六，维护与强化日美同盟。维护与强化日美同盟既是战后日本的

---

① 王希亮：《日本右翼势力与东北亚国际关系》，社会科学文献出版社2013年版，第312页。

外交传统，也是日本对美国当前实力研判后所制定的策略。日本在推动"巨型FTA"时或直接或间接地受到美国的影响。基于此，日本推动该战略可以最大限度地将美国的影响留在东亚乃至亚太区域一体化进程中，从而更容易地与美国实现合作，进一步改善日美同盟关系。

第七，巩固与东盟及其他国家关系。RCEP、TPP/CPTPP等"巨型FTA"中都有东盟国家的参与，推动"巨型FTA"战略自然可以巩固与东盟国家关系。战后日本深耕东盟的特征明显，其中又以经济外交为主要手段，"巨型FTA"战略则是其中重要的一环。另外，"巨型FTA"战略也可以帮助日本巩固与其他成员国之间的关系。

从大的类别来看，前四项动因与政策考量大致属于经济贸易类，后三项动因与政策考量大致属于政治外交类。不过，即便是基本上同属一类，但又各有侧重点，另外，个别动因与政策考量也有交叉之处，因此，本书并未严格按照两大类进行划分，而是各自展开论述。

第4章 日本"巨型 FTA"战略的推进路径与特色

日本重点推动了 TPP、CPTPP、RCEP、日欧 EPA、中日韩 FTA、新时期日美贸易协定与亚太自贸区等"巨型 FTA"。本章的主要目的是基于复合平衡框架对日本在具体推进过程中的路径与特色进行分析,由"微"入"宏",以期在整体上对日本"巨型 FTA"战略有更为清晰的认知,更好地理解该战略的运行逻辑。

4.1 日本推动 TPP 的路径与特色

基于 TPP 与 CPTPP 这两个概念紧密相关,在学界中也经常混用的事实,一般情况下本书将二者放在一起论述。不过,这并不意味着可以将 TPP 与 CPTPP 等同视之。在本部分中将分别探讨二者的推动路径与特色。

如前所述,TPP(Trans-Pacific Partnership Agreement)一般译为"跨太平洋伙伴关系协定";CPTPP(Comprehensive and Progressive Agreement for Trans-Pacific Partnership),一般译为"全面与进步跨太平洋伙伴关系协定",TPP 是 CPTPP 的前身。TPP 是 2002 年由 4 个 APEC 成员国,即新西兰、新加坡、智利和文莱发起的区域经济伙伴关系协定,在创立之初并没有太大的影响力。不过,2008 年初,美国的加入使该协定受到了较大范围的关注。2010 年 3 月,TPP 首轮谈判开始,成员国为 8 个,分别是美国、新西兰、新加坡、智利、文莱、秘鲁、越南和澳大利亚;2016 年 2 月,TPP 正式签署,成员国为 12 个,分别是美国、新西兰、新加坡、智利、文莱、秘鲁、越南、澳大利亚、日本、加拿大、墨西哥和马来西亚。2017 年 1 月,美国退出 TPP。在日本和澳大利亚等国的斡旋下，2017年3月和5月举行了两次TPP部长级会议，2017年7月至11月举行了四次TPP高级事务水平会议。在2017年11月的部长级会议上，11个成员国达成一致意见，宣布将TPP改名为CPTPP，即"全面且进步的TPP"，并在2018年1月的TPP高级事务水平会议上确定了CPTPP的协定文本以及冻结项目。2018年3月，CPTPP举行了签字仪式。较之TPP，CPTPP大幅降低了生效条件，规定有6个成员国批准即可成行。随着墨西哥、日本、新加坡、新西兰、加拿大和澳大利亚履行完国内程序，CPTPP于2018年12月30日正式生效。

无论是TPP，还是CPTPP，在扩容前其成员国均是APEC成员，这注定了TPP/CPTPP带有明显的APEC烙印。在推动APEC的过程中，日本和澳大利亚付出了很大的努力。特别是，如前所述，日本前首相大平正芳在20世纪70年代末提出的"环太平洋连带构想"等被认为在很大程度上推动了APEC的最终成行。"环太平洋连带构想"等一系列合作思想的特点在于：第一，不采取排他的地区主义；第二，维持自由开放的相互依存关系；第三，同现存的双边及多边关系并不矛盾，相互补充。① 这三项特点也被认为是开放的地区主义，从APEC的宗旨及运营来看，该原则得到了很好的贯彻。由APEC成员构成的TPP/CPTPP继承了开放的地区主义原则，鼓励达到贸易标准的经济体积极申请加入。

本部分剖析了日本推动TPP的路径与特色，简要概括其主要的推进动因，在此基础上分析其中体现的复合平衡逻辑，进而在复合平衡框架下对日本推动TPP的路径与特色进行剖析和总结。

4.1.1 日本推动TPP的主要动因

第一，向国内外传递"开国"信息，激活日本经济，实现亚太经济新成长战略。所谓"开国"，指的是2011年时任日本首相菅直人多次强调的"平成开国"一说，体现的是日本在瞬息万变的国际政治经济形势下寻求新发展路径的意愿和决心。日本认为，加入TPP谈判是在自由贸易领域向世界展示自己，提高国际信用及关切的关键所在。

第二，着眼于TPP在亚太自贸区建设和地区经贸规则制定上的可能

---

① ［日］星野三喜夫：「『開かれた地域主義』と環太平洋連帯構想」，『新潟産業大学経済学部紀要』、2011年6月、第37页。

性。亚太自贸区是日本"巨型 FTA"战略的终极目标，特别是在 2010 年底的 APEC 横滨峰会上确立了 TPP 为实现亚太自贸区的主要路径之一，这增加了日本加入并推进 TPP 的动力。另外，TPP 具备高标准规则特征，日本判断其很可能成为亚太地区贸易规则的模板。加入并推动 TPP，建立以 TPP 为核心的高标准规则模板，对于日本顺利推动"巨型 FTA"战略意义重大。

第三，谋求与美国共同主导亚太地区经济秩序。美国自加入 TPP 后，凭借其远超其他成员的综合国力接管了 TPP。日本判断若自己也加入，基于日美同盟关系，出现日美两国联手掌控亚太地区经济秩序的结果是大概率事件，毕竟这是世界第一和第三 GDP 大国之间的合作。

第四，提升亚太地区自由贸易领域规则制定话语权。日本期待通过加入并推动 TPP 以在亚太自由贸易领域的规则制定方面发挥主导作用，从而提升日本在相关领域的影响力，并为提高日本的经贸洽谈能力作出贡献。①

4.1.2　日本推动 TPP 的复合平衡逻辑分析

分析上述四种动因，第二、第三、第四点关联密切，均属于话语权与经济秩序相关的内容，而基于日本的国际政治经济地位，与美国联手显然是其中的关键所在。虽然日本在表面上主张日美两国共同主导亚太经济秩序，但从本质上来看，更多的是日本认同并从属于美国的领导地位，而其核心目的是使国家利益最大化。按照复合平衡逻辑框架，日本在推进 TPP 过程中对美国采取了利益制衡策略，即以谋求自身利益最大化的追随传统强国的策略。美国对于 21 世纪以来只有亚洲国家参与的亚洲一体化一直抱有警惕，② 加入并主导 TPP 是希望扩大自身影响并打乱上述一体化进程。故此，TPP 被美国视作主导亚太经济体系的基石。而随着 2010 年中国经济超越日本成为 GDP 第二大国，美国赋予了其主导下的 TPP 以更多的政治含义，即限制中国的发展。日本既然在推动

---

① ［日］内閣官房「包括的経済連携に関する検討状況」、2010 年 10 月 27 日、https：//www. mofa. go. jp/mofaj/gaiko/fta/pdfs/siryou20101106. pdf.

② 高兰：《日本 TPP 战略的发展特征及其影响》，载于《世界经济研究》2011 年第 6 期，第 75~76 页。

TPP上采取追随美国的策略，那么也必然认同美国的这种战略意图。而从世界GDP占比的视角来看，日美联手遏制中国属于第一和第三大国遏制第二大国，这显然与传统意义上的制衡即中等国家联合起来限制最强大的国家并不相符。这种遏制更多的属于复合平衡框架中的威胁制衡，即国家联合起来限制"最有威胁"的国家，而判断是否具有威胁的标准以实力为基本要素，另外还包括价值观、意识形态、地缘位置等。中国的经济发展态势良好，综合国力长期上升趋势明显。此外，日美两国均奉行以所谓"民主和平论"为基石的价值观，在意识形态上与中国也有根本不同。而从地缘位置来看，对美国而言，中国属于同一区域大国，对日本而言，中国属于周边大国。简而言之，在日美两国看来，中国均属于"最有威胁"的国家。日本推动TPP除了发展经济之外，也担负着所谓威胁制衡的功能。

另外，日本在推动TPP过程中，整体表现为积极型复合平衡思维。复合平衡分为积极和消极两种类型，积极型复合平衡主要表现为，主动地实施平衡战略以期达到预设的战略目标；消极型复合平衡主要表现为被动应对，以维持现状或避免"选边站"等战略目标。日本在推进TPP时基于国家利益需求主动追随美国对中国实施威胁制衡，这是较为明显的积极型复合平衡思维的体现。

4.1.3 基于复合平衡的TPP推进路径与特色

第一，追随美国加入TPP谈判。从TPP的发展历程来看，在美国加入之前，TPP是一个只有4个小国的旨在建立自由贸易区的经贸关系协定，对于TPP，日本实际上几乎没有加以关注。美国在2008年初加入之后，TPP的影响大增，特别是2009年底奥巴马启动扩容程序后，其盟友澳大利亚与秘鲁首先加入。2010年3月，TPP开启第一轮谈判，日本并不在8个成员国中。这种现状实际上一定程度上刺激了日本。二战后至今，日本在其外交战略中视日美同盟为基轴，虽然期间有过"漂流"，但维系与强化日美同盟对日本而言是外交上的头等大事。另外，基于日本在2010年之前长期占据世界GDP第二大国的位置，在美国的盟友中，日本无疑是实力最强的国家，这也使得日本较为在意自身在所谓美国亚太盟友体系中的地位。澳大利亚和秘鲁追随美国加入TPP对日本而言是一个强烈的信号。但是，日本加入 TPP 有现实的困难存在，最主要的是在于农业领域的开放问题。日本农业改革的阻力非常大，农业协会对日本政权有巨大的影响力，既得利益维护的需求使得农业协会对政府不断施加压力以避免对外开放农业领域。基于此，农业在日本属于被保护产业，为了获得农业协会以及农民的支持，日本政府一方面对于进口农业产品采取高额关税，另一方面采取其他一些措施，如临时紧急限制进口等方式。例如，2001 年 4 月，日本首次实施了进口紧急限制，限制的对象是中国产的大葱、鲜香菇和蔺草席。对于日本而言，长期维持这种现状对于经济发展的整体布局显然不利，因此，加入 TPP 也是加速农业改革的良机。菅直人政府在反复权衡国家战略、外交传统与农业改革等问题的基础上，最终决定力排群议，追随美国加入 TPP 谈判从而最大限度地谋求利益。

第二，集中推进，重点突破。在推进"巨型 FTA"战略方面，日本采取的是集中推进，重点突破的策略。在 2013 年的上半年，日本宣布加入 TPP 谈判，参加了中日韩 FTA、日欧 EPA 以及 RCEP 的首轮谈判，集中推进的意图明显。在诸多"巨型 FTA"中，日本在综合考量参与成员、贸易规则水平、对于本国的政治经济意义等要素的基础上确定了重点推进对象，即 TPP。这一点，从日本官方的说法中可见端详。日本于 2013 年 6 月发布了《日本再兴战略》，强调为了能够同时推进 TPP、RCEP、中日韩 FTA、日欧 EPA 等谈判，要设法对以内阁官房为首的相关省厅的体制进行强化，特别是要确立 100 人规模、政府一体确保万无一失的体制来应对 TPP 谈判。① 从上述文件中可以明显看出，日本对于 TPP 的重视程度高于其他"巨型 FTA"。日本将加入 TPP 谈判置于自由贸易领域的首要战略顺序上，投入了大量的人力、物力和财力，成立专门的领导机构，发挥各省厅的协调作用，自上而下地推动 TPP 的进程，以期重点突破，在尽可能早的时期内使 TPP 成行，从而在 TPP 基础上顺利实现预先的战略设计。另外，日本将 TPP 视为"百年大计"的最主要原因在于，在几乎同时推进的几大"巨型 FTA"中，只有 TPP 中有美国的存在，中日韩 FTA、RCEP、日欧 EPA 与美国并无直接关联。这也是日本采取对美利益制衡策略的证明之一。日本采取利益制衡

---

① ［日］首相官邸「日本再興戦略 – JAPAN is BACK –」、2013 年 6 月 14 日、https：//www.kantei.go.jp/jp/singi/keizaisaisei/pdf/saikou_jpn.pdf。

并非需要美国在经贸领域的保护，就经济领域而言，日本也不是弱国。日本基于国家利益最大化的判断，对美国实施追随策略，该策略属于复合平衡框架中的利益制衡范畴。

第三，推动过程中注重与美国的捆绑。美国深知，作为自身极力打造的亚洲版经济北约，TPP 中不能缺少日本的身影，这主要基于日本的 GDP 大国地位以及其加入对于美国亚太盟友的吸引效果。日本若缺位，这意味着美国对中国的经济包围网缺少了重要一环，这会使得美国从经济层面上遏制中国将会变得非常困难。因此，美国对日本提出的"日美共同主导 TPP"的说法也并未提出异议。日本清楚美国的战略意图，在推动 TPP 的过程中非常注重与美国捆绑，例如安倍在任时曾表示，加入 TPP 将是日本与美国一起制定新经济秩序的最后机会。[①] "日本渴望参与国际规则的制定，建立一种高水准的区域经济合作机制。"[②] 可以看出，日美双方都有"捆绑"对方的意图，美国捆绑日本是想壮大力量，进一步有效地实施对中国的遏制；而日本捆绑美国意在巩固自身在 TPP 中的"共同领导者"地位，并借此获取更多的经贸规则制定话语权。从日本方面来看，这是典型的以谋求利益为主要目的的追随战略，即复合平衡框架中的利益制衡表现。而正基于日本的这种战略意图，在对中国的遏制即所谓的威胁制衡方面，日本依然是采取追随美国的战略，并非充当排头兵。日本需要作出一些表态，例如新华社 2013 年报道，"日本首相安倍晋三近日在接受美国《华尔街日报》的一次专访时声称，日本已做好了制衡中国的准备"[③]。这种表态更多的是向美国摆明态度，而在具体推进 TPP 的过程中，日本很少主动采取遏制中国的策略，更多的是基于实用主义理念在中美两国之间实施对冲。

4.2 日本推动 CPTPP 的路径与特色

本部分首先简要概括日本推动 CPTPP 的主要动因，在此基础上剖

---

① [日] 首相官邸「安倍内閣総理大臣記者会見」、2013 年 3 月 15 日、http：//www.kantei.go.jp/jp/96_abe/statement/2013/0315kaiken.html.

② 刘凌旗、刘海潮：《日本 TPP 决策动因及日美谈判现状评估》，载于《现代国际关系》2015 年第 3 期，第 50 页。

③ "安倍声称日本已做好了制衡中国的准备"，新华社 2013 年 10 月 28 日。

析其中体现的复合平衡逻辑,进而在复合平衡框架下对日本推动 CPTPP 的路径与特色进行分析和总结。

4.2.1 日本推动 CPTPP 的主要动因

第一,提振经济。战后日本第 16 次经济扩张期始于 2012 年 12 月,而在当月安倍就任日本第 96 任首相,另外,"安倍经济学"受到了极大的关注,因此,这次经济扩张期又有"安倍经济学景气"之称。推进 CPTPP 可以促进出口,有利于日本经济维系缓慢复苏的势头,同时,能够提高 FTA 覆盖率,促进国内相关领域的结构性改革,加快日本企业进军海外的步伐。

第二,促使美国重返 TPP/CPTPP。美国的退出无疑大大削弱了 TPP 的影响力,无论是 GDP 占比缩水问题,还是大国缺位问题,都对 CPTPP 的发展前景产生了制约。在此背景下,日本大力推进 CPTPP 并进行扩容,扩大影响力的同时,加大游说力度,力争让美国意识到退出 TPP 是错误的决定而选择重返,这样也有利于巩固日美同盟。

第三,维系同成员国的关系。CPTPP 中有超过 1/3 的国家是东盟成员国,基于战后日本一直高度重视同东盟国家的关系,在日本看来,推动 CPTPP 本身就有巩固与维系同东盟国家关系的功能;另外,CPTPP 中除日本外还有一些国家也属于美国的盟友,如澳大利亚、新西兰、加拿大、秘鲁、智利等,而且基于这些国家的地缘位置,通过共同推进 CPTPP 可以进一步巩固相互之间的关系,深化所谓的价值观外交,有利于日本推进"巨型 FTA"战略,构建全球 FTA 网络。

第四,深化 FTA 战略。日本自 21 世纪初开始推动 FTA 战略,到 2010 年前后已取得了较为显著的成果,但与一些发达国家相比,在 FTA 占比等方面还处于明显的劣势。日本从 2013 年前后开始将主要精力放在了"巨型 FTA"战略的推进方面,而推动 CPTPP 是其集中体现之一。另外,推进 CPTPP 有利于日本在亚太自贸区的建设中获取更多的利益。

第五,争夺经贸规则制定话语权。安倍执政时期,多次表露出争夺经贸规则制定话语权的意图,美国的退出虽然给 TPP 的前景增添了不确定因素,但反而给顺延成为 GDP 第一大国的日本创造了机会,安倍也曾在卸任后的访谈中提到了这一点。简而言之，日本期望通过主导 CPTPP 成行来争夺亚太地区的经贸规则制定话语权。①

4.2.2　日本推动 CPTPP 的复合平衡逻辑分析

从复合平衡框架的视角来看，日本推进 CPTPP 主要基于对美国的经济制衡以及对中国的威胁制衡策略。纵观战后日美关系，虽然日本以日美同盟为外交基轴，但这绝不意味着"追随"是日本对美策略的唯一选择，在个别时期，日本对美制衡的倾向甚至强过对美追随。例如，1955 年左右，日本在人均国民收入恢复到战前最高水平后，从 1956 年起到 1970 年初期经历了高速经济成长期。② 以 1956～1970 年的 15 年间的年均名义经济增长率来看，美国为 6.2%，而日本高达 15.1%。③ 经过该时期的经济发展，日本的综合国力显著提升，GDP 长期位居世界第二，日本的对美心理也逐渐发生了变化。然而，经济的高速成长使日本成为美国针对的对象，"在日本大肆竞争的领域，美国厂商深受打击"。④ 基于此，美国对日本施压，日美之间发生了多次贸易摩擦。虽然日本接二连三地实施了自主出口规制，⑤ 但日本政府也同样采取限制进口政策以保护和培育本国的国内产业，⑥ 所以，日美贸易摩擦实际上是双向的，并非绝对的一方压制另一方。正如有观点指出的，美国压迫日本开放市场，日本则反过来责备美国实行了"不公正贸易"。⑦ 在贸易摩擦的这段时期内，日本对美追随的色彩单薄，更多地体现为制衡。

---

① 张永涛、杨卫东：《日本主导 CPTPP 的动机及中国的对策分析》，载于《现代日本经济》2019 年第 4 期，第 15～19 页。

② [日] 浜野洁、井奥成彦、中村宗悦、岸田真、永江雅和、牛岛利明：《日本经济史：1600－2015》，彭曦、刘姝含、韩秋燕、唐帅译，南京大学出版社 2018 年版，第 254 页。

③ [日] 橘川武郎：《日本失落了吗：从日本第一到泡沫经济》，田中景译，浙江人民出版社 2020 年版，第 90 页。

④ [美] 傅高义：《日本第一》，谷英、张柯、丹柳译，上海译文出版社 2016 年版，第 12 页。

⑤ [日] 三桥规宏、内田茂男、池田吉纪：《透视日本经济》，丁红卫、胡左浩译，清华大学出版社 2018 年版，第 200～201 页。

⑥ [日] 京极纯一：《日本政治》，黄大慧、徐园译，商务印书馆 2013 年版，第 63～64 页。

⑦ 黄正柏：《当代八国外交政策概要》，人民出版社 2007 年版，第 443 页。

在特朗普执政时期，日本通过主导 CPTPP 对美制衡的倾向也较为明显，这主要是基于特朗普政府的对日施压。特朗普一贯主张"美国优先"，弃多边重双边的意图明显，早在竞选时期就声称一旦当选就会退出 TPP，而后来的事实证明特朗普所言非虚。特朗普之所以在执政后立刻选择退出 TPP，其动因之一是其认为在对盟友的双边或三边谈判中，美国可以更好地利用不对称权力施压，美墨加协定、美韩修订自贸协定以及新时期日美贸易协定也证实了这一点。虽然安倍政府对于开启两国谈判一直持否定态度，例如，2018 年 4 月日美首脑会谈上，安倍曾向特朗普明言不考虑两国的 FTA 谈判，但美国以追加 25% 的汽车关税等手段来施压日本同意开启日美贸易协定谈判。二战后至今日本一直宣称奉行多边主义，对于特朗普的单边主义行径心怀不满，即便美国退出也要主导 CPTPP 成行，这实际上是日本的一种对特朗普治下的美国的制衡行为。另外，日本同时也期望美国重返 TPP/CPTPP，这体现了日本对中国的威胁制衡理念。简言之，在推进 CPTPP 的过程中，日本的对美经济制衡和对中威胁制衡两种战略理念交织在一起。

此外，日本在推动 CPTPP 过程中，整体表现为积极型复合平衡思维。日本在推进 CPTPP 时积极协调其他成员国以使 CPTPP 早日成行，对美国实施经济制衡以期提升规则制定话语权，对中国实施威胁制衡以期增加与中国博弈的筹码等，这些都是较为明显的积极型复合平衡思维的体现。

4.2.3 基于复合平衡的 CPTPP 推进路径与特色

第一，加大斡旋力度，以早日成行为首要任务。在日本"巨型 FTA"战略体系中，推动 TPP 是重中之重。虽然美国的退出使 TPP 的战略意义大为缩水，但领导其他成员使 CPTPP 早日达成对日本而言既是一项"伟业"，也是争夺经贸规则制定主导权的良机。日本虽然顺延成为 CPTPP 中 GDP 第一大国，但不同于美国，日本相对于其他成员国并无绝对的实力优势，需要通过大量的协调工作来加强成员国之间的凝聚力。日本频繁出访游说各成员国，对在设置例外条款等方面产生矛盾的国家进行个别协调，如越南和墨西哥曾就违反劳工承诺的延缓期产生争执，日本于 2018 年初派遣经济再生担当大臣茂木敏充专门赴墨西哥进行斡旋。对于与美国相关的20项条款内容，日本主导对其进行冻结处理，这样做的目的之一是降低CPTPP的成行难度。另外，其对生效条件等也做了调整，将全员一致通过原则改为有六国批准即可成行。在日本的主导以及其他国家的努力下，CPTPP于2018年12月30日正式成行。主导CPTPP成行是日本"巨型FTA"战略的标志性成果，既提升了日本在亚太地区的经贸规则制定话语权，也在很大程度上增加了对美进行经济制衡的底气。

第二，重视建构"旗手"身份，谋求与美国对等的经济地位。按照复合平衡框架，所谓的经济制衡是指与实力强劲的国家结盟的同时，重视经济上的投入，以期与强大的盟友在某些方面实现地位平等。日本主导CPTPP，建构"旗手"身份，符合对美经济制衡的特征。按照世界银行发布的数据，在日本主导CPTPP成行的2018年度，美国GDP总量居世界第一，约为20.53万亿美元，日本GDP总量居世界第三，约为5.04万亿美元，[①]日本GDP约占美国的24.55%。从GDP总量来看，世界第三大国和世界第一大国之间有相当大的差距，这意味着，日本难以与盟友美国实现经济上的全面平等，在某些方面寻求突破或许是日本最好的选择。日本的这个选择是建构自由贸易"旗手"身份，提高经贸规则制定话语权。日本之所以有这样的选择，与美国前总统特朗普的从政理念与现实主义思维不无关系。特朗普出身于商人，对利益的追求大于对身份的需求，这对于日本而言是难得的良机，日本可以大胆地建构"旗手"身份，而不必担心受到美国的压制。日本通过主导CPTPP等尝试，大幅提升了在世界自由贸易领域的话语权。在取得一系列的成果后，安倍甚至在国会答辩时明言，建立以日本为中心的，包括亚洲、欧洲和美国在内的所谓自由开放公正的国际贸易圈有重大意义。[②] 安倍的此种表态是把日本视为世界自由贸易的"主导者"，在日本政府的其他官方文件中，类似的表述也不少见。日本通过建构"旗手"身份在亚太乃至世界自由贸易领域中扩大影响力，这样可以在日美博弈中提高身价，谋求与美国对等的经济地位，使美国在双边贸易上减少利用不对

[①] 数据来源：世界银行网站，https：//data.worldbank.org.cn/indicator/NY.GDP.MKTP.CD? view = chart&Locations = JP – XU – US。

[②] ［日］衆議院「第200回国会　本会議　第4号」、2019年10月24日、http：//www.shugiin.go.jp/internet/itdb_kaigiroku.nsf/html/kaigiroku/000120020191024004.htm。

称权力对日本的施压。从本质上讲，日本的这种建构"旗手"身份的行为属于对美经济制衡的范畴。

第三，积极推动扩容，但对中国的加入意向进行冷处理。CPTPP 成行之后，日本积极推动扩容工作，主要包括两方面内容：一是尽可能吸引美国重返 TPP/CPTPP；二是作为主导国同其他成员一起迅速进行相关制度建设，做好吸收有意愿经济体加入的准备。不过，在中国的加入问题上，日本表现出前后矛盾的心理。在特朗普加大对日施压的时期，日本推进 CPTPP 时谋求同中国改善关系以对冲美国的压力，淡化对华制衡色彩，多次在公开场合宣称欢迎中国加入 CPTPP。然而，当 2020 年 11 月中国商务部明确表态对申请加入 CPTPP 持积极态度之后，日本的态度却出现了显著的变化，对此进行冷处理的倾向明显。2021 年初，菅义伟声称，CPTPP 为高标准贸易规则，目前中国加入有难度。[①] 可以说，这种表态代表了日本对中国加入 CPTPP 问题的主流意见，基本上无视了中国近年来在降低关税、消除贸易壁垒、对标高水平贸易规则等方面的努力和成果。实际上，在 CPTPP 文本中，虽然有少数条款谈判起来难度较大，但也并非没有谈判空间，而日方显然并不愿考虑这种客观事实。这也从侧面说明日本在推进 CPTPP 成行和扩容的过程中，对中国实施威胁制衡的理念从未消除过，只是没有将制衡中国这个选择排在战略优先顺序而已。在主导 CPTPP 成行之后，日本有了更多的战略空间和余裕，在扩容问题上将制衡中国提上日程。虽然 CPTPP 实施全员一致的通过原则，但日本是主导国，较之其他成员国，日本拥有最大的话语权，这会增加日本在中国加入 CPTPP 事宜上联合部分国家对中国实施威胁制衡的可能，其主要目的是想借此在自由贸易领域增加与中国博弈的筹码。

4.3 日本推动 RCEP 的路径与特色

RCEP，即区域全面经济伙伴关系协定，是在"10＋3（东盟 10 国＋中国、日本、韩国）"以及"10＋6（东盟十国＋中国、日本、韩

---

① ［日］NHK「菅首相　中国のTPP参加『今の体制では難しいと思う』」、2021 年 1 月 3 日，https：//www3.nhk.or.jp/news/html/20210103/k10012794881000.html。

国、澳大利亚、新西兰、印度)"基础上建立起来的东盟十国主导的区域贸易协定。2012年11月,东盟十国及其他六方开始着手准备谈判,从2013年5月起谈判正式开启,前后共耗费了近8年时间,其间历经31回合谈判、19次部长级会晤以及4次首脑会谈。另外,由于2019年11月印度宣布退出,RCEP最终以"10+5"的形式于2020年11月第四次首脑会议上成功走向签署。

本部分首先分析日本推动RCEP的主要动因,在此基础上简要分析其中体现的复合平衡逻辑,进而具体探讨复合平衡框架下的日本推动RCEP的路径与特色。

4.3.1　日本推动RCEP的主要动因

第一,提高FTA覆盖率。按照2019年的数据来看,RCEP成员国的总人口为22.7亿,GDP总量为25.8兆美元,贸易出口总额为5.5兆美元,这三项均占世界总量的约30%,这说明RCEP是一个巨大的贸易圈,参与并推动RCEP对于提升日本的FTA覆盖率无疑大有裨益。

第二,巩固与东盟关系。如前所述,20世纪70年代初,日本寻找契机正式同东盟开始了密切接触。在日本发展同东盟关系中,"福田主义""宫泽主义""新福田主义"等发挥了重要作用,在这些官方文件的指导下,日本高度重视与东盟关系,在FTA战略的实际推行过程中,这种指导思想也表露无遗,积极与东盟国家以及东盟整体签署FTA协定成为日本FTA战略初始阶段的重要特征之一。RCEP是东盟主导的贸易协定,日本加入的意图更为明显。

第三,提振经济,刺激改革。加入巨大的贸易圈可以提振经济这一点是显而易见的,具体体现在:能够促进地区贸易和投资,使价值链运转更为流畅高效;改善市场准入状态,进一步优化营商环境,促使国内相关产业加快推行结构性改革;整合相关贸易规则重复的问题,与TPP等"巨型FTA"形成规则上的互补,在很大程度上解决"意大利面碗"效应。

4.3.2　日本推动RCEP的复合平衡逻辑分析

日本在推进RCEP的过程中,前后态度明显不一,冷热不均。在美国退出 TPP 之前，日本"巨型 FTA"战略的重心多置于 TPP 之上，将其视为"巨型 FTA"战略成功与否的关键，相较而言，在 RCEP 推进方面耗费的人力、物力、财力和精力大为逊色，甚至在规则谈判等方面固守己见，无视成员国发展水平不一的事实，联合澳大利亚等国家一味标榜"高标准"贸易规则，其中也有针对中国的意图，事实上对于推动 RCEP 起到了负面作用。日本在此过程中，首先基于追随美国的理念将主要精力投入 TPP 的推进工作中，而对推动 RCEP 显得热情不足；其次就 RCEP 内部而言，美国虽然能够一定程度上影响 RCEP 进程，但其属于域外国家这一点亦是基本事实。在成员国中，中国是 GDP 第一大国，日本、澳大利亚等国相对而言属于中等国家，日澳等国对中国的遏制符合复合平衡框架中的传统制衡特征，即中等国家联合起来遏制最为强大的国家。特朗普上台后退出 TPP，弃多边重单边，且对于盟友的打压也毫不手软，对日本威胁加征钢铁关税以及汽车关税等。在此态势下，安倍政府一方面想方设法维系日美同盟，另一方面也在对抗美国的单边主义，努力增加自保筹码，例如主导 CTPP 成行、推进日欧 EPA 签署、同中国开展第三方市场合作等，特别是在 CPTPP 与日欧 EPA 达成协议之后，日本将目光投向了 RCEP，表现出不同于以往的积极态度，其主要动因亦在于此。日本在此过程中，对美国实施经济制衡的特征明显，希冀在亚太乃至世界自由贸易领域夺取更多的话语权来提高在日美双边互动中的地位，增加与美博弈的筹码。

另外，日本在推进 RCEP 过程中，体现出了积极型和消极型复合平衡思维。消极型复合平衡思维主要集中在推进中前期，在该阶段，日本"巨型 FTA"战略的重心在推动 TPP 上，加之 RCEP 成员之间经济发展水平不一，有些国家谋求设置缓冲期以及特例等，导致谈判难度较大，而日本联合澳大利亚等国固守"高标准"贸易规则，希望以 TPP 的相关规则框定 RCEP，同时联合印度等国制衡中国。日本的战略目标是，暂时维持 RCEP 的谈判现状以集中精力推动 TPP 早期成行，属于典型的消极型复合平衡思维。积极型复合平衡思维主要集中在推进后期，特别是在主导 CPTPP 成行后，日本积极推动 RCEP 的特征明显。亚太自贸区建设的主要路径为 TPP/CPTPP 和 RCEP，CPTPP 的达成意味着在亚太自贸区的推动进程中日本暂且领先于中美两国。日本判断，如果能推动 RCEP 早日成行的话，亚太自贸区的两大路径中都有自身的存在，这对于将来在亚太自贸区建设中获取有利地位大有裨益。同时，在该阶段，日本积极对中国实施威胁制衡，对美国实施经济制衡，积极型复合平衡思维特征明显。

4.3.3　基于复合平衡的 RCEP 推进路径与特色

第一，萌芽阶段大力推动谈判开启，试图保留美国的影响力。RCEP 萌芽阶段指的是从 1990 年前后至 2013 年谈判正式启动之前。1990 年底，马来西亚总理马哈蒂尔提出了"东亚贸易集团"（East Asian Trade Grouping）设想，这成为前述东亚地区"10＋3"经济合作机制的思想源泉。马哈蒂尔的设想是以东盟为核心，充分发挥日本等东亚国家的作用，以"10＋3"为基础构建东亚共同体。从成员范围以及实施路径等来看，该设想是东亚一体化运动的重要组成部分。这种将美国、澳大利亚等国家排除在外的一体化设想引起了美国的警惕和反对，而为了响应美国的这种态度，日本倡议在"10＋3"的基础上增加 3 个国家，即澳大利亚、新西兰和印度，将"10＋3"扩容为"10＋6"，此建议后来得到东盟的认可。这里也与日本对于"东亚"的认识有关。日本将"东亚"概念扩大到大洋洲在内的广大范围，其依据是有利于牵制中国而达到地区势力均衡。[①] 日本实际上还想在"10＋6"的基础上劝说美国加入，但由于美国态度不积极只好放弃。[②] "10＋6"与 RCEP 并非同一事物，前者明确规定了成员国身份及数量，而 RCEP 则采用较为松散的组织形式，并没有对此作出特别规定，另外，对于扩容也持积极态度。最终的结局是，RCEP 与"10＋6"在成员构成与数量上恰好完全吻合，因此，也往往将 RCEP 与"10＋6"等同视之。在 RCEP 的萌芽阶段，例如到了 2000 年时，中国的 GDP 总量仅为日本的约 25%，说明中国的 GDP 增长等尚未对日本形成实质上的威胁，在该阶段，日本在推进区域一体化时虽然会考虑中国的发展因素，但以中国为首要威胁并实施制衡的可能性几乎可以忽略不计。在该时期，日本采

[①] 中日韩三国共同历史编纂委员会：《超越国境的东亚近现代史（上）——国际秩序的变迁》，社会科学文献出版社 2013 年版，第 332 页。

[②] 李鸿阶：《〈区域全面经济伙伴关系协定〉签署及中国的策略选择》，载于《东北亚论坛》2020 年第 3 期，第 116 页。

取的是追随美国的策略,这不仅体现在迎合美国意志实施扩容,也包括劝说美国加入"10+6"等方面,即试图在亚洲一体化进程中尽可能地保留美国的影响力。

第二,谈判中前期视中国为威胁并联合个别国家实施制衡,消极应对推动工作。谈判中前期指的是从2013年启动之后到2017年初美国退出TPP。表面上看,日本对于几大"巨型FTA"都表现出了关注,但在这一时期,推进RCEP成行并未处于日本"巨型FTA"战略的最优先顺序上,其战略重要性与中日韩FTA以及日欧EPA大致在同一层面上,基本上属于第二顺序集团,而第一顺序是全力推动TPP成行。主要原因之一是美国主导TPP,但并未直接参与其他三大"巨型FTA"。日本在追随美国的策略指引下,将大量的战略资源用于推进TPP,于2015年10月成立了"TPP综合对策本部",同年11月颁布了《TPP综合相关政策大纲》,在该大纲中,围绕TPP的推进工作进行了详细剖析与周到布置,而其他"巨型FTA"则是一笔带过,① 其倾向性可见一斑。

日本在推动"巨型FTA"战略的过程中,自始至终将TPP/CPTPP置于核心地位,在其他"巨型FTA"取得决定性进展后,采取将其补充到上述大纲的形式。例如,日欧EPA于2017年7月达成框架协议后,日本作出了反应,先是将"TPP综合对策本部"改为"TPP等综合对策本部",然后在同年11月把《TPP综合相关政策大纲》修订为《TPP等综合相关政策大纲》,虽然新的机构以及大纲与原有的只有一字之差,但一个"等"字意味着日本将日欧EPA也纳入了重点推进范围。虽然日本在同期成立了"日欧等经济协定对策本部",但是将其定位于日本自民党内总裁直属机构,从规格、投入以及重视程度等来看,与上述的"TPP等综合对策本部"不可同日而语。新时期日美贸易谈判也是如此,2019年10月签署了日美贸易协定,日本于当年12月对《TPP等综合相关政策大纲》进行了改订,将新时期日美贸易协定纳入其中。但非常明显的一点是,无论如何修改或修订,"TPP"一词稳如磐石,其他"巨型FTA"属于"等"字系列,这也再次印证了日本"巨型FTA"战略的基石为TPP/CPTPP这一事实。

在RCEP谈判中前期,日本视中国为威胁并实施制衡的迹象明显,

---

① [日]首相官邸「総合的なTPP関連政策大綱」、2015年11月25日、http://www.kantei.go.jp/jp/topics/2015/tpp/20151125_tpp_seisakutaikou01.pdf。

主要表现为以下两点。一是日本追随美国全力推动 TPP，其战略意图之一是制衡中国，这也是美国加入并接管 TPP 的主要目的之一。冷战结束以后，美国将中国视为下一个对手，宣扬"中国威胁论"，企图以此来继续增强西方国家集团的凝聚力。而随着 21 世纪以来中国实力的日益提升，美国的这种战略意图越加显化，TPP 成为美国在亚太地区乃至全球层面上遏制中国的工具。日本作为美国的盟友，以日美同盟为外交基轴，支持并追随美国遏制中国的战略设计，另外，日本也有在东亚一体化进程中压制中国攫取领导权的现实需求。二是在该阶段，日本不顾RCEP 成员国经济发展水平差异显著的事实，联合澳大利亚等国一味强调"高标准"贸易规则，以此来消极应对 RCEP 的推进工作，从而可以把更多精力投入推动 TPP 的工作中，其主要目的之一显然是对中国进行威胁制衡。

第三，谈判后期弱化对中制衡，联合中国大力推动协定签署。谈判后期指的是 2017 年初至 RCEP 生效。这段时期又可细分为如下两个阶段。

第一阶段是 2017 年初到 2018 年底，其间对于日本"巨型 FTA"战略而言有两个标志性事件：一是 2017 年 7 月初日欧 EPA 达成了框架协议；二是 2018 年 12 月底，日本主导的 CPTPP 最终生效。在第一阶段中，日本并未把推进 RCEP 提到重要的战略地位上来，其主要工作是大力推动日欧 EPA 以期对本国的"巨型 FTA"战略形成示范效应的同时，最大的目标是主导 CPTPP 成行。日本需要利用各种机会加大上述两大"巨型 FTA"的推进力度，例如为协调矛盾关系出访 CPTPP 成员国，利用 APEC 等多边机制与 CPTPP 成员国加强沟通等，虽然没有停止对中国实施威胁制衡的行为，但也没有明显的新举动，表现出分身乏术的一面，相对而言，呈现出弱化对中制衡的特点。

第二阶段是从 2019 年初至 RCEP 生效，在这段时间内，日本由于在"巨型 FTA"战略推进上取得了脱离美国控制的"自主外交"的标志性成果，心态方面有了较大转变，收获了信心的同时，也有了对美国实施经济制衡的底气。不过，日本对美国的这种制衡更多的是源于无奈，特朗普上台后在很大程度上颠覆了美国与盟友的传统相处之道，要求包括日本在内的盟友在增加军费开支、削减贸易赤字等方面更多地付出，并辅以加征钢铝关税、汽车关税等手段逼迫盟友作出让步。例如，新时期日美贸易谈判的开启，一定程度上是日本为了缓解压力而作出让步的结果。但是，即便如此，日本也不能抛弃日美同盟，在日美同盟框架内对美国的单边主义行为适当地实施经济制衡成为安倍政府的战略选择之一，联合中国大力推动RCEP即是其主要表现。对于RCEP而言，美国是域外国家，日本在推进RCEP方面取得的成果越丰硕，就意味着日本距离自由贸易的"旗手"更近了一步，也意味着至少在自由贸易规则制定方面日本进一步积累了与美国"平起平坐"的资本，这样会对美国形成较大刺激，而这显然有助于相对提高日本在日美博弈中的地位。

第四，RCEP推进过程中联手印度的理念贯穿始终。RCEP是由东盟十国主导的贸易协定，虽然一直以来中国坚持维护东盟的主导地位，但日本基于现实主义思维对中国推动RCEP的动机以及可能的举措等有诸多猜疑，协同澳大利亚、印度等国制衡中国的特征明显。在RCEP体系中，从经济体量、资源禀赋等视角来看，中国无疑是实力最强的国家，基于复合平衡框架中的传统制衡理念，日本、印度和澳大利亚等国联手遏制同一体系中实力最强的中国，例如日本联合澳大利亚固守"高标准"贸易规则来制约中国等。日本判断虽然印度在经济发展方面较中国有很大差距，但基于人口、土地以及资源等方面的巨大潜力，在RCEP的未来体系中联手印度是制衡中国的唯一可靠途径。虽然日本联手印度也有继续开发印度市场等其他动因，但对于日本而言，制衡中国显然是优先战略。

日本的这种战略思维在其推进RCEP的过程中贯彻始终，即便是在CPTPP与日欧EPA签署之后，安倍政府宣称要与中国加强合作推动RCEP早日签署的时期内也并未有本质上的改变，这一点从印度宣布退出RCEP时日本过度反应这一行为上可见端倪。2019年11月，印度宣布退出RCEP。印度退出的原因很多，表面上看是由于在自由贸易领域暂不具备与其他成员国竞争的实力，实际上也有一些深层次原因。例如，"印度社会是一个异质化程度很高的社会"[①]，社会分裂的风险较大，莫迪也将建设"包容"的印度作为其政治纲领，而加入RCEP会使印度本就薄弱的一些产业，如农业等无法在同他国的竞争中胜出，这可能会进一步造成社会分裂，并影响到现任政府的执政基础。2019年11

---

① 常晶、常士訚：《印度多民族国家治理的制度经验与问题》，载于《世界民族》2015年第6期，第28页。

月底，日本经济产业省副大臣牧原秀树宣称日本不会签署没有印度参与的 RCEP，[①] 引起了较大风波和猜疑。这种表态有多大的代表性不得而知，但至少表明了日本政府部分官员的一种态度，即希望在 RCEP 中与印度共进退，这种态度的背后，制衡中国的战略思维起到了很大作用。日本在多次劝说印度无果后最终签署了 RCEP，但在其坚持下印度重返 RCEP 有了制度上的保障，即 RCEP 正式生效 18 个月后方可接纳新成员，而印度则不受此限，随时可以重返。考虑到今后 RCEP 面临生效、升级以及扩容等问题，在较长的时期内努力将印度拉回 RCEP 将是日本在推动 RCEP 上的首选，而其主要目的之一是增加制衡中国的筹码。

4.4 日本推动日欧 EPA 的路径与特色

日欧双方于 2013 年 3 月宣布开启双边 EPA 谈判，4 月中旬开始了首轮磋商，2017 年 7 月宣布达成框架协议，2017 年 12 月完成谈判，2018 年 7 月签署双边协定，该协定于 2019 年 2 月正式生效。日欧 EPA 生效时是世界最大级别的自由贸易经济圈，日欧双方合计占世界 GDP 的近三成，全球贸易的约四成。在物品贸易方面，针对进入欧洲市场的日本产品，欧盟方面关税撤销率为 99%；针对进入日本市场的欧洲产品，日本方面关税撤销率为 94%，其中农林水产品约为 82%，工业品等为 100%。[②] 双方宣称日欧 EPA 的达成是双赢的结果。另外，日欧 EPA 中包含所谓"二十一世纪高标准贸易规则"，主要体现在国有企业补助金、知识产权、规制合作等方面，基于此，日本方面认为该协定是日欧双方作为自由贸易"旗手"为世界作出的典范。[③]

本部分先分析日本推动日欧 EPA 的主要动因，在此基础上简要分析其中体现的复合平衡逻辑，进而具体探讨复合平衡框架下日本推动日欧 EPA 的路径与特色。

[①] 《站台印度拒绝 RCEP？日本"闹哪样"》，凤凰网，2019 年 12 月 1 日，http://news.ifeng.com/c/7s3hJShFkUI。

[②][③] [日] 外务省「日・EU 経済連携協定」、2021 年 3 月、https://www.mofa.go.jp/mofaj/files/000415752.pdf。

4.4.1　日本推动日欧 EPA 的主要动因

第一，促进经济缓慢复苏。相较于欧盟，日本推动日欧 EPA 的意愿更为强烈，主要在于：其一，日欧贸易不平衡的特征明显，签署日欧 EPA，推动免除税率对日本更为有利。以日欧 EPA 达成框架协议的 2017 年度为例，在欧盟的出口及进口总额中，日本所占比例分别为 3.2% 和 3.7%，而同期日本的出口及进口总额中，欧盟所占比例分别为 11.1% 和 11.6%，这意味着如果签署日欧 EPA，日本可以期待加大对欧盟的出口，从而对"安倍经济学"的成长战略形成支撑，也能够提振经济。其二，日本在推动同欧盟的 EPA 方面，已经落后于一些国家。例如，韩国与欧盟在 2010 年 10 月就已经签署了 FTA，加拿大与欧盟在 2016 年 10 月签署了全面经济和贸易协定（CETA），这种状况会一定程度上恶化日本企业在欧洲的竞争条件。[①]

第二，密切同欧盟关系，强化价值观外交。日本价值观外交的内核是"民主和平论"，即所谓的民主国家之间不会或很少发生战争。日本认为，自己和欧洲国家均为"民主国家"，尊重所谓的民主主义、人权等基本价值观，日欧之间应该加强交往和联系，建立包括政治、经济、安全等全方位的战略伙伴关系，而日欧 EPA 显然能够对日欧在经济领域加强合作，强化价值观外交发挥重要作用。

第三，安倍政府希望借此挽救支持率。日本是多党派国家，执政党掌管并支配着外交政策方针的制定和修改。在多党派国家中，外交政策制定的重要目的之一是维护党派利益，直接体现为巩固现有政权。据相关报道显示，2017 年，森友学园、加计学园等丑闻使安倍内阁的支持率下降明显，2017 年 7 月更是创下了 35.8% 的新低，而日欧 EPA 正是在同月达成了框架协议，不得不说，加速推进日欧 EPA 的动因之中，挽救支持率下滑应是其中之一。

第四，日欧联合对抗特朗普的单边主义。2016 年 11 月，特朗普当选美国总统后高举"美国优先"旗帜，迅速实施了一系列的单边主义行为，其中对日本影响最大的是退出 TPP，对欧盟影响最大的是实质

[①] ［日］経済産業省「日 EU・EPA について」、2019 年 2 月、https://www.meti.go.jp/policy/trade_policy/epa/epa/eu/rjeuepameti.pdf。

性搁置了TTIP，而在这之前，日本和欧盟分别对TPP和TTIP谈判投入了巨大的精力。另外，以特朗普上任后的2017年为例，欧盟和日本分列美国的第二和第四大贸易赤字国，特朗普多次表示要致力于解决该问题。在此背景下，日欧加快EPA谈判进程有"抱团取暖"的动机，联合对抗特朗普单边主义的倾向明显。

第五，保持日、美、欧三方平衡。战后，从世界GDP占比的推移来看，"美欧日三中心"的特点一直延续到21世纪初。[①] 日本在21世纪初启动FTA战略时就有明显的保持日美欧三方平衡的战略设计，背后体现了一种三角平衡的逻辑思维。虽然2010年日本GDP被中国反超，但基于思维惯性等原因，日本在2013年前后大力推动"巨型FTA"战略时依然没有放弃上述平衡思维。

4.4.2　日本推动日欧EPA的复合平衡逻辑分析

分析上述推进动因可以发现，在日欧EPA谈判的过程中，复合平衡思维发挥了重要作用。在谈判前期，复合平衡思维虽然存在，但并不明显，日欧双方主要是基于贸易收益的视角展开谈判，复合平衡思维存在于日美欧三角平衡的宏观战略布局中。特别是日本，无论是出于加强同欧盟经济往来的需求，还是大力发展FTA，提高FTA覆盖率等方面来看，都有推动日欧EPA的动因。从推进后期开始，复合平衡思维渐趋明显。首先，复合平衡框架认为，为缓解来自霸权国家的压力，其他国家会结成同盟来限制霸权国家。作为日本和欧盟的盟友，美国有时会拉拢日欧共同对外，充分发挥盟友作用，但在其盟友体系中，美国与日欧等盟友之间存在着不对称权力关系，这种关系的弊端在特朗普执政时期得到了充分体现。例如特朗普政府为减少贸易赤字威胁对日欧征收钢铝关税，对日本加征汽车关税等。虽为盟友，特朗普政府时期的美国的一些行径在日欧等盟友看来不啻于霸权国家行为，故此，日本和欧盟加

[①] 此处的"21世纪初"指的是，21世纪前10年的后半段时间。2004年，中国GDP总量跃居世界第六，占世界比重为4.46%，同期美欧日三方中日本GDP占世界比重最低，为10.98%，可以看出，2004年中国的GDP距离美欧日三方尚有较大差距。之后，中国GDP延续涨势，到了2009年，中国GDP占世界比重为8.45%，同期日本的占比为8.66%，已基本与日本持平。整体而言，21世纪前10年的后半段时间，世界经济"美欧日三中心"的说法已越来越无法成立。

快步伐推动日欧 EPA 成行，实际上有结盟制衡美国的意图在内。其次，在日欧 EPA 谈判后期，虽然日欧结盟制衡美国的特征更为明显，但三角关系并非失衡，不对称三角平衡的特征依然存在，特别是日本有维系日美欧三角平衡，以在"巨型 FTA"战略中取得更多标志性成果的战略考量。

另外，日本在推动日欧 EPA 进程中表现出积极型复合平衡和消极型复合平衡思维，在这一点上类似于推进 RCEP。在日欧 EPA 推进前期，日本"巨型 FTA"战略的核心为推进 TPP，而在推动日欧 EPA 中，由于双方各执己见，在贸易规则等方面互不让步，因此，日本采取的主要策略是暂时维系谈判现状，既不积极推动，也不搁置，这是明显的消极型复合平衡思维体现。而到了推进日欧 EPA 的中后期，特别是特朗普上台后退出 TPP，对盟友也实施打压时，日本和欧盟达成共识，对日欧 EPA 的谈判进程进行了提速以制衡美国，同时尽量形成日美欧三角平衡态势，而这显然属于积极型复合平衡思维的范畴。

4.4.3 基于复合平衡的日欧 EPA 推进路径与特色

第一，推进前期，日欧双方固守谈判条件，主动性不强。推进前期指的是 2013 年 3 月日欧双方宣布启动 EPA 谈判到 2016 年 11 月特朗普当选美国总统。如前所述，日本在 2002 年发布的首份 FTA 战略中清晰地表明了在美欧之间保持平衡的意图。在当时的日本看来，无论是日美 EPA/FTA 还是日欧 EPA/FTA 均不具备开启谈判的条件。但无论与哪一方先谈成，那么基于平衡的视角也同样应该与剩下的一方达成协议。当然，日本希望在美欧之间保持平衡并不仅仅局限于双边 FTA 谈判，这一点从日本推动"巨型 FTA"的策略中可见一斑。2013 年 2 月，美欧之间就尽快开启自贸谈判达成意见一致，6 月双方正式宣布开始 TTIP 谈判；2013 年 3 月中旬，日本正式宣布加入 TPP 谈判，在该"巨型 FTA"中，日美两国为 GDP 前两位的大国；3 月下旬，日欧双方宣布启动双边 EPA 谈判。在不到半年的时间内，美欧、日美、日欧之间都开启了双边或多边的"巨型 FTA"谈判，日本据此认为日美欧三角平衡关系基本成立。不过，日本"巨型 FTA"战略的核心是 TPP，在精力投入等方面，日欧 EPA 显然与 TPP 不可比拟，另外，欧盟基于同美国的盟友关系等因素把主要精力投入到TTIP的谈判中，而日欧EPA的重要性显然次之，在推动日欧EPA方面，日欧双方均暂无法投入最大精力，在缺乏耐心交涉的动力这一点上具备类似性。因此，在日欧EPA的前期谈判中，双方在降低关税、打破非关税壁垒等方面各持己见、互不相让，导致谈判进展缓慢。对日本而言，同时推进实施"巨型FTA"战略的负担过重，因此对于日欧EPA，日本基本上表现为消极型复合平衡的战略意图，目的是暂且维持现状，既不耗费过多精力推进，也尽量不使其破局，从而能够在TPP推动工作上投入更大的精力。总体看来，在日欧EPA的推进前期，日本有维持日美欧三角平衡的动因，但在实际推动过程中，由于日本的着力不均，三角平衡出现了非对称现象。具体而言，如果将日美欧三角平衡理解为日美、美欧和日欧三边的话，日美和美欧两边的投入精力大，日欧一边的投入精力小，这使得日美欧三角平衡呈现出明显的非对称特征。出现这种特征虽然是由日欧双方共同造成的，但是对日本而言却并非最坏结果，因为这种现状既可以在一定程度上满足日本FTA战略的平衡需求，也符合日本"巨型FTA"战略的推进策略。

第二，推进中后期，日欧相互让步，加快谈判进程。推进中后期指的是2016年11月特朗普当选美国总统到2019年2月日欧EPA正式生效。特朗普上台后，基本放弃了美国传统的自由国际主义理念，为了改变美国巨额贸易赤字的现状，特朗普丝毫不顾及同盟关系，向盟友施压以重新开启以双边为主的贸易谈判，从而更好地维护美国的国家利益。美国同其他国家之间的双边贸易谈判更多地体现为利用不对称权力谋利的特征，即特朗普政府认为美国与其大多数的谈判对象国之间存在不对称权力，这会给美国带来更多的经济收益。有观点指出，特朗普总统喜欢"双边"而不是"多边"贸易协议，除了履行竞选辞令的国内政治考虑外，可能的理由是美国与其大多数贸易伙伴之间的不对称权力；双边贸易协定将允许占主导地位的国家，如美国，拥有讨价还价的筹码，可以利用其实力优势，达成更符合自身利益的贸易协议，而不是符合相对较弱的伙伴国的利益。① 在自由贸易领域，特朗普上台后立刻退出TPP，另外，实质性搁置了欧盟一直以来投入巨大精力的TTIP谈判。特

---

① Peter C. Y. Chow, How Washington Will Lose Its Influence in Asia. 01/11/2018，https：//nationalinterest.org/feature/how-washington-will-lose-its-influence-asia-24036.

朗普还通过威胁加征25%的汽车关税等方式不断对日本施压,要求同日本开启双边FTA谈判。简言之,特朗普的"美国优先"主义使日本和欧盟都感受到了危机,"抱团取暖"成为日欧对抗美国的选项之一。日本和欧盟的"抱团取暖"主要体现为相互妥协,加速日欧EPA谈判进程,用日欧EPA给双方带来的提振经济效果来对冲美国在贸易领域的施压。按照复合平衡框架,中等国家在受到威胁时往往会联合起来制衡最为强大的国家,属于传统制衡范畴,日欧"抱团取暖"加速双边EPA进程符合该理论特征。当然,日欧加速推动双边EPA还缘于其他动因,例如日本想转移国内政治矛盾,欧盟想要快速提振经济等,但不可否认的是,联合起来对抗特朗普政府的施压应是其主要动因之一。在复合平衡思维驱使下,在特朗普上台后,日欧抛却成见,在贸易规则细节谈判方面互相让步,排除了种种困难,仅仅用了半年多时间就于2017年7月宣布达成框架协议。

日本在联合欧盟对美国实施传统制衡的同时,并没有刻意保持日美欧三角平衡的FTA战略最初设想,但是,日欧EPA框架协议的达成,客观上刺激了日美欧新三角平衡的出现。美国退出TPP,意味着三角平衡中的日美这一边已经废弃。不过2018年7月,日欧双方正式签署双边EPA协定,同月,美欧双方发布声明,宣布将建设美欧零关税自贸区。这种现状实际上也对于日本一改之前的拒绝态度,下定决心同美国开启双边贸易谈判起到了助力作用。2018年9月底,日美两国宣布将开启双边贸易协定谈判。至此,日美欧新三角平衡已现雏形,且三边均为双边贸易谈判,没有出现明显的以其中一边为中心的现象,整体呈现出对称型三角平衡特征。

4.5 日本推动中日韩FTA的路径与特色

中日韩FTA谈判最早是从2003年开始前期准备工作的。2003~2009年,中日韩三国之间开展了民间共同研究计划,在此基础上,2009年10月,三国召开首脑会谈,在此次会谈中一致同意共同开展产官学研究。2010年5月,在韩国首尔召开了第一届产官学共同研究会。该研究会共举行了七届,三国于2011年12月在韩国平壤举行的第七研究会上宣布终止研究，并于2012年3月发布了"中日韩自由贸易协定（FTA）产官学共同研究报告"，在汇总了三国在货物贸易、服务贸易、投资等领域共同研究成果的基础上，就中日韩FTA的战略意义、经济意义以及课题等达成认识一致，指明了中日韩FTA谈判的对象和范围，提出了"建立全面且高标准的FTA""与WTO规则不冲突"等四项原则，①为中日韩FTA谈判的开启打下了坚实的基础。2012年5月，三国领导人在中日韩首脑会谈中就年内开启自贸区谈判达成意见一致。2012年11月，借东盟峰会之机，时任中国商务部部长陈德铭、日本经济产业大臣枝野幸男、韩国外交通商部通商交涉本部长朴泰镐进行会谈，发布声明开启中日韩FTA谈判。②2013年3月，三国在首尔开启中日韩FTA首轮谈判。截至2021年上半年，中日韩FTA谈判共进行了16轮。

中日韩FTA谈判可谓是一个漫长的过程，并且暂时还看不到终点。尽管从2019年前后以来，三国多次强调要在"RCEP+"的基础上加快推动谈判进程，但由于日韩两国政治外交关系等方面的影响因素存在，中日韩FTA谈判还有很长的路要走。例如，2019年11月底的第16轮谈判中，三方虽然就货物贸易、服务贸易和投资等重要领域进行了深入的意见交换，但其后又进入了谈判停滞期。其中的主要原因之一是，日韩之间围绕"强征劳工"、领土争端等一系列问题关系再度恶化，这直接影响到了中日韩FTA的谈判进程。另外，中韩自贸协定第二阶段谈判进展顺利，这使得韩国一定程度上增加了不对日本妥协的底气。简言之，"2009年以来，中日韩FTA谈判迟迟没有达成，不是经济效益分析的问题，而是主要受政治阻力的影响"③。

本部分先分析日本推动中日韩FTA的主要动因，在此基础上简要分析其中体现的复合平衡逻辑，进而具体探讨复合平衡框架下日本推动中日韩FTA的路径与特色。

---

① ［日］外務省「日中韓自由貿易協定（FTA）産官学共同研究の報告の概要」、2012年3月30日、https：//www.mofa.go.jp/mofaj/gaiko/fta/j_china_rok/hokoku_gy_1201.html。

② ［日］外務省「日中韓FTA」、2020年5月29日、https：//www.mofa.go.jp/mofaj/gaiko/fta/j-jck/。

③ 中国国际经济交流中心课题组：《新形势下中日韩经济发展合作的挑战与新机遇》，中国经济出版社2020年版，第317页。

4.5.1 日本推动中日韩 FTA 的主要动因

第一，进一步有效利用中日韩三国经贸合作成果。据中国外交部 2012 年 5 月发布的《中日韩合作（1999~2012）》白皮书显示，截至 2011 年底，三国之间的贸易额比 1999 年增长了约 4.3 倍，达到了 6900 多亿美元，中国是日韩两国最大的贸易伙伴，而日韩两国也分列中国贸易对象国的第四位和第六位。① 在此背景下，通过推进中日韩 FTA，日本期待可以进一步提升其在中韩两国贸易伙伴中的地位，从而更好地维护国家利益，这使得日本有充足的动因推动中日韩 FTA 谈判。

第二，中韩两国开展 FTA 谈判对日形成压力。中日韩三国互为重要的贸易伙伴，但中韩两国于 2012 年 5 月先行开展了双边 FTA 谈判。中韩自贸区谈判较为顺利，成果丰硕，自由化率水平高，"首次确定了服务贸易的负面清单模式谈判和基于准入前国民待遇和负面清单模式的投资谈判"②，包含了多达 8 项的 "21 世纪经贸规则"，在高水平贸易规则制定方面形成了示范效应。日本认为这种状况使得自己在东亚经济整合大潮中有所落后，不利于今后争夺东亚地区经贸规则制定话语权，也使得本就起步较晚的 FTA 战略的推进工作落了下风。同时，鉴于中日韩三国的巨额贸易总量，在 FTA 网络建设方面，若日本一直游离于中韩体系之外，不仅会妨碍对外贸易的开展，而且也不利于实现 FTA 覆盖率目标。

第三，日本 FTA 战略的既定设计。日本在 2002 年发布的首份 FTA 战略文件中，在对经济、地缘、政治外交、现实可能性以及时间五方面进行综合考量的基础上，将以 "中韩＋东盟" 为核心的东亚地区经济合作视为其 FTA 战略的第一优先顺序。在 2013 年 3 月中日韩 FTA 第一轮谈判之前，日本在同东盟国家签署 FTA 方面进展顺利，已先后同新加坡、马来西亚、泰国、印度尼西亚、文莱、东盟整体、菲律宾、越南签署生效了 EPA 协定。但同期在中日韩 FTA 网络建设方面进展缓慢，中日、日韩之间没有形成 FTA，日本没有实现其 FTA 战略的既定目标。

---

① 《中日韩合作（1999~2012）》白皮书（全文），中国社会科学网，2012 年 5 月 10 日，http：//www.cssn.cn/zx/zx_skyskl/skyskl_new/201402/t20140226_990452.shtml。

② 蔡亮：《日本 TPP 战略研究》，时事出版社 2016 年版，第 270 页。

第四，通过强化经济合作稳定与中韩两国关系。2001年4月~2006年9月，小泉纯一郎出任日本首相，在其任内有过一些极其出格的言行，极大地损害了中日、日韩关系。"2006年8月底之前，中日政治关系处于'冷淡'之中。"[①] 日韩关系也不例外。在这种状况下，相较"政冷"而言，"经热"成为中日关系或日韩关系的特征之一。小泉卸任后，中日关系与日韩关系都有不同程度的缓和，在此背景下，三方决定开展产官学研究，为自贸区谈判夯实基础。就日本而言，开展共同研究明显有借此稳定与中韩关系的战略考量。

4.5.2　日本推动中日韩FTA的复合平衡逻辑分析

日本在推进中日韩FTA的进程中，最为主要的复合平衡思维是保持中日韩三角平衡。当然，从GDP世界占比的视角来看，三国之间的经济实力并非处于对等关系。以中日韩FTA酝酿阶段为例，2003~2009年，中国GDP世界占比的区间为4.27%~8.46%；日本GDP的区间为7.79%~11.43%；韩国GDP的区间为1.50%~1.97%。[②] 按照复合平衡框架，该阶段的中日韩三角平衡属于三方实力不对称型，在GDP占比方面表现出"一强两弱"或"两强一弱"的特征。当然，鉴于一国的综合实力并非只是由GDP占比来决定的，所以整体而言，"两强一弱"的表述或许更为合理。而从中日韩FTA实际推进阶段来看，2010~2018年，中国GDP世界占比的区间为9.22%~15.84%；日本GDP的区间为5.79%~8.63%；韩国GDP的区间为1.63%~1.89%。[③] 特别是到了2019年，从数字上来看，中国的GDP基本上为日本的3倍，而日本的GDP基本上为韩国的3倍。[④] 按照复合平衡框架，该阶段的中日韩三角平衡在GDP占比方面表现出由"两强一弱"过渡到"一强两弱"的特征，并且随着时间的推移，这种特征愈加明显。另外，日本推动中日韩FTA谈判也有在谋求经济利益的同时对美国实施经济制

[①] 张历历：《新中国和日本关系史》，上海人民出版社2016年版，第261页。

[②][③] 数据来源：https://www.phbang.cn/tags/历年GDP.html。本书中保留小数点后两位。

[④] 2019年，中国GDP约为14.36亿美元，日本GDP约为5.08亿美元，韩国GDP约为1.64亿美元。另外，由于2020年之后日韩关系恶化，中日韩FTA推进趋缓，因此，此处的数据统计截至2019年底。

衡的战略意图。

复合平衡逻辑框架认为，在实力不对称型三角平衡中，国家利益、经济需求、价值认同等成为弥补实力差距以维持平衡的重要变量。另外，虽然从 GDP 总量来看，自中日韩 FTA 酝酿阶段起，韩国一直处于三方中的最末位置，但在半导体、芯片等价值链细分领域，韩国在相当长的时期内实际上是处于中高端的，这种状况也一定程度上成为韩国弥补与中日两国实力差距的重要因素。简而言之，日本在推进中日韩 FTA 时，有明显的保持三角平衡的战略思维，既有基于国家综合实力的考量，也有兼顾价值链互补的客观因素。

日本在推动中日韩 FTA 过程中体现出积极型和消极型复合平衡思维。日本在推进前期态度积极，主动同中韩两国沟通，以期形成三角平衡并对美国实施经济制衡，属于积极型复合平衡思维。但是到了后期，随着日韩两国因劳工等问题关系恶化，日本体现出消极型复合平衡思维。虽然原则上依然想维系中日韩三角平衡，但在日韩双边关系恶化等因素影响下，日本失去了继续推进的动力，选择了暂时维持现状的做法，这也使得中日韩 FTA 的前景不甚明朗。在积极型和消极型复合平衡思维的先后顺序上，日本推动中日韩 FTA 显然与其推进 RCEP 和日欧 EPA 时出现了颠倒的现象。

4.5.3 基于复合平衡的中日韩 FTA 推进路径与特色

首先，日本尝试推动日韩 FTA 谈判成行。1998 年 12 月至 2000 年 5 月，日韩两国的智库围绕日韩 FTA 谈判的经济效果等开展了共同研究。2001 年 3 月至 2002 年 1 月，双方召开了日韩 FTA 商业论坛，发布共同宣言称应将日韩 FTA 作为全面经济合作协定尽早推进实施。2002 年 7 月至 2003 年 10 月，双方召开了日韩 FTA 共同研究会，并发布了相关报告，指出日韩 FTA 对双方有益，是日韩伙伴关系的象征，两国政府应尽早开启谈判。2003 年 10 月，日韩两国首脑就"年内开启 FTA 谈判，以 2005 年前完成谈判为目标"达成意见一致。[1] 2003 年 12 月，日韩两国开始了第一回合 FTA 谈判，2004 年 11 月，第六回合谈判结束后，双

---

[1] ［日］外务省「日韓経済連携協定について（経緯と現状）」、2009 年 8 月、https：//www.mofa.go.jp/mofaj/gaiko/fta/j_korea/genjo.html。

方中止 FTA 谈判至今。谈判搁置之后的几年内，日韩两国曾就再次启动谈判进行过几次磋商，整体看来，日本方面态度积极，而韩国方面则相对谨慎，认为双方的主张存在较大差异，希望继续保持探讨。日韩两国在谈判搁置初期的这种不同反应导致双方短时间内难以达成意见一致，探讨进入拉锯时期。后来随着两国关系因领土、历史认识、劳工赔偿等问题几度恶化，日本方面的意愿也几乎消磨殆尽，日韩 FTA 重启一事再难提上日程。虽然日韩 FTA 并没有成行，但这段经历对日本下定决心推进开启中日韩 FTA 谈判，保持三国之间的平衡起到了重要的铺垫作用。另外，所谓三角平衡，本来就有三方相互制衡之意，即从日本推动中日韩 FTA 的视角而言，对中国和韩国实施制衡本身就是保持三角平衡的战略需求。

其次，日本推动开展产官学研究，将中日韩 FTA 谈判提高到政府实施层面。2003 年至 2009 年，围绕中日韩 FTA 的可行性等问题，三方进行了较为充分的民间合作研究。2009 年 10 月，中日韩 FTA 进入了一个新的阶段，即在三国首脑会谈中确定开展产官学研究，实质性地将推进问题提到了政府实施层面上。三国都有加速推动谈判的动因，就日本而言，除发展贸易，提高经济收益之外，亦有强化中日韩经济关系并借此制衡美国的意图。日本时任首相是鸠山由纪夫，其在任期间虽然也强调日美同盟的基轴地位，但同时认为日本应该注重独立，作为东亚的一员致力于构建东亚共同体。鸠山的对美言论及当时的日本普天间美军基地搬迁问题等使得日美同盟一度出现了"漂流"，日美两国之间"离心"现象明显。鸠山由纪夫是建设中日韩 FTA 的坚定支持者，他希望中日韩三国之间进一步加强贸易往来，推动东亚一体化进程，借此提高与美国博弈的筹码，即对美国实施经济制衡。

最后，日本加速推动开启中日韩 FTA 谈判，谈判后期失去动力的特征明显。分析中日韩三国相互之间的 FTA 进展状况可以得知，中日两国虽一度就开展双边 FTA 进行过较为广泛的讨论，但并未真正付诸实施；日韩 FTA 自 2004 年底以来实质性遭遇搁置；而 2004 年 9 月，中韩两国商定就开展 FTA 谈判进行民间共同研究，其后历经产官学共同研究、就个别领域的前期磋商等阶段，于 2012 年 5 月正式开启了中韩 FTA 谈判。日韩 FTA 搁置谈判之后，日本表达出了继续推进的意愿，而韩国却并没有表现出足够的兴趣，其中原因之一在于中韩 FTA 对韩国经济有更大的牵引作用和实际意义。这样一来，在中韩、中日和日韩三边 FTA 关系中，得以推进的只有中韩这一条边，中日和日韩两条边实际上并不存在，这使得中日韩三角关系出现了明显的失衡现象。对于日本而言，这种状况既不利于推进东亚经济一体化进程，也难以实现其 FTA 战略的最初设想，即重点发展与中韩两国的 FTA。在中韩 FTA 顺利推进的刺激下，日本加速推动开启中日韩 FTA 谈判。谈判开启后，日本推动意愿较为强烈，同意在"RCEP+"的基础上加快推进中日韩 FTA。虽然，日本"巨型 FTA"战略以 TPP 为核心，但这并不影响日本实施利用中日韩 FTA 谈判维系三方平衡的战略。日本的考量在于，这样不仅可以最大限度上对冲中韩 FTA 对于本国的影响，而且也有助于自身在东亚经济一体化进程中保持存在感。2017 年下半年以来，日本在"巨型 FTA"战略中取得一系列成果，特别是 RCEP 的签署为中日韩三方之间互通 FTA 打造了良好的平台。不过，由于历史认识等问题日韩两国关系再度恶化，且双方难以达成共识，这使得日本对于推动中日韩 FTA 的动力不若从前。2023 年 3 月初，日本和韩国虽然就劳工问题达成和解，但是否会对中日韩 FTA 谈判产生积极影响尚待观察。

4.6　日本推动新时期日美贸易谈判的路径与特色

所谓新时期日美贸易谈判是相对于 20 世纪日美两国之间多次进行的贸易摩擦而言的，也可以理解为 21 世纪日美贸易谈判。2019 年 10 月，经过多轮谈判，日美两国签署了两份贸易协定，分别为以农业领域内容为主的《日美贸易协定》以及《日美数字贸易协定》。2020 年 1 月 1 日，两份协定正式生效。由于美国提出的 22 项谈判目标绝大多数没有实现，因此，一般认为这两份协定仅为第一阶段日美双边贸易谈判成果，今后，双方大概率会启动第二阶段贸易谈判。

本部分先分析日本推动新时期日美贸易谈判的主要动因，在此基础上简要分析其中体现的复合平衡逻辑，进而具体探讨复合平衡框架下日本推动新时期日美贸易谈判的路径与特色。

4.6.1 日本推动新时期日美贸易谈判的主要动因

日本一方面需要通过日美贸易谈判来规避美国加征汽车关税的威胁，另一方面从国家战略的视角出发，日本对推进谈判有更多期待。

第一，规避高额汽车关税。汽车及与汽车相关的零部件是日本出口的支柱产品，对美出口尤其如此。1995~2019年，在日本汽车出口对象国中，美国一直稳居首位。[①] 同时，2005~2018年，汽车及相关零部件在日本对美出口商品中位居前两位，两者的年均合计值超过日本对美出口总额的1/3。这意味着若美国对日本征收高额汽车关税，将使日本对美出口遭到严重打击（见表4-1）。在此背景下，美国将汽车关税作为有效的对日施压手段加以运用。2018年，美国威胁将把对日本汽车及相关零部件的关税提高至25%。在此形势下，日本认为开启日美贸易谈判是缓解危机的必要手段之一。

表4-1 2005~2019年日本对美出口三大主力产品占出口总额比重

排名	2005~2018年	年均占比（%）	2019年	占比（%）
1	汽车	28.5	汽车	28.1
2	汽车零部件	6.2	发动机	5.9
3	发动机	4.9	汽车零部件	5.5

资料来源：作者根据日本海关网站上发布的相关数值按照小数点后保留一位计算得出。

第二，维系日美关系。在特朗普政府时期，美国加大对日本的施压力度，日本虽有不满，但基于日美同盟的现实考虑，依然将维系日美关系视为第一要务。因此，虽然美国在推动谈判削减对日贸易赤字的过程中威胁根据"232条款"[②] 对日本加征汽车关税，但日本的选择并非采取对等制裁，而是回应美国的要求，开展双边贸易谈判，以换取美国取消对汽车及相关产品加征关税的承诺。尽管安倍晋三在国会审议中声称

---

① ［日］税関「日本の自動車輸出相手国上位10カ国の推移」、https://www.customs.go.jp/toukei/suii/html/data/y8_1.pdf。

② 指1962年美国《贸易扩展法》的第232项条款，即如果美国认定特定产品的进口威胁到本国国家安全时，则赋予总统发动追加关税等修正措施的权限。

双方达成了双赢的贸易协定,①但实际上日本并没有获得美国取消加征汽车关税的书面承诺。所谓日本的"赢",更多体现在维系日美关系上。

第三,建构自由贸易"旗手"身份。21 世纪伊始日本开始大力推动 FTA 战略,在自由贸易领域积极作为。经过 10 多年的努力,日本在双边 FTA 构建方面取得较大成绩后,将重心转移至"巨型 FTA"战略。如前所述,日本将 TPP 视为"巨型 FTA"战略的核心,对其寄予厚望并积极推动。不过,美国退出 TPP,"这使日本感到忧心忡忡,担忧失去 TPP 这个联美制华的重要抓手"②,另外,日本也失去了追随美国提升经贸话语权的机会。此外,"特朗普动辄'退群''废约',强征关税,践踏诺言,尤其是不分亲疏地对盟国下狠手,让安倍等人产生强烈的危机感"③。在此背景下,日本逐渐决定在自由贸易领域提高自主性,特别是要建构自由贸易"旗手"身份。实际上,虽然日本一直强调对美国的支持,但其当初加入 TPP 谈判就有争夺经贸话语权的强烈意愿。④ 正如安倍晋三在论及日本加入 TPP 的意义时所强调的,日本要与美国一起建立新的经济秩序,参加 TPP 将是最后的机会。⑤ 美国退出 TPP 给日本建构自由贸易领域的国家身份提供了好的契机。随着日欧 EPA 和 CPTPP 的达成,日本作为自由贸易"旗手"的身份开始形成。

总之,对日本而言,解决日、美汽车关税危机是开启日美贸易谈判的主要目的和直接动因,维系日美关系是必要选项。此外,随着 FTA 战略的深化,日本在坚持对冲思维的同时,也体现出建构"旗手"身份并以此争夺国际经贸规则制定话语权的意图。

---

① [日] 衆議院「第 200 回国会 本会議 第 4 号」、2019 年 10 月 24 日、http://www.shugiin.go.jp/internet/itdb_kaigiroku.nsf/html/kaigiroku/0001200201910 24004.htm。
② 冯昭奎:《国际形势新变化与中日关系的可能前景》,引自杨伯江主编:《中国对日外交战略思想与实践》,社会科学文献出版社 2018 年版,第 189 页。
③ 吴寄南:《中日关系:重返正常轨道 转圜尚待努力》,引自祁怀高主编:《中国周边外交研究报告(2018-2019)》,世界知识出版社 2019 年版,第 93 页。
④ 张永涛、杨卫东:《日本主导 CPTPP 的动机及中国的对策分析》,载于《现代日本经济》2019 年第 4 期,第 19 页。
⑤ [日] 首相官邸「安倍内閣総理大臣記者会見」、2013 年 3 月 15 日、http://www.kantei.go.jp/jp/96_abe/statement/2013/0315kaiken.html。

4.6.2　日本推动新时期日美贸易谈判的复合平衡逻辑分析

在新时期日美贸易谈判中，日本前后态度迥然不同。直至2018年上半年，日本对开启与美国的双边贸易谈判持抵触态度。第一，美国谋求开启涵盖面较广的FTA谈判，而日本希望首先完成货物贸易谈判。有观点认为，日本为了保持在中美两国之间的平衡，最好的办法是与任何一方都不进行FTA谈判。[①] 第二，日本国内阻力大。开启日美双边贸易谈判就意味着要降低关税，提高自由化率水平，而以农业为代表的产业届时会面临巨大冲击，因此，农业协会等组织给日本政府施加了巨大压力。第三，日本在以往同美国的双边贸易谈判中，往往是牺牲大于所得，而假若是多边协定，日本面临的压力要小得多。日本的态度转变大致发生在2018年下半年，这也意味着日本作出了某种妥协。日本的这种妥协除了基于与美国的不对称权力因素之外，对中国的威胁制衡以及尽可能维系日美欧三角平衡的战略意图在其中也发挥了较大作用，从日本决定应美国要求开启谈判直至谈判结束，这两种复合平衡思维贯穿了该时期。

整体而言，日本在推动新时期日美贸易谈判时采取的是积极型复合平衡策略。具体表现为，日本虽然在很长一段时期内对于开启与美国的双边贸易谈判非常抵触，但在谈判开启之前实现了态度的转变，谈判开始后日本的态度非常积极，主动配合美国推动谈判进程，谈判达成后迅速在国内做相应调整。另外，安倍以及茂木敏充等政府高层还在国会答辩等场合高度评价新时期日美贸易谈判对日本的战略意义，这说明日本在复合平衡思维下主动推动谈判成行的意愿强烈，体现出明显的积极型复合平衡思维特征。

4.6.3　基于复合平衡的新时期日美贸易谈判推进路径与特色

第一，规劝美国重返TPP无果，日本果断转变态度，让渡部分利

[①] ［日］浜中慎太郎：「インドのRCEP撤退がアジア経済秩序に及ぼす影響——地経学の観点から」、日本貿易振興機構アジア経済研究所、2019年11月20日、https://www.ide.go.jp/Japanese/IDEsquare/Eyes/2019/ISQ201920_039.html。

益,以推动新时期日美贸易协定尽快成行。特朗普在上任后的第二年,即 2018 年曾表态如果修改条件可以考虑重返 TPP,日本对此充满了期待。美国重返 TPP 对于日本而言有特殊意义,除了提振经济、巩固日美同盟等因素之外,日本可以借此在中美两国之间更好的寻求平衡,这也符合冷战后日本国家大战略的平衡理念。TPP 和 RCEP 被认为是驱动亚太经济的两大主要路径,RCEP 为东盟主导,中国对其高度重视并大力推动,TPP 则在美国接手后演变成为"巨型 FTA",日本同时加入 RCEP 和 TPP,这意味着日本在中美两国之间找到了最好的平衡点。但是,若美国退出且不再重返 TPP,显而易见,这意味着日本谋求的平衡被打破。在多次规劝美国重返 TPP 无果的形势下,日本需要建立新的中美平衡点,那么新时期日美贸易谈判虽然不是最佳选择,也是无奈之下的第二选择,有学者也持类似观点。[①] 在这种考量下,对于开启日美贸易谈判,日本在 2018 年下半年由抵触转变为同意则显得并不是那么突兀。

"除了划分国界和要求战争赔偿外,国家还利用联盟体系来抑制一个正在崛起的国家发展壮大。"[②] 对于日本而言,对中国实施威胁制衡是推进新时期日美贸易谈判的目的之一。不过,2010 年之后,中日两国之间经济实力的差距日益明显,在这种状况下,日本深知单凭自己已经越来越难以对中国形成有效制衡,利用联盟体系特别是美国的实力显然是较为现实的选择之一。实际上,特朗普上任后,急于缩小贸易赤字以巩固政权基础,作为美国第一大贸易赤字国的中国自然是其政策实施的重点对象,可以说在制衡中国这一点上,日美两国一拍即合。基于上述种种考量,日本在一直坚守的农业领域作出了一些让步,让渡了部分利益,这满足了特朗普政府既想通过新时期日美贸易谈判谋求经济利益,又想尽快达成协议以提高大选胜率的心理。简言之,日本在一定程度上达成了自己的目的,美国对这样的前期成果也表示了满意,谈判正式开启之后,日本积极配合美国使双边协定在较短时间内得以达成,并将该协定列入《TPP 等综合政策大纲》,大大提升了其在日本"巨型

---

① [日] 菅原淳一:「『第一段階』としての日米貿易協定」,『外交』,2019 年、Vol. 58、31 頁。

② [美] 尼古拉斯·斯皮克曼:《世界政治中的美国战略——美国与权力平衡》,王珊、郭鑫雨译,上海人民出版社 2019 年版,第 22 页。

FTA"战略体系中的地位。

第二，紧紧绑定美国，在维系日美欧三角平衡考量下推动谈判进程。日本于2013年3月正式宣布加入TPP谈判，日欧于2013年4月开启EPA谈判，美欧于2013年6月开启TTIP谈判。由于在TPP中，美国和日本分列GDP第一和第二大国，形成了以美国为主的日美共同主导态势。从三角平衡的视角来看，日美、日欧、美欧三边成立，日本认为这基本上可视作日美欧之间形成了平衡。保持日美欧之间的三角平衡对日本意义重大。其一，可以在实施追随美国的策略之下，利用同欧盟的EPA协定提高自身在日美博弈中的地位；其二，利用三角关系打造所谓民主联盟，进一步深化价值观外交；其三，密切同美欧关系，以间接提升自己的国际地位，实现国家利益的最大化。然而，特朗普上台后相继退出TPP，搁置TTIP，使得日美欧三角平衡中的两边暂时性缺失，虽然日欧EPA依然存在，但不得不说日本的三角平衡战略思想在实际运行中出现了较大问题。之后，由于美欧双方决定另起炉灶进行双边零关税自贸区谈判，日本再次看到了重现三角平衡的可能，为此，牺牲部分经济利益，例如加大对美国农产品的购买力度，一定程度上开放本国的农产品市场等来紧紧绑定美国，加速推动新时期日美贸易谈判就成为必要选项。日本之所以这样做，其原因之一是想借新时期日美贸易谈判将美国的经济影响力尽可能地留在亚太区域，从而可以联合美国更好地制衡中国，另外，也便于维系日美欧三角平衡关系。当然，不可否认的是，如前所述，日本推动新时期日美贸易谈判的动因不止于此，但以三角平衡为主的战略思维应是其中较为重要的一点。

总而言之，日本同意开启该谈判绝不仅仅是迫于美国的压力，而是既基于提振经济之目的，也有包括复合平衡在内的考量。就复合平衡而言，日本积极推动新时期日美贸易谈判一是为了对中国进行威胁制衡，二是想借此协定尽力维系日美欧三角平衡。日本在复合平衡思维下通过表面上的部分让步加速了新时期日美贸易谈判进程。

4.7 日本推动亚太自贸区的路径与特色

亚太自贸区是APEC成员对亚太经济一体化的一种设想，如果成行，则会是亚太地区规模最大、影响最为深远的自由贸易设计。正因为难度大，涉及面广，到目前为止，尚未推出建设亚太自贸区的具体时间表。

亚太自贸区在推进过程中有几个值得关注的时间节点和事件。第一，2006年，在美国的倡议下，APEC成员将亚太自贸区确立为一种长期愿景。这对日本形成了刺激，日本开始重点关注亚太自贸区建设问题，并表现出了越来越大的兴趣，日本推动亚太自贸区的设想也逐渐形成。前首相安倍晋三曾声称，TPP只是起点，今后，日本要与亚洲各国共同打造包括RCEP、亚太自贸区在内的大规模经济圈。[①] 这种表态实际上也揭示了推动亚太自贸区建设在日本"巨型FTA"战略中的重要地位。第二，2010年11月在日本举行了APEC横滨峰会。在本次峰会上，对推进亚太自贸区建设最为重要的一点是确立了其大致的实现路径，即以"10+3""10+6"以及TPP等正在推进实施中的区域自由贸易协定为基础。[②] 这意味着，亚太自贸区与亚太地区的其他"巨型FTA"处于一种包容与被包容的关系中。虽然在本次峰会上确立了亚太自贸区的大致实现路径，但围绕这一点，学界的意见并不统一，原因在于该路径具备模糊性和不确定性特征。究竟是多轨并行，还是以单一贸易协定为基础，实际上从理论上来讲，都有其可能性。一般而言，在整合"10+6"、TPP这样的区域经贸协定基础上建设亚太自贸区看似更具合理性，不过，在整合原则、具体操作等层面上还有很长的路要走。第三，2014年11月APEC北京峰会上通过了《推动实现亚太自贸区北京路线图》，强调了APEC在亚太地区一体化中的领导和核心作用，确认了在现有区域经贸安排基础上建设亚太自贸区的宗旨。[③] 该路线图有明确的地标功能，表明了中国在亚太自贸区推进过程中作出的巨大努力和贡献。第四，2016年11月APEC利马峰会上通过了《亚太自贸区利马宣言》，再次确认APEC的核心目标是在2020年前实现茂物目标，并明

[①] ［日］首相官邸「安倍内閣総理大臣記者会見」、2015年10月6日、http://www.kantei.go.jp/jp/97_abe/statement/2015/1006kaiken.html。

[②] ［日］外務省「アジア太平洋自由貿易圏（FTAAP）への道筋（仮訳）」、https://www.mofa.go.jp/mofaj/gaiko/apec/2010/docs/aelmdeclaration2010_j03.pdf。

[③] ［日］外務省「第22回APEC首脳宣言附属書A アジア太平洋自由貿易圏（FTAAP）の実現に向けたAPECの貢献のための北京ロードマップ」、https://www.mofa.go.jp/mofaj/files/000059196.pdf。

确强调 RCEP 与 TPP 是实现亚太自贸区的主要路径。① 该宣言实际上代表了当时的一种较为普遍的认识，即从规模、GDP 占比、影响力等因素综合看来，RCEP 和 TPP 是推动亚太经济前行的双轨，亚太自贸区的构建也应当以二者为基础。

本部分先分析日本推动亚太自贸区的主要动因，在此基础上简要剖析其中体现的复合平衡逻辑，进而具体探讨复合平衡框架下日本推动亚太自贸区的路径与特色。

4.7.1 日本推动亚太自贸区的主要动因

第一，促进贸易发展，获取更大经济利益。由于亚太自贸区将在 CPTPP、RCEP 等 FTA 基础上得以推进整合，那么在削减关税、废除贸易壁垒、改善投资环境等方面至少不应低于现有 FTA 水平。另外，由于范围扩大，成员数量增加，这意味着其成行将有助于包括日本在内的成员进一步提振经济，促进贸易发展。日本前首相安倍晋三二次执政时多次就推动亚太自贸区成行发表了意见，② 这说明日本高度重视亚太自贸区的推进和实施。日本希望通过推进亚太自贸区进一步优化产业结构，完善价值链，促进本国企业的海外投资，获取更大的经济利益。

第二，追随美国，巩固日美同盟。美国对自己没有参与的东亚一体化进程非常介意，另外，也想借助构建亚太自贸区的设想加速推动 WTO 多哈回合谈判，③ 因此，在 2006 年 11 月举行的 APEC 河内峰会上呼吁建设亚太自贸区。美国之前一直对推进该构想不积极，在这次峰会上发出倡议意味着态度出现了 180 度的逆转。日本在多方权衡之下，决定跟进。美国对建设亚太自贸区的态度转变是日本下定决心推动亚太自

---

① ［日］外務省「附属書A アジア太平洋自由貿易圏（FTAAP）に関するリマ宣言」、https://www.mofa.go.jp/mofaj/files/000205244.pdf。

② ［日］首相官邸「安倍内閣総理大臣記者会見」、2013 年 3 月 15 日、https://www.kantei.go.jp/jp/96_abe/statement/2013/0315kaiken.html；［日］首相官邸「安倍内閣総理大臣記者会見」、2015 年 10 月 6 日、https://www.kantei.go.jp/jp/97_abe/statement/2015/1006kaiken.html；［日］外務省「ベトナムAPECダナン首脳会議」、2017 年 11 月 11 日、https://www.mofa.go.jp/mofaj/ecm/apec/page1_000431.html。

③ ［日］菅原淳一：「突如浮上したアジア太平洋FTA（FTAAP）構想—進展する東アジア経済統合への米国の関与—」、2006 年 12 月 8 日、https://www.mizuho-ri.co.jp/publication/research/pdf/policy-insight/MSI061208.pdf。

贸区的原因之一，即追随美国，巩固日美同盟。当然，从根本上而言，日本作出这样的决定主要基于经济方面的考虑，在这一点上与其他大多数持赞同意见的国家一致。

第三，争夺亚太经贸规则制定话语权。亚太自贸区几乎是亚太地区现有"巨型FTA"的最大集合，囊括了APEC的所有成员，在其中掌握规则制定话语权可以显著提升本国的政治经济影响力。从成员构成以及综合实力等因素来看，亚太自贸区由中美两国主导较为合理。不过，基于上述分析，作为GDP排名第三的国家，日本也有争夺经贸规则制定话语权的意图。美国提议建设亚太自贸区时期，日本希望发挥盟友作用，追随美国获取一定的话语权；美国暂时搁置建设亚太自贸区时期，如特朗普执政期间，日本希望同中国合作谋求话语权。特别是，日本在"巨型FTA"战略获得一定成果后这种心态更为明显。作为CPTPP的主导国，RCEP的主要推动方，日本在《利马宣言》确认的亚太自贸区两大实现路径中都有活跃的表现，这也提升了日本争做自由贸易"旗手"的信心。

第四，深化FTA战略的需求。日本认为相较于其他一些发达国家，本国的FTA战略起步较晚，自跨入21世纪后便开始加速实施FTA战略。不过，到2006年11月APEC河内峰会上美国提出构建亚太自贸区之前，日本只是同新加坡、墨西哥和马来西亚三国缔结了EPA协定，在FTA战略推进方面大大落后于美国等发达国家。亚太自贸区虽然属于长期愿景，但作为亚太地区影响力最大的贸易协定，对其大力推进显然可以对进一步深化日本FTA战略产生积极效应。事实上，日本在对亚太自贸区进行深入研究的基础上，已逐渐将其视为"巨型FTA"战略的最终目标，亚太自贸区的成行对于日本提高FTA覆盖率等目标的实现也有决定性作用。

4.7.2 日本推动亚太自贸区的复合平衡逻辑分析

日本将推动并主导亚太自贸区成行视为其"巨型FTA"战略的最终目标。作为APEC成员的长期愿景，建设亚太自贸区注定是一个艰巨和充满挑战的工作。日本已经充分估计到了这一点，而且在战略实施方面也准备了不少预案。在整体战略的设计方面，平衡协调、多层设计成为显著特征之一。这种复合平衡思维在其亚太自贸区推进实施过程中已经发挥了重要作用，在下一步的推动中也会得以贯彻，继续发挥指导性作用。

分析日本推动亚太自贸区的复合平衡思维需要分两种版本：第一种是美国改变态度重新积极推动亚太自贸区；第二种是美国一直搁置亚太自贸区建设。在第一种版本中，美国态度的转变意味着日本重新有了追随的对象，日本与美国联合对中国实施威胁制衡，这或许是该版本演变的最大可能。当然，不能排除由于日本在"巨型FTA"战略实施方面取得了较多成果，在自由贸易领域发展独立于美国的自主外交以及进一步争夺国际经贸规则制定话语权的意愿强烈，在推动亚太自贸区时，即便美国态度转变也继续奉行独立外交理念，以期与中美两国形成实力不对称的"两强一弱"型三角平衡的可能。在第二种版本中，中国实力超然，日本虽然可能凭借CPTPP主导国等地位与中国形成弱势平衡，但更大概率是联合澳大利亚等其他准盟友对中国实施传统制衡，即以"日本+"的形式来制衡最为强大的国家——中国。虽然中国加入CPTPP还面临着对标等具体障碍，也大概率会呈现出长期化特征，但基于中国的经济体量，无疑会对日本CPTPP主导国的地位甚至会对其推动亚太自贸区产生影响。预期日本会根据具体进程采取更为错综复杂的复合平衡战略。

简言之，日本在推动亚太自贸区过程中目标明确，积极主动，注重协调，属于积极型复合平衡思维范畴。

4.7.3 基于复合平衡的亚太自贸区推进路径与特色

当下，亚太自贸区建设以CPTPP、RCEP为主要路径已是基本共识，不过也有一些问题存在，主要体现在：第一，这两大"巨型FTA"的未来走势尚存有变数；第二，各国对两大路径的推动细节还有不少争议。基于此，在推动亚太自贸区时，日本采取了最为稳妥的路径，即主导CPTPP成行，参与推进RCEP签署，在后续推动过程中继续显示存在感的同时，利用"高标准"贸易规则等提升国际经贸规则制定话语权，以在亚太自贸区建设中确立自己自由贸易"旗手"或"主导者"的身份，从而在未来的推动工作中争取更大的主动权。在日本推动亚太自贸区的路径中，美国是否重新积极推动亚太自贸区是至关重要的变量，日本会依据该变量调整其推进路径。有研究认为，可以将美国推动亚太自贸区的进程分为三个阶段：第一阶段，2004~2008年，主要特征是美国提议并积极推动亚太自贸区建设；第二阶段，2009~2014年，主要特征是美国将FTA战略的重心置于TPP，实际搁置了亚太自贸区建设；第三阶段，2014年至今，主要特征是在中国重提亚太自贸区建设并积极推动背景下，美国不想看到中国发挥主导作用，也不想实质上推动亚太自贸区进程，表现为矛盾心理。[①] 本部分的研究对象为日本推动亚太自贸区的路径与特色，根据美国是否重新积极推动亚太自贸区这两种版本来具体分析。

首先，如果美国重新积极推动亚太自贸区，日本在推进时会基于国家利益追随美国，联合美国制衡中国，尽可能提高话语权，以谋求与中美构成非对称三角平衡。建设亚太自贸区的基础或者说平台是该地区的FTA/EPA，特别是TPP、CPTPP和RCEP这样的"巨型FTA"，因此，美国若解除搁置，重新推动亚太自贸区建设，其至少应该选择加入亚太地区的某一主要"巨型FTA"并获取主导权，从而能够在亚太自贸区进程中掌握一定的主动权。从目前看来，虽然不能排除美国未来加入RCEP的可能，但其重返TPP/CPTPP的概率最大。这是由于，美国曾是TPP的主导国，TPP绝大多数的冻结条款也与美国密切相关，CPTPP成员国对于美国重返也基本持欢迎态度。美国若重返，很大概率上会附加或修改CPTPP规则，并重新接管CPTPP，若如此演变，基本上就回到了特朗普退出TPP之前的局面，即日美两国共同主导，而其中又以美国为主。日本可能会继续采取以国家利益最大化为目标的追随美国的利益制衡策略，同时，联合美国对中国实施威胁制衡。例如，在中国加入CPTPP问题上设置障碍，阻止中国通过申请例外事项等形式来解决个别条款暂时无法对标的问题。对于日本而言，其对CPTPP扩容的底线思维之一或许是若美国和中国都申请加入CPTPP，绝不会让中国走在美国前面，若美国暂不重返，则尽量拉长中国加入的进程。当然，日本近年来通过实施"巨型FTA"战略提升了自身在亚太乃至世界自由贸易领域中的话语权，也提出了争做自由贸易"旗手"等口号，正在试图建

[①] 国家开发银行研究院、中国社会科学院国际研究学部：《亚太自贸区：战略与路径》，经济管理出版社2016年版，第213~214页。

构贸易规则"主导者"的国家身份,从这个层面上看,日本在追随美国在经济上对中国进行威胁制衡的同时,在经贸规则制定话语权方面有与中美两国构成非对称三角平衡的意图。

其次,若美国一直搁置亚太自贸区建设,日本在推进时可能会视中国为威胁从而联合部分国家制衡中国。从经济体量来看,亚太自贸区建设以中国和美国联合主导相对合理。但如若美国缺位,这意味着中国成为该系统中的唯一大国。按照复合平衡框架,在一个系统中,中等国家可能会联合起来制衡大国,这属于传统制衡的范畴。亚太自贸区建设以APEC成员为基础,其中,澳大利亚等国是日本的准盟友或盟友,日本可能会联合这些国家对中国进行传统制衡,例如,通过移植"高标准"贸易规则、组建数字经济联盟等手段对中国形成制约。另外,对于日本而言,中国在政治、经济、外交等多个层面上均是威胁的存在。以自由贸易为例,中国正在积极谋求加入CPTPP,而在日本看来,这与亚太自贸区建设息息相关,若在美国缺位的情况下中国成功加入,从国家实力等要素来看,或会对自己的CPTPP主导国地位造成影响。因此,日本在亚太自贸区主要实现途径的CPTPP中,对中国的加入申请,不排除以无法完全对标等理由制造障碍。

另外,目前看来,推动亚太自贸区成行并在其中获取较高的话语权可以说是日本"巨型FTA"战略的最终目标,日本自开始推动亚太自贸区时便坚定地贯彻了这一目标。无论美国是否重新推动亚太自贸区,日本都不会改变其根本策略,只是会对战术进行调整,或进行利益制衡、威胁制衡和三角平衡,或进行传统制衡和威胁制衡。

小　　结

本章的重点是运用复合平衡框架剖析日本"巨型FTA"战略的推进路径与特色。从目前来看,日本推动的"巨型FTA"主要包括TPP、CPTPP、RCEP、日欧EPA、中日韩FTA、新时期日美贸易协定和亚太自贸区。日本推动"巨型FTA"战略的总体原则是独立推进各"巨型FTA",同时又相互支撑,因此,本章在兼顾日本"巨型FTA"战略全局的前提下,重点对各"巨型FTA"的推进路径与特色进行分析。日本在具体推进过程中体现出明显的复合平衡思维特征。日本的复合平衡思维与冷战后日本国家大战略的调整及日本 FTA 战略的平衡设计密切相关，既包括在中美两国之间寻求平衡，也采取了在其他层面上实施制衡、三角平衡等策略，整体呈现为复合的、多层次的特点。具体如下所示：

第一，日本主要基于利益制衡与威胁制衡来推动 TPP。其中，利益制衡指的是日本基于国家利益最大化需求而选择追随美国，这同在安全上寻求美国保护的"追随"有所不同；威胁制衡指的是日美等国联手制衡中国。推进 TPP 时，日本追随美国并注重与其捆绑，另外，采取政府主导方式，集中推进，以求重点突破。在日美两国看来，中国属于"最有威胁"的国家，日本联手美国对中国实施遏制符合威胁制衡的特点。

第二，日本主要基于经济制衡与威胁制衡来推动 CPTPP。经济制衡指的是日本制衡美国；威胁制衡指的是日美等国联手制衡中国。推进 CPTPP 时，日本加大斡旋力度以促使 CPTPP 早日成行，通过谋求"旗手"身份力图实现与美国对等的经济地位，积极推动扩容但对于中国的加入申请采取冷处理。

第三，日本主要基于利益制衡、传统制衡与经济制衡来推动 RCEP。其中，利益制衡指的是日本追随美国；传统制衡指的是日本联合澳大利亚、印度等国制衡中国；经济制衡指的是日本制衡美国。日本在 RCEP 萌芽阶段大力推动谈判开启的同时，试图保留美国的影响力；在谈判中前期视中国为威胁联合个别国家实施制衡，消极应对推动工作；在谈判后期弱化对中制衡，并联合中国大力推动签署协定；在谈判过程中联手印度的理念贯穿始终。

第四，日本主要基于三角平衡和传统制衡来推动日欧 EPA。其中，三角平衡指的是日美欧三方之间的平衡，体现出从非对称型三角平衡到对称型三角平衡转变的特点；传统制衡指的是日本和欧盟联合制衡美国的单边主义行径。推动前期，日欧双方固守谈判条件，主动推动意愿不强；推进中后期，双方相互让步，以尽快达成协议为目标。

第五，日本主要基于三角平衡和经济制衡来推动中日韩 FTA。其中，三角平衡指的是中日韩三国之间的平衡，整体表现出实力不对称型三角平衡特征；经济制衡指的是日本制衡美国。日本尝试推动日韩 FTA

谈判成行，未果后将注意力转移到了中日韩 FTA，推动产官学研究，将谈判提到政府实施层面。日本加速推动开启中日韩 FTA 谈判，谈判开启后日本表现中规中矩，但在谈判后期失去了推进动力，这是谈判实质性进入停滞期的原因之一。

第六，日本主要基于威胁制衡和三角平衡来推动新时期日美贸易谈判。其中，威胁制衡指的是日美联手制衡中国；三角平衡指的是借新时期日美贸易谈判来维系日美欧三方之间的平衡。在判断美国重返 TPP 暂时无望的情况下，日本转而支持开启新时期日美贸易谈判，并通过让渡部分利益的方式推动谈判尽快成行。另外，日本将自己与美国进行绑定，基于维系日美欧三角平衡的考量积极推动新时期日美贸易谈判进程。

第七，日本主要基于利益制衡、传统制衡、威胁制衡和三角平衡来推动亚太自贸区。其中，利益制衡指的是日本基于国家利益需求选择追随美国；传统制衡指的是日本联合澳大利亚等国家制衡中国；威胁制衡指的是日本或联手美国或联手其他一些西方国家对中国实施制衡；三角平衡指的是日本想借助实施该战略形成中美日三方之间的非对称型三角平衡。另外，在三角平衡理念中，三方相互之间实施制衡是维持三角平衡的必然需求。如果美国重新积极推动亚太自贸区，日本在推进时会基于国家利益追随美国，联合美国遏制中国，尽可能提高话语权，以谋求与中美构成非对称型三角平衡。若美国一直搁置亚太自贸区建设，考虑到话语权等问题，日本在推进时或联合部分国家制衡中国，以尽可能减少"威胁"。

此外，在推动 TPP、CPTPP、新时期日美贸易谈判和亚太自贸区的过程中，日本主要表现为积极型复合平衡思维；在推动 RCEP、日欧 EPA 和中日韩 FTA 的过程中，日本均表现出了消极型和积极型复合平衡思维。不过在推动 RCEP 和日欧 EPA 时，消极型复合平衡思维多出现在推进中前期，推进后期多为积极型复合平衡策略；推进中日韩 FTA 时则相反，消极型复合平衡思维多出现在推进后期，推进前期多为积极型复合平衡策略。需要注意的是，虽然日本在推动各"巨型 FTA"过程中体现出了较为明显的复合平衡思维，但日本实施"巨型 FTA"战略的首要目的是提振经济，复合平衡属于建立在此基础上的战略考量。

第 5 章 日本"巨型 FTA"战略的评估

对于日本"巨型 FTA"战略主要分为两部分进行评估。第一部分是战略价值，本部分中的"战略价值"具有特定含义，指的是大力推进"巨型 FTA"战略对日本的战略价值；第二部分是制约因素，指的是日本在推动"巨型 FTA"战略过程中受到的各层面制约。

5.1 日本"巨型 FTA"战略的战略价值

实施"巨型 FTA"战略反映了日本自由贸易战略的新趋势。[①] 在安倍二次执政时期，大力推动"巨型 FTA"成为其主要的政策课题，菅义伟和岸田文雄执政期间，该政策课题得到了进一步的延续。继承安倍的政治遗产固然是延续的动因之一，而其根本原因是推动"巨型 FTA"战略对日本而言有巨大的战略价值。

5.1.1 获取经济利益，提高政治影响力

首先，在经济层面上，"巨型 FTA"战略具有重要价值。第一，"巨型 FTA"战略对拉动日本经济的效果明显。如前所述，据日本官方不同时期的测算结果来看，仅 CPTPP、日欧 EPA、新时期日美贸易协定、RCEP 这四大"巨型 FTA"就至少可以为日本贡献 6% 的 GDP，这对于日本经济发展的意义不言而喻。另外，考虑到尚未谈成的中日韩 FTA 和亚太自贸区，以及有开展第二阶段谈判预期的新时期日美贸易协

[①] 贺平:《日本自由贸易战略的新动向及其影响》，载于《国际问题研究》2018 年第 6 期，第 33~35 页。

定等，在提振经济方面，"巨型 FTA"战略对日本意义重大。第二，现有"巨型 FTA"扩容有较好的拉动经济预期。美国有加入 TPP/CPTPP 的可能。日本认为第一阶段新时期日美贸易谈判在一定程度上让美国明白了 TPP 的可贵之处，即美国通过 TPP 可以较为容易地获取的利益在日美双边贸易谈判中并未实现。除了数字方面的协定，日美第一阶段贸易协定也被称为"农业版"协定，但是在该协定中并未涉及日本一直以来坚守的大米及相关加工品。另外，在农林水产方面对于多达 33 类的产品日本没有作出任何让步。基于此，时任日本外务大臣茂木敏充认为美国依然有加入 TPP/CPTPP 的动机。① CPTPP 已经开启了扩容进程，泰国、印度尼西亚、哥伦比亚、韩国等经济体明确表达过对于加入 CPTPP 的兴趣，英国和中国已经正式提交了申请，RCEP 会在成行 18 个月后迎来扩容机会。规模扩大意味着成员国之间的贸易壁垒会进一步得以消除，这对于战后以"贸易立国"为特点的日本而言是积极因素。第三，"巨型 FTA"能够为数字经济、绿色发展等新成长点搭建发展平台。日本推动的"巨型 FTA"中，TPP/CPTPP 和新时期日美贸易协定等都有高标准的数字经济相关内容，TPP/CPTPP 中设有较为严格的环境章节，能够与国际环境治理的核心思想及发展方向形成较好契合。实施"巨型 FTA"战略，有利于日本借助其平台试错纠错，进一步发展数字经济和绿色经济。

其次，在政治外交层面上，"巨型 FTA"战略具备重要价值。第一，日本推动 TPP/CPTPP 除了巩固日美同盟之外，还进一步提升了自身的国际影响力。例如，当下，CPTPP 谈判一般通过部长级会晤进行，今后随着 CPTPP 的扩容，特别是在中美两大国都有加入预期的情况下，CPTPP 有升级到定期首脑会晤的可能性，作为主导国的日本显然会在国际影响力方面水涨船高。第二，RCEP 成行后，日本会面临如何在 RCEP 升级和扩容中发挥作用的问题。日本会继续大力规劝印度重返 RCEP，同时，在升级和扩容中尽最大可能兼顾其亚太经济合作战略以及"印太战略"等，打造展现国际影响力的平台。第三，推动日欧 EPA 可以使日本同欧洲进一步密切关系的同时，有助于联合欧洲对美国形成制衡，从而有可能维系日美欧之间的不对称型三角平衡；新时期日

---

① ［日］衆議院「第 200 回国会　外務委員会　第 4 号」、2019 年 11 月 6 日、http://www.shugiin.go.jp/internet/itdb_kaigiroku.nsf/html/kaigiroku/000520020191106004.htm。

美贸易谈判一定程度上修补了特朗普执政时期美国施压日本而造成的日美同盟之间的裂痕，另外，由于该谈判有进一步开展的可能，这意味着日本有机会借此战略同美国强化同盟关系，这对于战后以日美同盟为外交基轴的日本而言政治意义重大。第四，虽然中日韩 FTA 尚未谈成，亚太自贸区为远景目标，但日本都可以在推进这些战略的过程中逐步通过自己在复合平衡方面的一些战略手段，如利益制衡、威胁制衡、经济制衡等来实现政治外交目标。

5.1.2 提升国际经贸规则制定话语权

话语权一词虽尚未形成统一概念，但一般将其归属于软实力（soft power）的一部分。法国哲学家米歇尔·福柯（Michel Foucault）认为话语即权力，指出：“我们应该承认，权力制造知识，权力和知识是直接相互连带的；不相应地建构一种知识领域就不可能有权力关系，不同时预设和建构权力关系就不会有任何知识。”① 经贸规则制定话语权是一个国家在经贸领域的话语效力和威力。②

经过 20 世纪 50 年代中期至 70 年代初的高速发展期，日本一跃成为世界排名第二的经济大国。经济上的高度发达使日本有能力在国际经贸领域进一步显示存在感，获取更多的经贸规则制定话语权。然而，日美同盟框架在给日本提供"保护"的同时，极大束缚了日本外交的发挥空间。③ 在自由贸易领域亦然，日本很少有摆脱美国的影响单独主导国际贸易机制的表现。日本制定了"贸易立国"战略，将经济外交作为实施该战略的重要载体。不过，"利用经济手段达到政治目的，这是国际政治斗争中的普遍现象，也是在特定的历史时期经济外交的基本内涵"④。正如渡边昭夫所言，战后日本的经济外交也被用来追求政治、安全上的目的。⑤ 即，战后初期日本经济外交的主要目的之一是发展同东

---

① ［法］米歇尔·福柯：《规训与惩罚》，刘北成、杨远缨译，生活·读书·新知三联书店 2007 年版，第 29 页。
② 张永涛、杨卫东：《日本主导 CPTPP 的动机及中国的对策分析》，载于《现代日本经济》2019 年第 4 期，第 19 页。
③ 刘德斌：《国际关系史（第二版）》，高等教育出版社 2018 年版，第 500 页。
④ 杨闯等：《外交学：理论与实践（上）》，世界知识出版社 2018 年版，第 167～168 页。
⑤ ［日］渡边昭夫：『戦後日本の対外政策』、有斐閣、1991 年、255 頁。

盟国家关系，为实现日本政治大国的梦想夯实基础，政治目的更为突出。

对于日本而言，2017年起主导CPTPP成行可谓是自由贸易领域的一个重大转折。美国退出TPP把日本推到了台前，安倍政府虽然也介意特朗普政府的反应，但还是决心不让该协定夭折，毕竟TPP是日本"巨型FTA"战略的核心和灵魂，日本在推动其签署成行上投入巨大。在剩余的11国中，作为GDP第一大国，日本发挥了擅长的斡旋能力，另外，也让渡了部分经济利益，在其主导下，TPP以CPTPP的身份获得了延续。在此过程中，日本CPTPP主导国的身份得到了一定层面上的认可。日本非常重视这种身份，在安倍等政府高层的发言以及政府文件中多次强调了这一点。日本的外交心理也逐渐发生了转变，在自由贸易领域，追随美国不再一直是首要任务，显示自身的存在感、提高经贸规则制定话语权也成为日本的选择。日本这样做也是为了更好地维护本国的国家利益。特朗普政府"弃多边、重单边"的外交政策取向也间接为日本送上了助攻。日本开始更多地"抛头露面"，推动日欧EPA和新时期日美贸易协定成行，推进RCEP签署等，这些都成了日本政府在国际和国内两个层面宣传自己、打造自由贸易"旗手"乃至"主导者"身份的良机。虽然日本只有在CPTPP中真正发挥了主导作用，其他的"巨型FTA"均为主要参与方，但日本充分活用了主导CPTPP的案例，例如，在继续强调推动CPTPP核心地位的同时，适时提高对于其他"巨型FTA"的重视度，并试图以CPTPP为模板推动部分"巨型FTA"的贸易规则制定和修订。严格来讲，在安倍政府不断地自我宣传以及特朗普政府的放任之下，日本的确较大程度上提高了在亚太地区乃至全球范围内的经贸规则制定话语权。

岸田文雄在执政期间表达了继续推动"巨型FTA"战略的意图，这说明，日本有进一步深化"巨型FTA"战略的可能，日本在全球自由贸易领域的规则制定话语权或会继续得到提升。

5.1.3　巩固亚太经济合作战略并向"印太"延伸

日本"巨型FTA"战略演化自日本FTA战略，由于时机尚未成熟，日本在2002年推出FTA战略时制定的主要推进原则之一是"重点先行"。所谓"重点先行"是指日本在综合把握本国的FTA推进现状、各区域之间的贸易自由化水平、价值链整合状况等的基础上,确定将推动以"中日韩+ASEAN"为核心的东亚经济联合作为其FTA战略的首要推进目标,先将大多数精力投入至此。不过,日本在稳固周边的同时,也没有放弃同太平洋沿岸国家发展EPA伙伴关系,例如,日本在2005年和2007年先后同墨西哥与智利谈判生效了双边EPA。之所以同墨西哥进行EPA谈判,是由于日本将其定位于进入美国市场的门户;而智利积极推动EPA/FTA战略,在中南美各国中属于贸易依存度较高、政治经济相对稳定的国家,另外,从发展中南美外交的视角来看,日本认为同智利进行EPA谈判大有裨益。① 同墨西哥与智利的EPA协定一定程度上为日本启动以亚太地区为目标的"巨型FTA"战略积累了经验,奠定了基础。

日本面向亚太地区实施"巨型FTA"战略有其思想渊源,主要指的是20世纪60—80年代的环太平洋合作思想。2010年前后,日本判断将FTA战略修正为稳固周边、放眼亚太的时机已基本成熟,遂开始布局推进"巨型FTA"战略。日本在一系列的政府公文中作出了表态和部署,例如,2010年的《关于全面经济合作的基本方针》指出亚太的安定繁荣对日本而言是生死攸关的事情;② 2012年的《日本再生战略》中提出了"亚洲太平洋经济战略",虽然该战略制定的"到2020年完成建设亚太自贸区,使人、物、钱的流动翻倍,EPA覆盖率达到80%左右"③ 的目标未能实现,但至少反映了日本想要加速推动亚太自贸区的信心和决心。日本于2013年前后实际启动了"巨型FTA"战略,除日欧EPA之外,其推动的主要"巨型FTA"基本在亚太区域内,这说明"巨型FTA"战略是日本亚太经济合作战略的重要组成部分。日本推进该战略实际上也是巩固其亚太经济合作战略的过程。

另外,"巨型FTA"战略是近年来日本对外战略的重点之一,在推进方向上有呼应其他外交战略的需求。无论在安倍政府时期还是菅义伟和岸田文雄执政时期,"印太战略"都得到了足够的重视,"俯瞰地球

---

① [日]外務省『日本のFTA戦略』、2002年10月、https://www.mofa.go.jp/mofaj/gaiko/fta/senryaku_05.html。
② [日]外務省『包括的経済連携に関する基本方針』、2010年11月6日、https://www.mofa.go.jp/mofaj/gaiko/fta/policy20101106.html。
③ [日]内閣官房「日本再生戦略 ~フロンティアを拓き、『共創の国』へ~」、2012年7月31日、https://www.cas.go.jp/jp/tpp/pdf/2012/2/10.20120918_5.pdf。

仪外交"也已经从亚太地区扩容到印太地区，[1] 这意味着"巨型FTA"战略不可避免地会增添"印太"色彩。实际上，在日本"巨型FTA"战略实施过程中，已经逐渐显露出与"印太战略"捆绑的迹象，主要体现：其一，日本在 RCEP 谈判过程中不顾成员国经济水平参差不齐的现状而与澳大利亚联手推行"高标准"贸易规则，另外，在印度退出RCEP 事宜上，日本一度反应过激，即便在印度退出之后，日本依然将规劝其重返作为重点目标之一；其二，在中国加入 CPTPP 事宜上，菅义伟的"以（中国）现有体制加入有难度"[2] 的表态可以说代表了日本在此事上的主流意见，另外，也不排除日本联合同为美国盟友的加拿大等国在中国加入 CPTPP 一事上制造更多障碍的可能。

简言之，亚太地区的重要性日益提升，亚太已成为世界经济最为活跃的地区，"世界地缘政治中心逐渐向亚太地区转移"[3]。日本基于"重视亚太"的传统理念布局启动了"巨型 FTA"战略，这既是对日本 FTA 战略的提升和转向，也在很大程度上巩固了日本亚太经济合作战略。在"巨型 FTA"战略取得一定进展的同时，日本没有忘记在外交体系中重新布局该战略，有意识地使该战略向"印太"延伸。日本这样做可以更好地贯彻复合平衡策略，助力推进"印太战略"，在外交战略推动上实现多层保障，使各项战略相互支撑，从而谋求国家利益的最大化。

5.1.4 复合平衡思维深化和丰富了日本 FTA 战略

21 世纪以来日本 FTA 战略的现实主义色彩渐浓。战后日本奉行多边主义，力求在关贸总协定（GATT），后为 WTO 的框架内处理问题，重视国际制度建设，外交政策与理念更多地体现为新自由制度主义特征。冷战后，经济全球化与 IT 化发展迅速，各国经济相互依赖程度加深，发展差异性日益显著，在关税方面各国设置的壁垒也千差万别，日本在经济层面上面临着越来越大的挑战。另外，WTO 成员方数量不断

---

[1] 吴怀中：《安倍政府印太战略及中国的应对》，载于《现代国际关系》2018 年第 1 期，第 13 页。

[2] ［日］NHK「菅首相　中国のTPP参加『今の体制では難しいと思う』」、2021 年 1 月 3 日、https://www3.nhk.or.jp/news/html/20210103/k10012794881000.html。

[3] 高文胜：《南太平洋能源战略通道的价值、面临的风险及中国的对策》，载于《世界地理研究》2017 年第 6 期，第 3 页。

增加，日本判断一直以来的单纯依靠 WTO 框架来处理自由贸易问题的做法或许会在效率和效果方面出现问题，因此将视线也投向了推动 EPA/FTA。跨入 21 世纪，日本着手推动 FTA 战略。日本 FTA 战略在推进方面制定了若干基本原则，其中就有与各方保持平衡的原则。例如，"从日本、美国和欧洲之间构建平衡关系的视角来看，通过同欧洲的 EPA/FTA 来强化经济合作这种想法是可行的"①。不难看出，这里强调的是在世界经贸合作领域日美欧之间应保持平衡，包含有三角平衡的战略思维。另外，日本强调"在 EPA/FTA 战略中，应在密切关注 WTO 谈判进展的基础上，将如何定位日美关系和日欧关系视为东亚 EPA/FTA 后的长期课题"②，这可以说明，日本在启动 FTA 战略之初就已经将平衡视为应长期遵循的原则。不过，必须承认的是，日本在此时的 FTA 战略中采取的平衡策略虽可被视为复合平衡的雏形，比如日美欧三角平衡、中日韩三角平衡等，但是相对而言还没有充分体现出复合的、多层的特点。换言之，日本在实施"巨型 FTA"战略时才逐渐体现出显著的复合平衡特征。

"巨型 FTA"战略是日本在实施 FTA 战略到一定阶段后适应国内外新形势主动求变的结果，既是日本 FTA 战略的高级发展阶段，也是其战略延伸。日本"巨型 FTA"战略既具备日本 FTA 战略的基本特征，例如亚太指向明显，注重平衡策略等，又有自身鲜明的特色，例如虽同为平衡策略，但相比于日本 FTA 战略寻求日美欧三角平衡、中日韩三角平衡的相对单一的思维，日本"巨型 FTA"战略的平衡策略表现得更为丰富多样，而且依据实施的目标对象不同，其在推动过程中体现出的平衡思维也往往各异，具有多层的复合平衡特征。简而言之，日本"巨型 FTA"战略的复合平衡思维进一步发展了日本 FTA 战略的平衡理念，大大深化和丰富了日本的 FTA 战略。

5.1.5 进一步强化了官邸主导的组织制度

日本"巨型 FTA"战略的组织制度是官邸主导制。安倍长期执政期间，"强官邸"的特征明显。所谓官邸，是指日本内阁总理大臣（即

---

①② ［日］外务省『日本のFTA戦略』、2002 年 10 月、https://www.mofa.go.jp/mofaj/gaiko/fta/senryaku_05.html。

首相）履行职责的场所。不过在国际政治范畴中，论及日本的首相官邸，更多的是将其视为决策机构，而非实际的建筑物。该决策机构一般包括首相、副首相、官房长官、各省的大臣等，以内阁为主要权力基础来进行政策运营及政策决定等。日本官邸主导制的强化开始于20世纪80年代前首相中曾根康弘的"官邸改革"，其核心是扩充首相（官房长官）的直属机构和人员。改革的主要原因是作为执政党的自民党内"族议员"与各省厅的干部掌握大量实权，经常为特定领域或者是小团体谋利，而推动"官邸改革"可以减少这种现象，提高政策制定和实施的效率。"族议员"是指通过自民党的政务调查会和国会委员会形成的，具有强大影响力的国会议员。① "这些议员与特定的省厅关系密切，并与省厅辖下的相关行业进行合作，极力扩大其在选区的影响力。"②"族议员"精通所在领域的具体状况，能够在很大程度上对相关政府部门的决策制定施加影响，维护其所属集团利益的特征明显，例如财政族、商工族、外交族、国防族、农林族、运输族等。1994年之后，日本在众议院选举中导入小选举区和比例代表并立制，以期强化首相权力。③ 在该选举体制下，若想当选众议院议员，需要获得广泛支持，而非只获得特定领域的支持，这样一来，"族议员"与掌控特定领域的省厅之间的紧密联系出现了变动，"族议员"体制也出现了弱化。但即便如此，"族议员"的影响仍不可小觑，例如，在TPP谈判中，比起与他国交涉，日本政府在国内，特别是自民党内的农林族身上耗费的精力更大。不过，整体而言，经过了"官邸改革"，日本在20世纪90年代后出现了"官邸强化"趋势，包括首相辅佐官、副大臣等人员也进入官邸中，④ 到21世纪初小泉纯一郎执政时期，官邸主导制得到了前所未有的强化。"随着2012年安倍再度执政，对外决策中官邸主导的格局基本形成。"⑤ 还是

---

① ［日］猪口孝：『国際関係の政治経済学—日本の役割と選択』、東京大学出版社、1985年、14~15頁。

② ［日］五十岚晓郎：《日本政治论》，殷国梁、高伟译，北京大学出版社2015年版，第78页。

③ ［日］饭尾润：『政権交代と政党政治』、中央公論新社、2013年、141頁。

④ ［日］待鸟聪史：「官邸権力の変容—首相動静データの包括的分析を手がかりに—」、『選挙研究』31巻2号、2015年、24頁。

⑤ 张勇：《摆脱战败：日本外交战略转型的国内政治根源》，社会科学文献出版社2020年版，第60页。

以 TPP 为例，2013 年，设置 TPP 综合对策本部是日本"巨型 FTA"战略中官邸主导制得到强化的集中体现之一。该对策本部受首相和官房长官的直接领导，除本部长、首席谈判官之外，设有"国内调整总括官"来协调国内各方，主要包括各省厅以及国会等，另外，还需要向国民进行情况通报。[1] 设置该职位的意义重大，主要在于加强了与掌握实权的"族议员"以及各省厅之间的协调，实际上是对其权力进行了限制，增强了首相官邸的权威。特别是，在 TPP 谈判中，农业领域的开放问题被视为最大难关，遭受的抵制也最为猛烈，"国内调整总括官"在首相官邸授意下同农林省以及自民党内的农林族等进行协调，大大提高了日本整合国内的效率，为顺利推进 TPP 等"巨型 FTA"夯实了基础。其后，TPP 综合对策本部经过改组，将日欧 EPA 和日美贸易协定纳入其中，在推进这些"巨型 FTA"过程中发挥了重要作用的同时，也使得日本"巨型 FTA"战略的组织制度——官邸主导制得到进一步的强化。官邸主导制得到强化不仅可以有利于该战略的顺利实施，而且在日本推行对外政策、推动国内各领域的改革等方面产生积极影响。

5.2 日本"巨型 FTA"战略的制约因素

作为 21 世纪日本自由贸易战略以及经济外交的重要组成部分，"巨型 FTA"战略自实施以来取得了一些进展。虽然该战略有进一步发展的空间，但有诸多因素对其形成了制约，既包括自身定位等内部因素，也包括外部政治经济环境因素。

5.2.1 国家实力与战略定位不相匹配

日本在实施"巨型 FTA"战略方面有"雄心壮志"，希望借此完成自由贸易"旗手"乃至"主导者"国家身份的建构，但其国家实力不足以"服众"，即没有正确看待国家实力与战略定位之间的关系。从经

---

[1] ［日］内閣官房「TPP（環太平洋パートナーシップ）政府対策本部の設置に関する規則」、2013 年 4 月 5 日、http：//www.cas.go.jp/jp/tpp/tppinfo/2013/pdf/130405_tpp_sourikettei.pdf。

济上看，日本虽为 GDP 第三大国，但是体量跟前两位相比差距过大，以 2020 年为例，排名第二的中国 GDP 总量约为日本的 3 倍。日本有通过实施"巨型 FTA"战略争夺国际经贸规则制定话语权的意图，该意图在安倍政府时期最为强烈，菅义伟和岸田文雄政府时期虽有所逊之，但也表态沿袭安倍的政策主张。日本也通过主导 CPTPP 和推动日欧 EPA 等获得了一些话语权。但从 GDP 视角而言，与中美两国相比，日本只能算作中等国家，国家实力有限，因此即便在亚太地区的大多数"巨型 FTA"中出现日本身影，但究竟有多大意义还有待观察。因为假若中美两国单方面或双方均缺席，会使"巨型 FTA"出现大国失位现象，继而对该"巨型 FTA"的规模和发展产生影响。

另外，在推动 TPP/CPTPP、RCEP、日欧 EPA、中日韩 FTA、新时期日美贸易谈判和亚太自贸区方面，目前，日本取得的成果主要包括主导 CPTPP、推动日欧 EPA、新时期日美贸易协定以及 RCEP 成行，但分析下来，日本的大多数成果似有名不副实之嫌。首先，日本虽然主导 CPTPP，但其主导地位更多的是基于利益让渡以及斡旋协调的结果，并非国家实力的绝对体现，实际上，当初加拿大就曾对日本的主导地位有过微词。其次，日欧 EPA 是双方推动的结果，同时也是对抗特朗普"美国优先"主义的需求。再次，作为两大当事国之一，日本在推进新时期日美贸易协定成行中的确发挥了作用，但最大功劳应归属于美国的大力推动和施压。最后，RCEP 为东盟主导，日本联合中国等其他国家共同推动该协定走向成行，只能说是发挥了一定作用。基于此，日本迄今为止取得的成果实际上存在说服力不足的现象。

日本推动"巨型 FTA"战略的主要目的是，通过该战略发展经济，完成自由贸易领域国家身份建构的同时，实施复合平衡策略，巩固日美同盟，对中国进行制衡，谋求国家利益最大化。可见，日本是有在"巨型 FTA"战略中取得全面胜利的战略意图的。例如，菅义伟在 2021 年初的施政方针演说中就"巨型 FTA"战略明确提到了 CPTPP 扩容和 RCEP 成行，2021 年上半年，时任外务大臣茂木敏充在国会答辩时强调日本要在 RCEP 后续升级和扩容中发挥领导作用。对于中日韩 FTA，日本主张要在"RCEP +"的基础上加快推进，认为日美两国之间有必要推动第二阶段贸易谈判，还多次表态要在亚太自贸区建设中取得主导地位。不过，严格来讲，按照日本目前的国家实力，如果集中在个别"巨型 FTA"中获取主导并在后续的扩容等问题上继续保持优势的话或许没有问题,类似于东盟领导 RCEP,但想全面取得优势不太现实。换言之,日本对"巨型 FTA"战略的期待越高,战线越长,国家实力越难以提供支撑。以 RCEP 升级为例,按照相关规定,RCEP 在正式生效后每 5 年迎来一次贸易规则调整,即升级机会,日本即便主张用 CPTPP 和日欧 EPA 的"高标准"贸易规则来框定 RCEP 升级,但一些经济发展水平较差的成员未必买账,而日本并没有绝对的实力使这些国家顺从,况且 RCEP 的主导方为东盟,此外,还有中国的存在。另如,在 CPTPP 扩容中,对于中国加入 CPTPP 问题,日本大概率会借主导国身份设置障碍,但多数成员未必追随,而是会基于国家利益等要素作出最优选择。

简言之,日本希望越过国家实力基础来追求国家定位的极大提升,这显然是不现实的,也是该战略自身所固有的不足。

5.2.2 实用主义思维影响战略格局

日本是一个重视实用主义的国家。19 世纪末,有美国留学经历的元良勇次郎在日本国内发表杜威心理学相关的论文,这或许成为实用主义在日本传播的开端。[①] 这说明,产生于美国的实用主义哲学传入日本已超过了一个世纪,但该哲学对日本文化影响几何,学界仍在一定程度上存在争论。例如,有学者主张日本有自己的实用主义文化传统,"岛国根性""现世思想""山地伦理""灾难意识""耻感文化""自然崇拜""无常观"等日本传统文化中本就蕴含着实用主义的思想元素,在此基础上,一定程度上糅合了中国、欧美等外来文化,最终形成了日本独特的实用主义思维,而美国的实用主义哲学并未对日本的实用主义文化产生大的影响。[②] 实际上,实用主义并非只有特定国家才具备的文化形态,每个国家都会有实用主义哲学,不过,具体特点、适用领域、深度及广度等常常因国家不同而各异。以日本外交领域为例,日本实用主

[①] 卞崇道:《战后日本实用主义哲学》,载于《日本研究》1989 年第 1 期,第 68 页。
[②] 张雅意:《实用主义与日本对华政策研究》,中国经济出版社 2012 年版,第 25~52 页。

义文化中的例如精于计算的"町人根性"①等就常有体现。基于实用主义原则,日本虽然将日美同盟视为战后外交基轴,但也不会放弃同中国发展经贸关系,采用对冲战略来维护本国的国家利益。在外交领域中,对冲战略的基本形态是,一国在同时交往的两国之间左右逢源,借助于单方的影响来牵制另一方,以维系与双方的动态平衡。对于这一点,河合隼雄曾在其"中空结构"概念中有过阐释,即日本有在同一系统中容许存在两种截然相反意见的传统,对于实施对冲有较为深刻的理解。② 这种基于实用主义的对冲策略甚至可以说已成为日本外交的基本特征之一。

作为主流哲学思想之一,实用主义虽然在日本也经历过盛衰转换,但已深深融入并扎根于日本文化土壤之中,这使得日本在制定各项战略时会潜移默化地遵从实用主义原则,并且从其战略实施过程等方面来看,实用主义已成为基本指导原则之一。例如,著名学者平野健一郎就日本外交应有的姿态谈到,"并非要从大的方面谈日本应该自主外交,应该制定日本长期的、根本的政策等,而是应该改善日常问题的处理方法"③,这是典型的实用主义处事思维,可以说,这种思维在日本外交中已经根深蒂固。日本推动巨型 FTA 战略亦然,既想维系同美国的关系并期待扩大对美出口,又想分享中国经济发展的红利,在这种实用主义心理的作用下,日本一方面希望美国能够继续在亚太经贸领域产生影响并作出一些积极努力,另一方面,例如在特朗普执政时期日本携手中国对抗单边主义维护世界多边体系的倾向也非常明显。

由于实用主义已成为日本文化中非常重要的一部分,这让日本在制定外交战略时与一些国家相比更看重于眼前的利益,导致在战略目标的制定和实施等方面相对而言缺乏大局观和远见,而这也是日本在战后并没有推出官方版本的国家大战略的原因之一。具体到"巨型 FTA"战略而言,日本对中国采取的战术大致有两种:一是对中国实施威胁制衡;二是通过经济往来获取利益。其并没有从发展中日关系的视角来设

---

① 所谓"町人"指以江户(东京的旧称)、京都和大阪为首的各城市的"市民",包括商业从业人员、工匠与各种劳动者等。其中大商人的货币财富远远超过大名。参见:[日] 井上清:《日本历史》,闫伯纬译,陕西人民出版社 2011 年版,第 148~149 页。

② [日] 河合隼雄:『中空構造日本の深層』、中公文庫、1999 年、60~61 頁。

③ [日] 平野健一郎:「日本のアジア外交」、引自林健太郎:『アジアのなかの日本』、東京大学出版会、1975 年、241 頁。

计与中国的相处模式。2014年11月中日两国达成四点原则共识，其后两国关系出现了一定程度的回暖，但日本在安倍二次执政末期又习惯性地选择了战术摇摆。菅义伟和岸田文雄在各自执政期间，基于自身政权的特点选择向美国靠拢，通过所谓的日美印澳"四国联盟"等在"巨型FTA"战略中注入更多的"印太战略"色彩，例如规劝印度重返RCEP制衡中国，在中国加入CPTPP问题上轻易"定调"等，企图将经济问题政治化，但同时又不想放弃与中国发展经贸往来。综上，虽然日本在"巨型FTA"战略推进方面取得了一些成果，但其根深蒂固的实用主义思维在很大程度上影响了该战略的设计和格局，使日本"巨型FTA"战略所能达到的高度受限，其自由贸易"主导者"身份建构的完成更加遥遥无期，获取亚太自贸区建设主导权的终极目标也难以实现。

5.2.3　政权更迭增加政策不确定性

本部分中的"政权更迭"指安倍二次执政卸任后的政权交接。从演变进程来看，日本"巨型FTA"战略所取得的成功与前首相安倍关联密切。安倍二次执政开始于2012年底，而"巨型FTA"战略实际启动于2013年前后，可以说，安倍内阁是日本"巨型FTA"战略的最大推动者。当然也有其他的推动者发挥了重要作用，例如以经团联、经济同友会、商工会议所等巨头为代表的经济界等。安倍从一开始就将"巨型FTA"战略定位于日本在自由贸易领域的重要政策课题之一，希望该战略在助力经济温和复苏的同时，对其推动的"安倍经济学"形成强有力的支撑。安倍在战略推进方面亲力亲为，以推动数字贸易为例，其以"巨型FTA"战略为发展平台，通过在国际上积极发声来提高日本在数字贸易规则制定领域的话语权。例如，安倍在2019年1月世界经济论坛达沃斯年会上发表演说，提出了DFFT（data free flow with trust）概念，即"值得信任的自由数据流通"，将其定位于数据管理的基本理念，认为今后几十年内带给人类成长的是数字数据，呼吁建立应对DFFT的体制。[①] 2019年6月G20大阪峰会上，安倍宣布成立"大阪TRACK"。"大阪TRACK"成立的目的是推进数字经济，特别是与数

---

① ［日］首相官邸「世界経済フォーラム年次総会　安倍総理スピーチ」、2019年1月23日、https：//www.kantei.go.jp/jp/98_abe/statement/2019/0123wef.html。

流通和电商交易相关的国际规则制定。另外，安倍内阁通过创造一些新概念，如自由贸易的"旗手""主导者"等向国内外大力宣传日本"巨型 FTA"战略，还指定时任经济产业大臣的茂木敏充具体负责推进工作，成立 TPP 综合对策本部来统筹推动以 TPP 为核心的"巨型 FTA"等。

菅义伟执政期间，虽然明确表态要继承包括"巨型 FTA"战略在内的安倍的政治遗产，也一定程度上付诸了行动，但一则日本"巨型 FTA"战略在取得一些进展后基本上进入了瓶颈期，难以取得新的突破，暂时只能在 CPTPP 扩容、促进 RCEP 早日成行等方面做文章；二则菅义伟也要打造有个人特色的内政外交，在内政方面，除继续抗击疫情之外，还重点发展数字经济、绿色经济等，在外交方面，则突出日美同盟关系，打造"自由开放的印度太平洋战略"。基于此，在菅义伟执政时期，日本"巨型 FTA"战略并未处于政策最优先顺序上，在其任内，国会批准 RCEP 似乎是日本推进该战略取得的较为明显的成果，而该成果更多的应该属于前首相安倍。岸田文雄上任后，虽然表态推动"巨型 FTA"战略，但是也有自身想要优先实施的外交政策，目前看来，"巨型 FTA"战略并未处于突出的位置，而这一点，与菅义伟内阁颇为相似。

对于政策是否能够延续而言，政权更迭往往是大的不确定因素之一。在各国历史中，类似的例子不胜枚举。以日本为例，20 世纪 70 年代末，前首相大平正芳推出了"环太平洋连带构想"，出访澳大利亚等国积极践行，取得了初步成果。不过，大平正芳于 1980 年 6 月突发心肌梗死病逝，这使得该战略在后续推动方面乏力，时至今日，虽然该战略在日本仍有较大影响力，但不可否认的是，政权更迭使其失去了进一步扩大影响的时机。作为安倍的政治遗产，日本"巨型 FTA"战略虽然获得了菅义伟与岸田文雄政权继续实施的承诺，但与安倍政权时期相比，在推动意愿和力度方面不可同日而语。岸田之后的各届政府对于该战略是怎样一种态度？是大力推进还是普通应对？抑或是消极应对？简言之，政权更迭是日本"巨型 FTA"战略的主要不确定因素之一，或许会在很大程度上限制该战略的进一步发展。

5.2.4　中美日博弈影响复合平衡空间

日本"巨型 FTA"战略的核心理念为复合平衡，复合平衡表现为多种形态，其中，对于日本而言，较为重要的是在中美两国之间寻求平衡，这既源于冷战后日本国家大战略的平衡理念，也由于该平衡能够对其他平衡形成较大影响，可以说在中美之间保持平衡是日本"巨型FTA"战略复合平衡理念的重点之一。

在特朗普执政时期，美国奉行单边主义政策，将中国视为主要威胁，加剧了与中国的摩擦，同时，特朗普对盟友施压，希望减少与日本、欧盟等国家和地区的贸易赤字，从而攫取更多的经济利益。特朗普的"美国优先"政策实际上给日本在推行"巨型 FTA"战略时留下了平衡空间。例如，日本一方面联合美国对中国实施制衡，而另一方面也会对美国实施制衡，通过日欧 EPA 与欧盟一起抵制美国在钢铝关税、汽车关税等方面的施压。另如，安倍在执政期间，在发展日美关系方面强调自己同特朗普的私人友谊，大打"高尔夫外交"与首相外交牌，强化同美国的政治关系，巩固日美同盟；在发展同中国关系方面，通过签署四点原则共识、联手推动 RCEP 等方式谋求改善两国关系。虽然执政末期向美国靠拢的迹象明显，但整体而言，在安倍执政期间，日本在中美两国之间保持了一定的平衡。

在拜登执政时期，美国对于"特朗普主义"进行了一定修正，重拾自由国际主义传统，将重视发展与盟友关系提上日程。就对日政策而言，美国减少了对日施压，强调日本在其亚太战略与"印太战略"中的重要地位，拉拢日本打造"制华统一阵线"。在此背景下，菅义伟与岸田文雄延续了安倍执政末期向美国实施战术靠拢的策略，在任期间将很大筹码压在了追随美国与巩固日美关系上，如推动"2+2"会谈，强化"美日印澳四国机制"等。此外，菅义伟内阁时期，日本政坛的一些政客打着"制华"旗号频繁对中国发难。由于菅义伟在自民党内不属于任何派阀，政治根基不牢，难以控制局面发展，而这种联美"制华"的政情又使得菅义伟进一步将筹码压在美国身上。岸田文雄也有类似的问题，其所在的宏池会虽然历史悠久，但在自民党内影响力有限，这也使得岸田在外交领域内有诸多的顾虑，联美倾向明显。菅义伟和岸田文雄执政期间，日本"巨型 FTA"战略的复合平衡空间受到了挤压，日本在中美之间难以保持平衡，也没有明显的对美经济制衡，中日韩自贸区谈判依然处于停滞状态，中日韩三角平衡也基本上无从谈起，该时期复合平衡的主要特征表现为日本对美追随以及对中国的威胁制衡。

可以看出，中美日三方博弈在很大程度上决定了日本"巨型 FTA"战略复合平衡策略的实施空间。中美竞争加剧只是限制复合平衡空间的变量之一，中日博弈、日美博弈、日本的国内因素，特别是领导人的战略倾向等都构成了重要变量。当下，在中美日三方博弈中，日本战术性靠近美国，这种总体外交指向严重制约了日本"巨型 FTA"战略的复合平衡空间。岸田文雄之后的政权在中美日三方博弈中会采取何种策略、该策略对"巨型 FTA"战略的复合平衡思维会产生何种影响，这些尚需在一个较长的周期内进行观察和研判。

5.2.5　战略自主性受制于日美同盟

二战后至今，日本在外交上尚未完全实现自主。包括美国驻军等在内的安全保障问题一直是日本无法回避的受制于美国的事实。跨入 21 世纪以来，美国多次要求日本在同盟关系中承担对等义务，日本也积极回应并作出了一些努力，如解禁"武器出口三原则"、修改《防卫计划大纲》、调整"日美防卫合作指针"等都属于这一性质。然而，一个简单的事实是，由于在包括防卫在内的绝大多数领域中日本尚未实现与美国的对等，加之历史惯性等因素，当前，日本的外交政策受美国制约的现象依然严重。对日本而言，日美同盟的存在意味着安全得到保障，不过，外交战略从属于美国。[1] 以推进"巨型 FTA"为主要代表之一的自由贸易领域也不例外，"进入 21 世纪后，日本推动任何地区的合作，都会事先请示或知会美国"。[2]

对于日本"巨型 FTA"战略而言，不放弃吸引美国重返 TPP/CPTPP 是重中之重。美国退出 TPP 虽然也给日本带来了机会，但更多的是

---

[1]　王传剑：《美日同盟与冷战后日本的朝鲜半岛政策》，载于《当代亚太》2005 年第 9 期，第 33 页。

[2]　吴怀中：《当代日本的亚太战略》，引自周方银主编：《大国的亚太战略》，社会科学文献出版社 2013 年版，第 106 页。

打击。这是由于：第一，推进 TPP 是日本"巨型 FTA"战略的关键所在，投入的人力、物力和财力最多，寄予的期望也最大；第二，日本尚无法评估美国退出对成员国的影响，例如越南非常期待通过 TPP 赢得进军美国市场的机会；第三，日本缺乏单独领导多边协定的经验。更为重要的是，在日本看来，美国若能重返 TPP/CPTPP，可以最大限度地巩固和强化日美同盟。可以看出，时至今日，日本在自由贸易政策的制定和执行方面依然对日美同盟关系有较大的依赖性。

总而言之，冷战结束之后，虽然美国的国家实力相对下降，但日本认为以科技实力、教育实力等为核心的美国的软资源并没有明显弱化，另外，军事实力等硬资源依然有良好的表现，因此，日本整体上维系了将日美同盟作为外交基轴的传统，在菅义伟和岸田文雄执政期间这种趋势尤为明显。虽然日本多年来一直主张追求战略自主权，小泽一郎的"普通国家论"是其集中体现，但事实上，进入 21 世纪以来，除了在民主党的鸠山由纪夫执政期间日美同盟似乎出现了短暂"漂流"之外，其他时期日本均强调日美同盟于日本外交的基石作用且尽全力维护，这也使得日本外交缺乏战略自主性，"巨型 FTA"战略亦是其中的代表之一。在自由贸易领域中，主导 CPTPP 成行无疑体现了日本较高的战略自主性，貌似实现了突破，但实际上安倍在当时非常在意特朗普对此的反应，这一点从其卸任后的专访中可见一斑。[①] 整体而言，作为战后日本外交的基轴，日美同盟对于日本"巨型 FTA"战略的实施有着巨大影响力。即便成员国中不包括美国，日本在具体推动"巨型 FTA"战略时也习惯性地将日美同盟与美国态度作为重要的考量要素。虽然日本在实施"巨型 FTA"战略过程中也有自主外交的体现，但距离完全自主尚有不小的差距。

小　　结

本章的主要内容是对日本"巨型 FTA"战略进行评估。评估的目的主要有二：其一，有助于更为深刻、全面地认识日本"巨型 FTA"

[①] ［日］安倍晋三、田中明彦（聞き手）：「日本復活の礎となった日米同盟再強化」、『外交』、2020 年、Vol. 64 Nov. /Dec、12 頁。

战略的演变、动因和路径；其二，有助于在此基础上对其进行展望，从而可以更为清晰地剖析日本"巨型 FTA"战略的影响，以利于中国妥善应对。

首先，"巨型 FTA"战略对于日本而言具备巨大的战略价值，主要体现在以下五点。第一，获取了更大经济利益，提高了政治影响力。在经济层面上，"巨型 FTA"战略对 GDP 贡献度高，扩容预期强烈意味着对经济会有更大的拉升空间，另外，为数字经济等新增长点提供发展平台；在政治层面上，有助于日本进一步提高国际影响力，巩固日美同盟及与其他一些国家关系等。第二，提升了国际经贸规则制定话语权。主导 CPTPP、推动日欧 EPA 和新时期日美贸易协定成行，推动 RCEP 签署是日本"巨型 FTA"战略的阶段性成果，这增强了日本争夺经贸规则制定话语权的信心。第三，巩固日本亚太经济合作战略的同时向"印太"延伸。日本"巨型 FTA"战略启动伊始便以亚太地区为重点区域，其后的演进轨迹也基本上证明了这一点，但随着"印太战略"的出台以及深化，日本"巨型 FTA"战略一定程度上出现了向"印太战略"转向的倾向，特别是在 CPTPP 扩容、RCEP 升级和扩容等后续推进中，这种倾向或许会进一步显化。第四，复合平衡思维深化和丰富了日本 FTA 战略。在日本 FTA 战略的初始设计中，"平衡"是其重要推进原则之一。而日本"巨型 FTA"战略是日本 FTA 战略的发展和延伸，在具体推进过程中体现出来的多样的复合平衡理念使日本 FTA 战略得到了进一步的深化和充实。第五，进一步强化了官邸主导的组织制度。自 20 世纪 80 年代以来，"官邸主导"型政治在日本得到了很大程度上的加强，"巨型 FTA"战略在实施过程中，限制了"族议员"权力，设置了高规格的集中领导机构，使"官邸主导"型政治得到了进一步强化，而这显然对于日本推行对外政策、推动国内各领域改革等方面产生积极影响。

其次，日本"巨型 FTA"战略有其自身的限制条件或者说是限度。第一，国家实力与战略定位不相匹配，即日本在战略制定方面没有正确看待实力与定位之间的关系。日本的 GDP 与中美两国的差距巨大且呈现进一步加大的趋势，而"巨型 FTA"往往有规模大、跨区域的特征，需要大国参与，日本并没有正确认识到这一点，而是希望越过国家实力基础来追求"旗手"乃至"主导者"的国家定位。第二，实用主义思维影响战略格局。在日本的传统文化中蕴含有实用主义要素，以"町人根性"等为代表的实用主义思维使日本在"巨型FTA"政策制定和具体实施中更倾向于获取短期利益，影响了战略的宏观设计和实施。第三，政权更迭给政策持续增加不确定性。日本"巨型FTA"战略带有安倍内阁的鲜明烙印，安倍卸任后，菅义伟与岸田文雄内阁均致力于打造自己的施政特色，并未将该战略置于优先顺序上，岸田之后的各届政府如何看待"巨型FTA"战略也存在未知因素。第四，中美日博弈影响复合平衡空间。中美博弈、中日博弈、日美博弈、日本的国内因素，特别是领导人的战略倾向等都构成了重要变量，对于日本"巨型FTA"战略复合平衡的实施空间造成影响。第五，受制于日美同盟，战略自主性差。日美同盟是战后日本外交的基轴，日本"巨型FTA"战略也深受其影响。虽然日本在诸如主导CPTPP成行等方面展现出了一定的战略自主性，但日美同盟或者说是美国因素是其绕不开的重要的考量要素。

第 6 章　日本 "巨型 FTA" 战略的展望

"巨型 FTA"战略是安倍在其二次执政期间正式启动和推进的自由贸易战略，安倍将其视为"安倍经济学"的重要支撑和最为重要的政策课题之一。目前看来，该战略应会长期存在。不过，今后，日本在推动"巨型 FTA"战略时会着重在哪些方面发力尚未明朗。本书尝试结合国内外政治经济形势、中美日三方互动、该战略自身的复合平衡逻辑以及前期取得的成果等对其未来走势进行分析展望，以期为中国更好地进行应对提供些许参考。

6.1　平衡策略方面的展望

日本今后会继续重视并沿用复合平衡策略。复合平衡是日本"巨型 FTA"战略的主要推进逻辑之一，日本在推动"巨型 FTA"时已经运用了形式多样的复合平衡策略。从推动阶段来看，在 RCEP 签署之后，日本"巨型 FTA"战略似乎迎来了瓶颈期。这一点，从菅义伟在 2021 年 1 月国会施政方针演说中就"巨型 FTA"战略仅提及了 CPTPP 扩容和 RCEP 成行便可见一斑。[①] 瓶颈期过后，除个别"巨型 FTA"，如日欧 EPA 已成行升级空间不大之外，预计日本依然会积极推动"巨型 FTA"战略，在大力发展经济的同时，继续贯彻实施复合平衡策略。

在推动 TPP/CPTPP 方面，日本今后面临的最大问题是扩容，既包括中国以及其他经济体加入 CPTPP，也包括美国重返 TPP/CPTPP。在中国加入 CPTPP 问题上，日本会以中国在某些条款上无法对标等为借口

---

① ［日］首相官邸「第二百四回国会における菅内閣総理大臣施政方針演説」、2021 年 1 月 18 日、https：//www.kantei.go.jp/jp/99_suga/statement/2021/0118shoshinhyomei.html。

联合部分国家进行冷处理，其目的是短期内阻止中国加入CPTPP，并将中国加入问题与美国重返TPP/CPTPP进行联动考量。这种逻辑实际上体现的是对中国的威胁制衡以及对美国的利益制衡思维，其中对美国的利益制衡表现为追随。另外，在贸易规则方面日本也面临一些问题。虽然与大部分的"巨型FTA"相比，CPTPP贸易规则具备明显的高水平特征，相对而言，短期内没有升级的迫切需求，但亦存在变数，即美国因素。若美国重返TPP/CPTPP，在规则上除重谈冻结条款之外，不排除会另外附加条件，改变条款内容。简言之，作为重返TPP/CPTPP的条件，美国或会谋求改变或重置相关贸易规则，在一定意义上实现对CPTPP的推倒重来。对于这种可能，预计CPTPP成员会体现为矛盾心态，一方面希望美国重返以获取更多经济利益，另一方面对于贸易规则的重新谈判表现出抵触心理。其中，作为CPTPP主导国，日本的反应或许会更为强烈，在吸引美国重返的同时，也会尽可能联合其他成员对美国实施传统制衡，避免CPTPP出现完全的改头换面。

在推动RCEP方面，日本面临的最大问题是RCEP的后续扩容和升级。在RCEP扩容问题上，日本的最大目标是规劝印度重返RCEP。印度退出RCEP并非临时决策，而是早就有迹可循，在RCEP谈判过程中，出于自身在亚太区域价值链的地位以及保护国内幼稚产业的目的，印度对于RCEP基本上表现为警惕和抵制的态度。印度的这种担忧和抵制的态度在短时间内不可能有大的改变，短期内重返RCEP概率不大。另外，早在2011年8月，日印EPA就已经成行，这意味着印度重返与否对于日本本土企业的意义不是很大，但是对于在东盟各国的日本企业而言，印度留在RCEP中意义重大，可以有助于这些日本企业借道东盟开辟印度市场。除经济意义之外，日本也非常看重印度重返RCEP的政治意义，即在RCEP中基于"印太战略"联合印度对中国实施传统制衡和威胁制衡。RCEP在其成行后，每隔五年迎来贸易规则升级机会。在RCEP升级问题上，日本会继续以CPTPP、日欧EPA为模板来框定RCEP贸易规则的升级换代。党的十九大以来，中国进一步加大国内结构性改革力度，消除贸易壁垒，优化营商环境，从理论上讲，在RCEP迎来升级机会时，中国对标"高标准"贸易规则的能力应会有大的提升，但也不排除国有企业、劳工等个别条款依然存在难以对标的情况，这些条款可能会成为日本等国在规则制定方面对中国实施威胁制衡的工具，从而使 RCEP 的升级更具针对性，在限制中国的同时，谋求自身利益最大化。

在推动新时期日美贸易谈判过程中，日本面临的最大问题是，若第二阶段谈判开启，如何在巩固日美同盟的同时，更好地维护国家利益。日美两国有可能开启第二阶段贸易谈判，这主要基于以下两点理由：其一，美国在 2018 年底发布同日本的贸易谈判目标时列出了 22 项内容①，而最终达成的是以农业为主的《美日贸易协定》以及《美日数字贸易协定》。日本方面一直不承认同美国的贸易谈判是 FTA 谈判，主张其为货物贸易谈判。然而，第一阶段日美贸易谈判远远没有达到美国的预期，基于美日两国之间的不对称权力现状，若美国提出开启第二阶段谈判，日本同意的概率很大。而实际上，自第一阶段谈判开启之后，日本一直表现出配合态势，因此，即便没有美国的施压，日本也会对开启第二阶段日美贸易谈判持积极意向。其二，自由化率不合要求。按照 WTO 关于自由化率的相关规定，对于双边或少数国家之间的贸易协定，要求"实质上所有贸易"的关税减免幅度为 85% ~ 90%。日美两国虽然宣布双边贸易协定中的关税减免率"美国为 92%，日本为 84%"，但这明显是将汽车减免关税计算在内的结果，② 而实际上，美方给出的承诺是"汽车关税减免问题在今后的谈判中讨论"，那么这就不应算作"实质上"的贸易谈判结果，不该计算在内。日美两国政府对此心知肚明，为了使自由化率合乎要求，开展第二阶段日美贸易谈判成为必要。在第二阶段谈判中，日本需要对美国实施利益制衡以尽可能维护国家利益，与日本"巨型 FTA"战略中利益制衡主要体现为"追随"不同，在该谈判中主要体现为"制衡"。同时，日本还有可能与美国联手利用类似于"毒丸条款"的条约对中国实施威胁制衡，该条约已经在美国谈判初期提出的"一般规定"目标条款中有过描述。

---

① 根据美国贸易代表办公室（USTR）网站相关信息，日美贸易协定谈判目标条款包括以下内容：货物贸易；卫生和植物检疫措施；海关贸易便利化和原产地规则；贸易技术壁垒（TBT）；良好监管；透明度、公告和管理；服务贸易（包括电信和金融服务）；货物和服务的数字贸易及跨界数据流动；投资；知识产权；药品和医疗器械的程序公正；国有控股企业；竞争政策；劳动；环境；反腐；贸易救济办法；政府采购；中小企业；解决争端；一般规定；汇率。

② ［日］「偽りの関税撤廃、米の自由化率は実質 6 割どまり―日米貿易協定」、2019 年 10 月 24 日、https：//www.nippon.com/ja/japan – data/h00570/。

在推动中日韩 FTA 时，日本暂时采用的是消极型复合平衡，即既不使谈判破裂，也不积极推动，类似于暂时性搁置谈判。日本之所以采用这种策略，与 2019 年下半年开始日韩两国由于历史认识、劳工、朝核以及领土争议等问题关系再度恶化有关，即将贸易谈判与政治因素进行联动考量。"日韩矛盾不断集聚，最终上升到经济领域。"① 近年来，日韩两国政府在处理双边关系时不得不考虑各自国内的民族主义情绪，表现出的态度都较为强硬。两国虽在个别问题上达成和解，但双边关系难有本质上的改变，中日韩 FTA 进程或继续受其影响。"日韩之间的历史问题从古至今广泛存在。"② 或许这是日韩关系反复恶化的原因之一。不过，长远来看，基于地缘相近、经济互补等诸多因素，日韩两国关系应会有阶段性回暖，两国关系的变动会为日本的中日韩 FTA 推进策略带来变化。另外，中日韩三国就在"RCEP+"基础上加快推动中日韩 FTA 达成过共识，日本如果一直消极应对中日韩 FTA 的话，对于 RCEP 后续升级和扩容中实现自己的预定目标不利，面临边缘化的危险。③ 日本虽然希望以 CPTPP 与日欧 EPA 的"高标准"贸易规则框定其他"巨型 FTA"，但就 RCEP 升级而言，考虑到成员构成、地域因素等，中日韩 FTA 的贸易规则或许更具参考性，毕竟 RCEP 是在"10+3""10+6"基础上推动起来的"巨型 FTA"。综上，今后日本在推动中日韩 FTA 时有可能会采用积极型复合平衡策略，即在适当的时期大力推动中日韩 FTA 的同时，继续基于国家利益最大化的目的对中韩两国实行制衡或者是维系中日韩之间的三角平衡关系。

在今后推动亚太自贸区时，日本会继续采用复合平衡策略。虽然亚太自贸区建设已经明确以 TPP/CPTPP 与 RCEP 为主要实现路径，但也存在变数，主要体现在两方面：一是两大路径究竟是合二为一还是以其中一个为核心尚无法确定；二是美国目前处于搁置推动亚太自贸区的状态，将来是重新启动还是一直搁置无法预料。正因为存在变数，日本在推进亚太自贸区过程中会尽可能地考虑到所有可能。首先，在应对第一

---

① 中国现代国际关系研究院：《国际战略与安全形势评估 2019—2020》，时事出版社 2020 年版，第 161 页。

② [日] 黑泽文贵、[英] 伊恩·尼斯：《历史与和解》，赵仲明、刘爱美、张黎黎、俞婧、王蔚、皇甫彦帝译，南京大学出版社 2018 年版，第 293 页。

③ 杨宏恩、孙汶：《中日韩经贸合作现状、前景展望与政策建议》，载于《国际贸易》2016 年第 7 期，第 27 页。

个变数方面，日本的策略是兼顾 TPP/CPTPP 与 RCEP 两大路径。在 CPTPP 扩容中刻意彰显主导国地位，如基于威胁制衡理念对中国加入 CPTPP 一事持续发表消极言论，在首相及外务大臣等的公开演说中强调日本要引领 CPTPP 扩容等。在 RCEP 的扩容和升级中，日本可能在对 RCEP 签署过程中自身发挥的作用进行夸大的基础上，尽可能地谋求主导地位，进一步构建自由贸易"旗手"乃至"主导者"身份，同时在发展数字经济、完善产业链等环节上对印度提供帮助以期吸引其重返 RCEP。其次，在应对第二个变数方面，日本的策略是继续吸引美国重返 TPP/CPTPP，以及通过美国主导的"印太战略"、日美印澳"四国机制"等将美国的影响力尽可能带入 RCEP，甚至不排除邀请美国加入 RCEP 的可能。日本吸引美国重返 TPP/CPTPP 不仅仅为了巩固日美同盟，更深层面的意图或许是在亚太自贸区建设中确保有美国的存在，从而可以更有效地对中国实施威胁制衡，或者在今后的中美博弈中，日本继续通过两面"下注"使国家利益最大化。毕竟，在 RCEP 中，虽然主导者是东盟，但日本视中国为最大的威胁。日本大概率会将 CPTPP 的"高标准"贸易规则应用到 RCEP 升级中，其国内实际上已经有类似的声音，主要目的是在无法确保吸引印度重返的状况下尽可能通过其他形式在 RCEP 中提高自身的存在感，这样日本有更多机会实施战术摇摆以谋求更多的经济利益。

6.2　经贸与外交层面的展望

6.2.1　依托战略平台加快数字贸易发展

一般认为，数字贸易包括通过线上进行的实物贸易和数字服务贸易。① 作为一种新的贸易形式，近年来，各国高度重视推动数字贸易，日美欧等发达国家纷纷推出了相关战略，继续维持或提升在世界数字贸易领域中的地位，以中国、巴西、印度等为代表的发展中国家也在数字

---

①　中国信息通信研究院：《数字贸易发展与影响白皮书（2019）》，2019 年 12 月，http://www.caict.ac.cn/kxyj/qwfb/bps/201912/P020191226585408287738.pdf。

贸易发展方面投入巨大的人力、物力和财力，成果丰硕，进步明显。

就日本而言，21世纪初，《e-Japan战略》《ICT成长战略》等一系列数字经济与贸易相关战略的推出预示着日本想在该领域有所作为。前首相安倍对发展数字贸易极为重视，特别是在其执政中后期开始明显加大了相关领域投资，并注重在国际上发声，如前述的在2019年提出DFFT概念之后又宣布成立"大阪TRACK"。安倍欲争夺世界数字贸易领域规则制定话语权的底气主要来自于日本在自由贸易领域中取得的成果，其重要载体是"巨型FTA"战略。菅义伟内阁时期，日本高度重视数字经济贸易的发展和改革，将其视为重要的政策课题之一。2021年5月，菅义伟推动包括成立"数字厅"在内的"数字改革相关法"在参议院获得通过。虽然菅义伟的数字改革以实现高度的数字化社会为基本目标，但作为经济成长战略的重要一环，其对日本数字贸易的牵引作用不容忽视，同时，日本数字贸易的发展也会对数字化改革形成强有力的支撑。岸田文雄上任以来，在公开发言中也多次提及发展数字贸易的相关问题。

发展数字贸易的一个重要路径是发挥"巨型FTA"战略的平台效应。日本推动成行的"巨型FTA"战略中，TPP/CPTPP、RCEP、日欧EPA以及新时期日美贸易协定的相关文本中都有电子商务或数字贸易章节内容。其中，RCEP虽然整体上属于高标准贸易协定，但由于照顾到成员国经济发展水平不一等客观情况，无论从内容涵盖面、深度以及执行标准等指标来看，其数字贸易规则与TPP/CPTPP、日欧EPA以及新时期日美贸易协定有一定差距。CPTPP的电子商务章完全复制了TPP的相关内容，因此，二者可等同视之。CPTPP的电子商务章制定有高标准数字贸易规则，而《日美数字贸易协定》则部分超越了CPTPP的电子商务规则水平。[①] 日欧EPA在数字贸易规则水平方面不输于CPTPP的相关内容。因此，整体而言，在数字贸易规则方面，TPP/CPTPP、日欧EPA以及新时期日美贸易协定可基本视为同一层次，均在一定程度上高于RCEP。

另外，数字贸易是数字经济的重要组成部分。当今世界，美国和中国分列世界数字经济领域"两极"的态势已逐渐形成。日本、欧洲等

---

① 李墨丝：《CPTPP+数字贸易规则、影响及对策》，载于《国际经贸探索》2020年第12期，第24~27页。

发达国家或地区在大力发展数字贸易的同时，面临着与"两极"如何共处的问题。目前来看，基于对中国的防范意识、对美国的追随以及数据自由流动等技术层面上的障碍等，日本基本上采取了向美国这一极靠拢的战略，这可能会打破世界数字经济发展格局中的平衡态势。预计今后日本会继续强化这一战略，借助《日美数字贸易协定》等与美国携手在数字贸易规则制定方面提高话语权，维持并提高在世界数字贸易领域中的地位和优势，以更好地服务于国内数字化改革和数字社会的构建。除向美国靠拢之外，日本还会与欧盟、英国等数字贸易强国加强合作，进一步发挥日欧 EPA、日英 EPA 的平台作用，在中美"两极"之外巩固和拓展数字贸易伙伴，寻找更多的发展机会。

此外，日本可能会在同美欧等国家或地区加强合作以促进数字贸易发展的同时，在 RCEP 升级、中国加入 CPTPP 等问题上应用《日美数字贸易协定》等数字贸易规则，维护"高标准"数字贸易大国形象，从而间接有利于本国的数字贸易发展。如前所述，与 CPTPP 电子商务章、《日美数字贸易协定》等相比，RCEP 的电子商务章在某些方面尚存差距。例如，在数据的跨境移动规则、计算机设施位置以及源代码等方面，RCEP 加入了一些例外条款，这使得这些条款在执行力度方面与《日美数字贸易协定》等相比有所逊色。基于此，在 RCEP 升级过程中，日本可能会要求进行一些调整，目的是让 RCEP 电子商务章更接近"高标准"贸易规则，从而力图将其纳入美日欧等国家主导制定的标准体系中，以维护数字贸易规则制定领域的优势地位。在中国加入 CPTPP 问题上，日本同样可能用"高标准"数字贸易规则来进行应对。截至 2023 年上半年，在中国已签署成行的自由贸易协定中，设置有电子商务章的仅有 30% 左右，且在内容、深度、执行力等方面与 CPTPP、《日美数字贸易协定》等有较大差距，这使得在加入 CPTPP 问题上，仅在数字贸易相关条款的谈判上中国就需要付出不小的努力，而这种现状也会成为日本实施复合平衡的筹码。

简言之，虽然安倍政府时期日本深耕数字领域的特征明显，但新冠疫情让日本看到了自身在数字支付、数字生活等方面还存在较大的不足，而这也是当时的菅义伟内阁大力推动数字化改革的主要动因之一。在 CPTPP、日欧 EPA、新时期日美贸易协定等"巨型 FTA"中，电子商务或数字贸易条款成为一大特点，这为日本发展数字贸易，加强同美欧在数字领域的合作创造了条件。今后，日本应会继续大力发展数字贸易，而依托"巨型FTA"战略是重要保障之一。

6.2.2 谋求"旗手"到"主导者"身份的转变

"旗手"与"主导者"显然不是一个概念。在日语中，一般将"旗手"解释为两种含义：一是指在军队、团体的行进过程中持有标志性旗帜的人；二是指在思想、艺术运动中站在前头非常活跃的人。从这两种解释可以看出，"旗手"的主要作用是指明方向或者是引领运动。而"主导者"的话，虽然有可能发挥"旗手"作用，但更大的作用在于统领全局，在对全局进行综合判断的基础上能够作出最终决策。从战略决策层面上来讲，"主导者"高于"旗手"。

日本在推进"巨型FTA"战略过程中意图构建自由贸易"旗手"身份，这种意图是一个逐渐形成的过程，并多次体现在政府公文以及领导人讲话、国会答辩中。例如，日本"巨型FTA"战略的实际推动负责人、时任国务大臣茂木敏充在2019年国会答辩时曾明确指出"作为自由贸易旗手，迄今为止（日本）推动了TPP11、日欧EPA以及日美贸易协定"①。这说明，日本认为上述成果巩固了自己自由贸易"旗手"的身份，在这一点上有充分的自我认同。基于这些成果，日本信心空前高涨，出现了将自身在亚太乃至世界自由贸易领域中的定位进行较大幅度提升的倾向，即企图由自由贸易"旗手"升为"主导者"。对此，前首相安倍在不同场合有过多次表述。例如，在2019年日本国会答辩时，安倍将日本主导或推动的三大"巨型FTA"，即新时期日美贸易协定、CPTPP和日欧EPA进行捆绑，强调三者加在一起GDP会占到世界经济的六成左右，形成巨大的自由贸易圈，而且是以日本为中心构建形成了这一贸易圈。② 安倍如此表态是由于其认为上述三大"巨型FTA"日本均参与其中，而且扮演了主导者或者是推动者等重要角色。再如，"本年度生效的TPP11再加上日欧EPA，一个占世界经济六成、GDP超过

---

① ［日］衆議院「第200回国会 外務委員会 第4号」、2019年11月6日、https：//www.shugiin.go.jp/internet/itdb_kaigiroku.nsf/html/kaigiroku/000520020191106004.htm。
② ［日］衆議院「第200回国会 本会議 第4号」、2019年10月24日、https：//www.shugiin.go.jp/internet/itdb_kaigiroku.nsf/html/kaigiroku/000120020191024004.htm。

5000兆日元的基于自由公正规则的市场已经形成。处于中心位置的正是日本"①。一般而言，从所处位置来看，"旗手"位于前列，而"主导者"处于中心。从这个意义上来说，"以日本为中心"意味着日本想要主导世界贸易圈，这种表达已经超越了"旗手"范畴，特别是在有美国存在的体系中作出如此表态不同寻常，与战后日本重视日美同盟，较少出头的传统外交态度大相径庭，说明基于日本"巨型 FTA"战略推进成果，安倍认为日本已经有资格力争自由贸易"主导者"身份，在这一领域已有足够的筹码与美国进行博弈，获取平等地位甚至于超越美国的地位。实际上，安倍的这种认知是有其基础的，与日本近年来谋求改善日美同盟框架内的不平等性密切相关，其主要手段是通过对《日美安保条约》《日美防卫合作指针》的多次修订，将日美关系从"美主日从"置换为"美主日辅"，这样一来，虽然日美间主次角色依旧，但凸显的却是日美关系从"依附型"到"合谋型"的转换。② 随着不平等关系的逐渐淡化，外交自主性也得到一定程度上的加强，日本从而有更多的底气去谋求"主导者"身份。

　　简言之，日本在推进"巨型 FTA"战略初始阶段虽然也强调发挥引领作用，但并没有特别重视身份建构，且往往是将自己与美国绑定，例如 TPP 即是明显的例证，贯彻的是二战以来重视日美协调，在日美同盟框架内追随美国的路线。2017 年初，美国退出 TPP 使日本"巨型 FTA"战略受到冲击。在这种形势下，日本进行战略调整，在继续挑头推动 TPP 的同时，也开始重视建构国家身份，自由贸易的"旗手"身份便是在这一时期逐渐形成的。日本在战略实施过程中屡屡对外宣称自己为"旗手"，在强化"自我"认知的同时，企图强化"他者"认同。在成功主导或推动 CPTPP、日欧 EPA 和新时期日美贸易协定成行之后，日本认为自己已经巩固这一身份并获得了认可，并有了更高的追求，即在这一基础上努力将"旗手"升级为"主导者"。

　　实际上，日本谋求通过"巨型 FTA"战略建构"主导者"身份有其思想渊源和历史原因。这主要与该战略在国内层面上的思想源头——环太平洋合作思想有密切关联。如前所述，环太平洋合作思想是 20 世

---

① ［日］首相官邸「安倍内閣総理大臣記者会見」、2019 年 12 月 9 日、http://www.kantei.go.jp/jp/98_abe/statement/2019/1209kaiken.html。
② 包霞琴：《转型期日本的对华认知与对话政策》，中华书局 2017 年版，第 218 页。

纪 60 至 80 年代在日本兴起的，包括"环太平洋连带构想"等在内的一系列经济合作思想，强调培养战略主导意识和谋求战略主导地位，这为日本期待通过"巨型 FTA"战略在世界自由贸易领域建构国家身份提供了参考。具体而言是指在推进各种秩序的过程中，通过以日本为主或者至少是合作引领的角色，来获取更多的话语权，在巩固经济大国地位的同时谋求成为政治大国。例如，大平正芳的"环太平洋连带构想"中明确指出，既有需要各国共同推进的课题，也有需要日本发挥主导作用的课题，而这些课题主要集中在经贸、日元的国际地位、资源的合作开发和确保、海运（将日本定义为海洋强国）等方面，对于如何推进各国合作有非常明确且详细的建议，主导意识非常明显。[①] 星野三喜夫认为，20 世纪 70 年代后期，日本就已在精心谋划亚太地区经济秩序的总体框架，并率先提出"跨太平洋"的战略构想，其后又积极主导并创设 APEC 平台等。这些行动与经验，赋予日本在亚太贸易投资等相关议题上特殊的"自负感"。[②] 这种在国际经济文化协作中发挥日本的主动作用或者说引领作用的主导意识在三木武夫、中曾根康弘、铃木善幸的理念中也或多或少地有所体现，对日本的影响不仅仅局限于经济文化方面，在政治、外交方面也有广泛的指导意义和深远影响。

不过，日本的国家身份建构尚存在不小的问题，"旗手"身份是否得以巩固还有存疑，且经常与"主导者"身份相互重叠。在一些重大场合，日本反而有时采用其他更为模糊的说法，例如，安倍在第 74 届联合国大会演讲时指出，"继 TPP、日欧 EPA 之后，在日本的牵引下 RCEP 也正在走向成行"。[③] "牵引"一词既可以适用于"旗手"，也可以适用于"主导者"，这也从侧面说明日本对于自己的国家身份定位并不是非常明确，两种定位之间缺乏清晰的边界。另外，无论是"旗手"还是"主导者"身份，日本与其他国家之间似乎尚未形成明显的"共有知识"。按照温特对于"自我"与"他者"的阐释可知，身份具备主体间性特征，"自我"的身份在其与"他者"进行互动时才能产生意

---

① ［日］大平正芳：『大平正芳全著作集 4』、講談社、2011 年、17、21 頁；［日］大平正芳：『大平正芳全著作集 5』、講談社、2011 年、265－271、345～347 頁。
② ［日］星野三喜夫：「TPP 参加は日本の優先順位の 1 つである」、『新潟産業大学経済学部紀要』第 40 号別刷、2012 年 7 月、37 頁。
③ ［日］首相官邸「第 74 回国連総会における安倍内閣総理大臣一般討論演説」、2019 年 9 月 24 日、http://www.kantei.go.jp/jp/98_abe/statement/2019/0924enzetsu.html。

义，如果"他者"不认可"自我"对于自己身份的认定，那么"自我"的身份认定则没有意义，即"自我"与"他者"之间并未形成"共有知识"。[①] 日本认为自己已经是自由贸易"旗手"，但是在别的国家看来未必如此，即便日本 CPTPP 主导者的身份得到了较为广泛的认可，但是扩大到世界自由贸易领域的话则是另外一个话题。这意味着日本自由贸易"旗手"身份的建构是否完成值得商榷，其自由贸易"主导者"的身份更是谈之尚早。目前，日本"巨型 FTA"战略迎来了相对意义上的间歇期，间歇期过后，日本应会继续将该战略视为自由贸易领域最为重要的政策课题之一，力求在 CPTPP 扩容、吸引美国重返 TPP/CPTPP、RCEP 扩容与升级、日美第二阶段贸易谈判、中日韩 FTA 以及亚太自贸区的建设中进一步显示存在感，提高经贸规则制定权，获取更多国家的认可，以期早日形成并完善同"他者"之间的"共有知识"，从而完成在世界自由贸易领域中的国家身份确认及转变。

6.2.3 巩固在新世纪日本经济外交中的支柱地位

1957 年，日本发布了《我国外交的近况》，这是事实上的第一份外交蓝皮书，从 1987 年版开始，该蓝皮书的名称改为了《外交青书》。在第一份外交蓝皮书中，日本明确将经济外交确定为外交三基轴之一，其他两基轴分别是与亚洲国家的睦邻友好、协调对美关系。日本清醒地认识到限制自己经济发展的一些问题，包括国土狭小、资源短缺等，想要改善国民生活、提升国家实力，大力发展对外经济成为必然需求。经济外交与发展亚洲国家的睦邻友好关系相辅相成，对于大多数亚洲国家而言，日本在经济建设方面拥有很强的技术和工业能力，这使得日本在与亚洲国家发展关系的同时，可以将自身的经济发展经验、技术、资金等向这些国家进行输出，帮助这些国家快速发展经济，增强国力，从而进一步加深相互之间的经济交流。[②] 可以看出，在 20 世纪 50 年代末期，日本对于经济外交的认识更多地集中于稳固周边关系，克服自身经济发展障碍等方面。

---

① ［美］亚历山大·温特：《国际政治的社会理论》，秦亚青译，上海人民出版社 2000 年版，第 412~422 页。

② ［日］外務省『昭和 32 年版わが外交の近况』、1957 年 9 月、https：//www.mofa.go.jp/mofaj/gaiko/bluebook/1957/s32-1-2.htm#a。

而这种认识随着时代的发展以及国内外政治经济形势的转变必然会不断发生变化，与日本在外交整体方向上的契合度也会越来越高。

日本《外交青书》自 2011 年版开始明确设置了经济外交板块。当然，这并非意味着在之前的外交蓝皮书中没有经济外交的相关内容，而是分散于不同的板块之中，采取了多种说法而已。例如，在 1958 年版即第二份外交蓝皮书中，日本在"亚洲关系"板块中设置有"与亚洲各国的经济协作"内容，包括技术协作、亚洲经济开发基金等，另外，在该板块中还有战争赔偿以及相应的经济援助等内容，① 而这些构成了 1958 年版蓝皮书中日本经济外交的主要内容，即以对亚洲各国的经济协作、战争赔偿、经济援助等为核心。再如，在 1987 年版即首次改名为《外交青书》年份公布的蓝皮书中，日本设置了"经济协作现状"章节，包括技术协作、无偿资金协作、政府直接借款、通过国际机构的协作等内容，② 就具体细节来看，该章节实际上可等同视为经济外交章节。而日本之所以自 2011 年版开始在《外交青书》中设置经济外交板块，或许是由于 2010 年日本的内外经济状况发生了较大变化。首先，日本是 2010 年 APEC 轮值主席国，当年 11 月在横滨召开了 APEC 第十八次领导人非正式会议，会后发布了"横滨宣言"，进一步确立了实现亚太自贸区的远景目标，而"横滨宣言"是一个具备地标性质的多方宣言，对日本在世界自由贸易领域显示存在感有一定助力；其次，2010 年 11 月，日本召开内阁会议确立了《关于全面经济合作的基本方针》，指出要加大步伐同世界主要贸易国家与地区进行高水平经济协作，彻底推动国内改革；最后，2010 年 12 月，日本设置了经济外交推进本部，决心要在少子高龄化、财政赤字等困难状况下加大经济外交的推动力度，以更好地克服经济上的种种困难，改善内外经济环境。③

分析 2011 年版以来的日本《外交青书》经济外交板块内容可发现，"巨型 FTA"战略在其中占据了重要位置。如前所述，《关于全面经济合作的基本方针》的出台意味着日本已经下定决心推动以"巨型 FTA"

---

① ［日］外务省『昭和 33 年版わが外交の近况』、1958 年 3 月、https：//www.mofa.go.jp/mofaj/gaiko/bluebook/1958/s33 – contents020201.htm。

② ［日］外务省『昭和 62 年版外交青书』、1987 年 7 月、https：//www.mofa.go.jp/mofaj/gaiko/bluebook/1987/s62 – contents.htm。

③ ［日］外务省『平成 23 年版外交青书』、2011 年 4 月、https：//www.mofa.go.jp/mofaj/gaiko/bluebook/2011/pdf/pdfs/3_3.pdf。

为核心的广域经济合作协定,标志着日本"巨型 FTA"战略基本形成。2017 版《外交青书》中,日本重新定义了推动经济外交的三项核心工作,分别是国际经贸规则制定、官民携手推动日本企业向海外扩展、资源外交及促进对日直接投资。[①] 三项核心工作的说法一直沿用至今,[②] 其中,排在首位的国际经贸规则制定的主要平台是以推动"巨型 FTA"为核心的 FTA 战略,而这也与战后日本的"贸易立国"战略不无关系。1946 年 9 月,日本外务省调查局发布了一份报告,题为《重建日本经济的基本问题》,在分析了日本贸易现状的基础上提出应该摆脱联合军的控制,恢复贸易自由,大力发展对外贸易,[③] 这份报告实际上为日本"贸易立国"战略的出台奠定了基础。20 世纪 40 年代末,日本"贸易立国"战略正式形成之后执行至今。[④] 在该战略的影响下,日本高度重视开展对外贸易,在 1957 年版的首份外交蓝皮书中专门设置了"通商・贸易谈判"章节,对于对美贸易以及东西贸易、欧洲共同市场的形成与 GATT 和日本的关系等进行了阐释。[⑤] 日本"巨型 FTA"战略代表着日本自由贸易战略的最新方向,也是日本"贸易立国"战略的延伸,自然在日本的经济外交中会占据重要位置。此外,"巨型 FTA"战略能够帮助日本获取更多的国际经贸规则制定话语权,对于推动日本企业向海外扩展、资源外交以及对日直接投资等也具备重要意义,据此,将

[①] [日] 外務省『平成 29 年版外交青書』、2017 年 4 月、https://www.mofa.go.jp/mofaj/gaiko/bluebook/2017/pdf/pdfs/3_3.pdf。

[②] 日本《外交青书》与日本外务省网站上对于"经济外交"范围的划分不尽相同。外务省网站上的"经济外交"主要包括四方面内容:一是确保和增进国家经济利益;二是推进国际规则制定和政策协调;三是维持强化与重点国家・地区间的对话与协作;四是其他经济外交议题。2017 版以来的《外交青书》中的"经济外交"三项核心工作在外务省网站中基本上被归类于第一方面内容中。本研究采用《外交青书》中的说法,其原因在于一国的蓝皮书是代表该国政府立场的被国际上公认的官方文件,具备专业性、集约性、权威性等特点,一旦发布,不可更改;而网站内容需要做到面面俱到,而且可以随时调整。

[③] [日] 外務省特別調査委員会:『日本経済再建の基本問題』、外務省調査局、1946 年、124~125 頁。

[④] 跨入 21 世纪以来,日本"贸易立国"战略已经被其他战略取代的言论不绝于耳,但是尚未形成统一观点。另外,以迄今为止尚未完全失去影响的"安倍经济学"为例,其三支箭中的量化宽松政策实际上与刺激出口贸易密切相关,很难说这与"贸易立国"战略毫无关联。此外,"巨型 FTA"战略的实施动因之一是通过促进出口来提振经济。综上,本研究中依然采用日本"贸易立国"战略实施至今的观点。

[⑤] [日] 外務省『昭和 32 年版わが外交の近況』、1957 年 9 月、https://www.mofa.go.jp/mofaj/gaiko/bluebook/1957/s32-2-2-1.htm。

"巨型 FTA"战略视为新世纪日本经济外交的支柱或不为过。

日本"巨型 FTA"战略于 2010 年前后基本形成，2013 年前后正式启动，迄今为止已经在推动 TPP/CPTPP、RCEP、日欧 EPA、新时期日美贸易谈判等方面取得了一系列成果，提升了日本在亚太地区乃至世界经贸领域的规则制定话语权，对 21 世纪日本经济外交形成了支撑。基于此，日本近年来一直将以"巨型 FTA"为核心的经济伙伴关系协定谈判视为其推动经济外交的重要路径，今后在一段时期内应该会继续贯彻以"巨型 FTA"战略为 21 世纪经济外交支柱的这一理念和路线。

6.3 政治层面的展望

6.3.1 强化与 WTO 改革的联动效应

2018 年以来，国际社会主张对 WTO 进行改革的声音日渐高涨。[①] WTO 的确有改革的客观需求。自 1995 年 WTO 成立以来，世界政治经济形势发生了巨大变化，特别是随着新兴国家的崛起以及产业结构的变化，WTO 在应对贸易相关领域的争端时面临着急需提高效率的压力，而这种现状也成为部分国家实施单方面贸易限制和对抗措施的诱因之一。为了更好地抑制保护主义，维护世界自由贸易体系，需要对 WTO 的一些功能进行改革。[②]

在 WTO 改革问题上，一些国家提出了不同的主张。在 WTO 优先改革事项、发展中国家身份认定方式等问题上，以中国为代表的发展中国家和地区与美欧日为代表的发达国家和地区存在认识上的根本差异。美欧日三方之间虽然也有一些分歧，但在一些改革事项上有基本共识，这也是美欧日在 WTO 改革上多次联手的动因之一。而在其基本共识中，利用 WTO 改革限制中国在世界自由贸易领域进一步扩大的影响力是战

---

① 倪月菊：《日本应对 WTO 改革的政策动向》，载于《国际问题研究》2019 年第 2 期，第 102 页。
② ［日］经济产业省『通商白書 2021』、2021 年 6 月 29 日、https：//www.meti.go.jp/report/tsuhaku2021/pdf/03-01-02.pdf。

略核心之一。在此背景下，美国、欧盟和日本启动了三方贸易部长会议，并在每次会谈后发布联合声明阐明三方在 WTO 改革上的主张和举措。所谓三方贸易部长会议最初是由日本提出的。2017 年 12 月，时任日本经济产业大臣世耕弘成发出提议，时任美国通商代表莱特希泽、欧盟贸易专员马姆斯特罗姆响应了该提议，三方于 WTO 第 11 届部长级会议期间举行会晤，会后发表了联合声明。日本之所以提议召开三方会议，其主要目的之一是借助美欧力量更有效地制衡中国。截至 2021 年上半年，美欧日三方贸易部长会议共举行了 7 次，发布了 7 份联合声明。就这些联合声明的内容来看，三方有意识地避免了尚存分歧的领域，如重启上诉机构相关问题，而将主要精力放在了"非市场经济国家"地位和发展中国家待遇问题、知识产权保护和电子商务等具体规则的改革上。针对其中一些问题，美国和日本已经采取了相应的针对性措施，如为了应对所谓的与"非市场经济国家"签署贸易协定的问题，美国已经在北美自由贸易协定的升级版美墨加协定中植入了毒丸条款，在新时期美日贸易协定的谈判目标中也进行了进一步的移植。另外，在具体的贸易规则改革方面，通过比对会发现，美欧日在贸易规则方面的诉求主要以 CPTPP、日欧 EPA 等"巨型 FTA"的相关内容为模板，其中又以国有企业产业补贴、强制性技术转让和市场准入壁垒、知识产权保护等为代表，这说明日本"巨型 FTA"战略与美欧日三方在 WTO 改革上的诉求有较高的联动性。

今后，日本应会希冀进一步强化其"巨型 FTA"战略与 WTO 改革的联动效应，具体而言，或会形成两种新动向。第一，继续通过"巨型 FTA"战略平台对贸易规则进行"试错"和试行，以期为 WTO 改革提供更多的规则样本。贸易规则制定是 WTO 谈判的重要内容之一，以多哈回合谈判为例，主要谈判项目包括农业、非农产品市场准入（NAMA）、服务、规则、开发、知识产权（TRIPS）、贸易与环境等。由于发达经济体与发展中经济体在认识和需求等方面的分歧，一些代表 21 世纪的高水平贸易规则并没有被列入谈判项目中。在这种背景下，日本会进一步通过"巨型 FTA"战略平台，例如在 RCEP 的后续规则升级、中日韩 FTA 的规则谈判中对上述高水平贸易规则进行"试错"，尽可能完善规则模板，以便在 WTO 规则改革方面抢占先机，更好地维护国家经济利益。第二，强调单项或部分规则突破。WTO 之所以在议事效率上为西方国家诟病,是因为其实施的是全员通过原则。160多个国家和地区中既包括发达经济体,也包括发展中经济体,经济发展水平不一,需求各异。另外,不仅发展中经济体和发达经济体之间存在相互牵制的现象,发达经济体之间也不例外,这些情况都导致了 WTO 的议事进程推进缓慢,难以形成利益共同点。面对这种状况,日本有意识地采取了在 WTO 之外引导个别规则谈判率先达成共识,单个突破的做法。以电子商务为例,日本联合澳大利亚和新加坡等主张积极推进 WTO 电子商务谈判的相关国家召开部长级会议,并发布包括美国、欧盟在内的 71 个国家和地区参与的会议共同声明。① 在电子商务发展方面,日本显然是以"巨型 FTA"战略为主要平台,包括 CPTPP、日欧 EPA 的电子商务章以及《日美数字贸易协定》等代表了日本当前在电子商务发展上的最高水平。可以看出,日本将"巨型 FTA"战略与 WTO 改革联动考量的意图明显,今后,在中小企业、贸易圆滑化等 WTO 个别规则突破方面,日本或许会借鉴电子商务规则的做法,进一步加强"巨型 FTA"战略与 WTO 改革之间的联动。

6.3.2 进一步增强战略的政治属性

日本"巨型 FTA"战略兼具政治属性,今后,随着战略的深化和细化,其政治属性有进一步加强的可能。

"巨型 FTA"战略属于国际战略的组成部分,国际战略概念来源于"战略"。"战略本来只与战斗有关"②,这说明战略概念最初具备典型的军事属性。那么何为战略?从字面意思上讲,战略指的是战争或作战的谋略。随着时代的发展,战略概念的范畴显然已不仅局限于军事领域,在政治、经济、外交、生态等领域都发挥了重要作用,这样战略也有了其广义上的概念,即特定领域达成既定目标的具体路径和方法。特定领域的战略首先具备符合该领域的属性,例如经济领域的战略自然具备经济属性。然而,随着全球化的发展,世界扁平化特征越来越明显,各领

---

① [日] 経済産業省『通商白書 2021』、2021 年 6 月 29 日、https://www.meti.go.jp/report/tsuhaku2021/pdf/03-01-02.pdf。

② [德] 卡尔·冯·克劳塞维茨:《战争论 1》,陈川译,民主与建设出版社 2020 年版,第 132 页。

域之间的界限也越来越模糊，某一特定领域的战略兼具其他领域属性的现象也日趋普遍。"巨型 FTA"战略是国际经济战略中的自由贸易战略，经济属性应是其本质属性。但由于冷战后军事等"高政治"因素的重要性相对下移，经济等"低政治"因素日益抬头，政治的高低之分已不再明显，政治经济相互结合已成为普遍现象，这使得许多经济战略在具备经济属性的同时，也往往有政治属性，日本"巨型 FTA"战略也不例外。

  日本"巨型 FTA"战略具备一定的政治属性。以推动 TPP 为例，自美国接管 TPP 起，限制中国就成了 TPP 的主要功能之一，日本推动 TPP 的动因之一亦是协同美国应对"中国威胁"。再如，日欧 EPA 具备日本与欧盟抱团对抗特朗普"美国优先"主义的政治属性。随着"巨型 FTA"战略暂告一段落，日本今后在战略推动方面可能会在更注重细化的同时，强调服务于国家大战略的需求，而增强战略的政治属性则属于其中较为重要的一方面。冷战后日本国家大战略的核心是平衡，日本会考虑联合其他国家制衡中国，同时，出于国家利益最大化的目的，日本也有对其盟友实施制衡的客观需求。此外，日本会在中美两国之间寻求平衡，以更好地实施对冲，即安全上依赖美国，经济上同中国加强联系。同时，日本采取了更为灵活的战术摇摆策略，例如特朗普时期美国在经济上利用关税等手段加大对日本的施压，安倍政府则主动靠近中国，通过中日第三方市场合作、联手推动 RCEP 等力图缓和中日关系；拜登时期美国重新采取了重视盟友策略，菅义伟和岸田文雄政府选择了主动向美国示好。具体到日本"巨型 FTA"战略而言，日本会进一步通过复合平衡策略谋求增强其政治属性。例如，日本在巩固 CPTPP 主导国地位的同时，会继续吸引美国重返 TPP/CPTPP，对中国的加入申请采用冷处理，另外，日本也会依据国内外政治经济形势和日美关系的变化适时调整对美策略，对美国实施经济制衡，提高自身在与美博弈中的地位，谋求从自由贸易"旗手"到"主导者"的身份转变，更好地维护国家利益。

  日本"巨型 FTA"战略增强政治属性的另一重心是与"印太战略"更好地结合，使战略的印太指向更为清晰。"印太战略"最早是日本提出的。安倍于 2016 年 8 月底参加第 6 届东京非洲发展国际会议（TICAD VI）做基调演讲时提出了"自由开放的印度太平洋战略（Free and

Open Indo – Pacific Strategy)"，主张"两大陆（快速成长的亚洲和富有潜力的非洲）"与"两大洋（自由开放的太平洋和印度洋）"的结合所带来的活力是保证国际社会安定与繁荣的关键，认为日本有责任将这一地区培育成为注重自由、法律和市场经济的不受力量和威压支配的地方，希望连接两大陆的海洋成为和平、受规则支配的海洋。[①] 日本"印太战略"在初步提出之后，其演进体现为渐进特征，其中最为重要的是，美国前总统特朗普在任时基本认同了该战略构想。2017 年 11 月，特朗普访日期间与安倍就共同推动"自由开放的印度太平洋"达成共识。[②] 2017 年 12 月发布的美国《国家安全战略》中明确提到了印太地区问题。"印太战略"逐渐成为美日两国主导的地区战略，而且在此过程中，日本基本认同并接受了美国在美日"印太战略"中的领导地位。除此之外，日本还与澳大利亚、印度等国家就推进"印太战略"进行协商，以扩大战略伙伴范围，确认自身在"印太战略"推动实施上的次领导地位。

从日本 FTA 战略的初始设计等因素来看，日本"巨型 FTA"战略的亚太指向特征明显。不过，随着安倍政府大力推进"印太战略"，日本"巨型 FTA"战略中的印太属性日趋明显，前述的多次劝说印度重返 RCEP 即是例证之一。菅义伟和岸田文雄内阁时期进一步推动日美印澳"四国机制"，策划举行日澳"2+2"会谈等，已然将"印太战略"视为其外交核心之一。拜登政府也对继续推动"印太战略"作出了确认。在此背景下，日本今后在推进"巨型 FTA"战略时，应会继续巩固亚太指向，与此同时，在 RCEP 的后续升级和扩容、CPTPP 扩容以及亚太自贸区建设中，可能会进一步强化其战略的印太指向，增强战略的政治属性。

6.3.3　继续吸引美国重返 TPP/CPTPP

自 2017 年初美国退出 TPP 后，无论是安倍还是菅义伟和岸田文雄

[①]　[日] 外務省「TICAD Ⅵ 開会に当たって・安倍晋三日本国総理大臣基調演説」、2016 年 8 月 27 日、https：//www.mofa.go.jp/mofaj/afr/af2/page4_002268.html。

[②]　[日] 外務省『令和 3 年版外交青書』、2021 年 4 月、https：//www.mofa.go.jp/mofaj/files/100181433.pdf。

政权时期，日本一直没有放弃吸引美国重返TPP/CPTPP。日本这样做主要基于如下四大动因。第一，TPP/CPTPP是日本"巨型FTA"战略的核心所在，日本加入TPP的最初设计是与美国共同主导自由贸易秩序。实现战略的最初设计往往具有重要意义。第二，后疫情时代国际政治经济秩序加速重构，日本认为巩固日美同盟依然是其外交上的最大目标，而吸引美国重返TPP/CPTPP无疑有助于这一目标的实现。第三，在中国希望加入CPTPP的背景下，日本认为吸引美国重返TPP/CPTPP是实施平衡的最为有效的手段之一。第四，日本"巨型FTA"战略的终极目标是推动亚太自贸区成行并获取主导地位，而日本认为与美携手有助于实现该目标，因此，尽力使美国身影出现在亚太自贸区的两大路径——RCEP和TPP/CPTPP中对日本而言至关重要。基于此，日本努力维持CPTPP内部成员的团结，翘首以盼特朗普之后美国的重新回归。①

美国重返TPP/CPTPP的确有其有利条件。第一，美国是TPP领导者，经济实力强，与成员国之间贸易往来密切，基于贸易收益以及开拓美国市场的视角，多数成员国望其回归；第二，技术难度小，美国加入只需重谈TPP的冻结条款，而这些条款的绝大多数原本就是美国谋求的内容；第三，拜登及主要内阁成员是多边主义拥护者，拜登本人并不完全排斥重返TPP/CPTPP；第四，目前，在美国参众两院中，共和党和民主党各掌一方，在此期间，拜登政府若提请重返TPP/CPTPP，重蹈奥巴马政府时期TPP遭否决悲剧的概率一定程度上会有所降低。但美国重返TPP/CPTPP也面临一些困难。第一，拜登需要综合考虑各方的政治诉求，这需要一个长期过程，目前来看，该选项基本上遭到搁置；第二，迫于国内相关方面的压力，拜登政府即便决定重返TPP/CPTPP，也可能附加或修改条件，这无疑会使谈判难度加大；第三，日本作为主导国虽希望美国加入，但在自身已获取较高贸易规则制定话语权的背景下，围绕主导权分配问题或会有所举动，在很大概率上会与美国进行博弈。

美国是否重返TPP/CPTPP还有其他方面的制约因素。首先，这与新时期日美第二阶段贸易谈判进程密切相关。2020年1月1日新时期日美贸易协定虽达成，但其成果内容和范围与美方提出的目标条款相去甚

---

① ［日］小原雅博：《日本的选择》，王广涛、丛琬晶译，上海人民出版社2019年版，第206页。

远,这意味着美国有开启下一步贸易谈判的动机。此外,美国或会将第二阶段美日贸易谈判视为协调美日关系的筹码,毕竟,从表面上看,在第一阶段谈判中,在特朗普政府的施压之下,安倍政府作出了较大让步。而如果第二阶段的美日贸易谈判进展顺利,成果符合美国预期,那么美国重返TPP/CPTPP的意愿或会进一步减弱。主要原因在于,在CPTPP的11个成员中,与美国签署FTA的国家已包括加拿大、墨西哥、智利、新加坡、澳大利亚和秘鲁,再加上CPTPP成员中GDP第一大国日本的话,TPP/CPTPP对于美国的经济意义会进一步降低。其次,从贸易规则漏洞来看,美国重返TPP/CPTPP也会受到一定制约。若美国决定重返TPP/CPTPP,则意味着美墨加协定与CPTPP中均会包括美国、墨西哥和加拿大三国,在贸易规则上会产生微型"意大利面碗"效应,即二者的贸易规则产生冲突。以原产地规则为例,美墨加协定比CPTPP严格,美国若重返TPP/CPTPP且不对其相关规则进行修改,墨西哥和加拿大在与美国发展贸易时大概率会选择较为宽松的CPTPP规则,而类似情况在两协定之间还有多处。[①] 若要对相关规则进行修改的话,必然会加大谈判难度,且与CPTPP的加入宗旨相左,即申请加入的经济体要满足CPTPP规则,而非谋求改变CPTPP规则或设置特例。这说明,美国重返TPP/CPTPP并非一路坦途。

2021年9月16日,中国正式申请加入CPTPP并提交了相关资料。中国若成功加盟,则意味着在美国暂不重返的前提下,CPTPP规模明显扩大,大国缺位的问题得以解决;而率先提出申请的英国的加入虽然对GDP占比贡献度较小,[②] 但会使CPTPP在区域层面得到飞跃发展,即超越亚太,走向世界。简言之,CPTPP已正式开启了扩容之路,迎来了新的发展机会。或许对于美国而言,扩容后的CPTPP再一次恢复魅力,充满了可能。随着越来越多的经济体陆续申请加入CPTPP,美国应会慎重考虑何时加入这一行列。着眼于亚太自贸区建设、巩固日美同盟关系以及更好地维护国家利益等需求,日本会继续利用各种机会吸引美国重

---

① [日] 日本テレビ「バイデン政権で米国はTPPに戻るのか?」、2021年3月7日、https://www.news24.jp/articles/2021/03/07/10835201.html。

② 按照2020年的数据来看,英国若加入,CPTPP各成员国的GDP总量占世界GDP的比例仅仅从13%提升到16%。参见:[日] SankeiBiz「英のTPP申請、米国の復帰につなげよ」、2021年2月8日、https://www.sankeibiz.jp/macro/news/210208/mca2102080623010-n1.htm。

返TPP/CPTPP，而且将其与中国、英国加入CPTPP的问题以及"印太战略"、日美印澳"四国机制"等联动考量。日本会在吸引美国重返TPP/CPTPP的同时，有选择地推动CPTPP扩容。基于复合平衡思维，日本不希望在美国重返TPP/CPTPP之前中国加入CPTPP。日本最希望的或许是，美国实现重返后，日美双方共同主导CPTPP的扩容事宜。

小　　结

随着国际政治经济形势的新变化、日本政权更迭等不确定因素的出现，日本"巨型FTA"战略在今后的推动进程中或会出现一些波折，但作为近年来自由贸易战略的新方向和后安倍时期重要的政策课题之一，日本应会坚定不移地贯彻实施该战略。

日本在推动"巨型FTA"战略过程中会更为重视并沿用复合平衡策略。日本的复合平衡理念注重灵活机动原则，在具体推进过程中呈现出不同的层次特征。日本在推动"巨型FTA"战略方面通过贯彻复合平衡理念取得了一些代表性成果，复合平衡已经成为其主要的运行逻辑和推进策略，预计今后会沿用下去。而具体遵循何种复合平衡策略取决于是否有利于最大限度地维护日本的国家利益。

在经贸与外交层面上，今后日本在推动"巨型FTA"战略过程中或许会更为重视以下三方面的工作。

第一，日本会依托"巨型FTA"战略平台加强数字贸易发展。作为一种新的经济发展形式，数字贸易在日本得到了高度重视。安倍执政时期，日本加速推动数字贸易发展，在国际上提出了一些新概念，菅义伟和岸田文雄继承了安倍的理念，重视数字贸易发展，将数字贸易作为拉动经济增长的主要手段。日本"巨型FTA"战略已经通过TPP/CPTPP、日欧EPA中的电子商务章、《日美数字贸易协定》等为日本数字贸易发展打造了较好的平台，今后日本应会继续利用该平台来进一步刺激和推动数字经济和贸易的发展。

第二，日本会谋求完成从"旗手"到"主导者"身份的转变。自由贸易"旗手"是日本在推动"巨型FTA"战略过程中逐渐形成并着力建构的国家身份，虽然难言已完成建构，但至少在"自我"认识方面，日本认为自己已然是亚太乃至世界自由贸易的"旗手"。日本还时常表露出要主导世界自由贸易规则制定的意图，并且即便在有美国参与的情况下，日本也毫不避讳这一点，这说明日本有建构自由贸易"主导者"的愿望。虽然在此过程中，日本经常混用"旗手"与"主导者"概念，对于国家身份定位缺乏清晰认知，但这并不妨碍今后日本在推动"巨型 FTA"战略过程中按照自己的理解谋求完成从"旗手"到"主导者"身份的转变。

第三，日本在今后的经济外交中会进一步巩固"巨型 FTA"战略的支柱地位。1957 年，日本在首份外交蓝皮书中将经济外交定位于战后外交三基轴之一，而发展对外贸易也成为经济外交的重要组成部分，不得不说这与日本在 20 世纪 40 年代末确立了"贸易立国"战略关联密切。时至今日，大力发展自由贸易的理念可以说在日本已深入人心，而自由贸易与经济外交也自始至终处于不可割舍的关系之中。作为 21 世纪日本自由贸易战略的重要一环，"巨型 FTA"战略在日本经济外交中占据了重要位置，在未来的一段时间内这一支柱性地位会进一步得到加强。

在政治层面上，今后日本在推动"巨型 FTA"战略过程中或许会更为重视以下三方面的工作。

第一，日本在推动"巨型 FTA"战略时会继续强化与 WTO 改革的联动效应。日本是多边主义维护者，在其战略设计中，推动"巨型 FTA"是对以 WTO 为核心的世界多边主义的有益补充。WTO 改革在规则方面的核心主张与"巨型 FTA"有高度的重合性和吻合度，鉴于此，日本今后在推动"巨型 FTA"战略时，会进一步联合美国、欧盟及其他一些国家在 WTO 改革的规则议定进程中融入更多的"巨型 FTA"元素。

第二，日本今后会继续增强"巨型 FTA"战略的政治属性。作为自由贸易战略，日本"巨型 FTA"战略自然具备鲜明的经济属性，发展经济是其最主要的目的。同时，该战略也具备较强的政治属性：一是体现为复合平衡理念能够发挥较强的政治功能，日本希望通过推动部分"巨型 FTA"联合美国及其他盟友制衡中国、对美国实施经济制衡、在自由贸易领域建构国家身份等；二是体现为印太指向与亚太指向相互结合，在巩固亚太指向的基础上，对接"印太战略"以强化印太指向或会成为该战略今后主要的发展方向之一。

第三，日本会继续吸引美国重返 TPP/CPTPP。推动 TPP/CPTPP 是日本"巨型 FTA"战略的核心所在，无论是维系与强化日美同盟，还是更好地贯彻复合平衡策略，对日本而言，美国重返 TPP/CPTPP 与否都是最为关键的变量。特朗普在其执政前期，一度声称可以考虑重返，但最终没有付诸实施；拜登在其执政初期，未将重返 TPP/CPTPP 列入需要解决的紧急事项中，而目前看来，拜登政府基本上搁置了该选项。不过，这并未使日本完全放弃劝说美国重返 TPP/CPTPP 的计划。

第7章 日本"巨型 FTA"战略对中国的影响

日本"巨型 FTA"战略对中国有较大影响。这是由于：其一，从区域上看，日本主要以亚太地区为重点推动实施"巨型 FTA"战略，这显然会影响到同为亚太国家的中国，另外，该战略出现了向印太地区渗透的趋势，这跟制衡中国有一定关系；其二，从内容上看，日本推动的主要"巨型 FTA"中，中日韩 FTA、RCEP 以及亚太自贸区都有中国的身影，另外，中国已正式申请加入 CPTPP，即日本"巨型 FTA"战略可以说与中国密切相关；其三，从成员上看，日本"巨型 FTA"战略所涉及的国家或地区绝大多数为 APEC 成员，中国作为 APEC 的一员，一直以来主张发挥该平台在经济整合方面的积极作用，这也使得中国势必与日本"巨型 FTA"战略产生关联。

7.1 日本"巨型 FTA"战略的积极影响

日本"巨型 FTA"战略给中国带来的积极影响主要体现在有助于经贸往来、推进经验为中国提供借鉴、助推东亚及亚太区域一体化进程三个方面。另外，需强调的是，这些积极影响多非日本主观意志的体现，而是战略实施带来的客观结果。

7.1.1 有助于促进中日经贸往来

日本"巨型 FTA"战略推动中日经贸往来主要体现在 RCEP、中日韩 FTA 以及亚太自贸区上。虽然日本一度因固守"高标准"贸易规则而延缓了RCEP的推动进程，但在2018年上半年CPTPP大局已定之后，日本将"巨型FTA"战略重心调整为"携手中国等国家加速推动RCEP与中日韩FTA的签署与生效"。时任首相安倍曾多次表达了该意图。2018年10月，安倍访华期间在与李克强总理的会谈中就"RCEP早期达成与加速推动中日韩·FTA谈判达成意见一致"[①]。在中日等国联合推动下，RCEP于2020年11月正式签署。虽然印度退出，但RCEP仍为世界上最大的贸易协定。特别是，RCEP的签署和成行意味着中日两国之间首次达成EPA，这对于两国的经贸往来而言意义重大。从RCEP中的关税撤销率来看，中日两国之间的关税撤销率各为86%，虽然低于RCEP平均水平的91%，但已经实现了历史突破。另外，RCEP签署之际，从占RCEP成员贸易总额的比重来看，中国对日本的出口贸易额约占6.52%，日本对中国的出口贸易额约占6.13%，分别排第一和第三位，[②] 这足以说明RCEP的签署和成行对于促进中日经贸往来的重要意义。

长期来看，日本推动中日韩FTA以及亚太自贸区同样能促进中日经贸往来。中日韩FTA的贸易规则水平高，区域优势明显，若顺利成行，可以成为东北亚地区高水平贸易合作的典范，对进一步激活东北亚区域经济潜力，维护地区安全，促进经贸往来具有重要意义。另外，中日韩FTA与RCEP是一种互补关系。在推进RCEP过程中，以"RCEP+"的思路来推动中日韩FTA逐渐成为三国的共识，这说明RCEP兼顾多方，包容性强的贸易规则可以在较大程度上为中日韩FTA提供模板借鉴；同时，中日韩FTA的高水平贸易规则可以为RCEP成行后的升级提供"试错"以及示范功能。亚太自贸区是亚太地区最大的自由贸易协定安排，中国对亚太自贸区建设高度重视，日本也将其视为"巨型FTA"战略的终极目标。亚太自贸区的成行离不开成员之间的相互协作，特别是在美国态度尚未明朗的情况下，中日两国的合作至关重要。两国协作已经有很好的基础，例如携手推动RCEP最终签署，开展中日第三方市场合作等均为代表性案例。虽然不时实施战术摇摆，但日

[①] ［日］外務省「安倍総理の訪中（全体概要）」、2018年10月26日、https://www.mofa.go.jp/mofaj/a_o/c_m1/cn/page4_004452.html。

[②] ［日］中田一良：「RCEPの概要と日本への影響～日本、中国、韓国の間で進む関税削減～」、MUFGレポート、2020年12月23日、6頁。

本也清楚保持畅通的经贸往来是维系中日关系的重要保障。日本实施"巨型 FTA"战略的根本动因是维护国家利益，因此其战略设计中提振经济为重要一环，而这显然离不开中国。日本推动 RCEP、中日韩 FTA 以及亚太自贸区客观上为促进中日经贸往来创造了良好条件。

7.1.2 战略推进经验为中国提供借鉴

日本"巨型 FTA"战略的推进经验主要包括建立贸易规则模板、重视早期生效等，这些经验为该战略实施提供了保障，也为中国推动自由贸易区战略提供了一定的借鉴。

其一，建立了以 CPTPP 为核心，以日欧 EPA 为辅助的贸易规则模板。TPP 的贸易规则在长时间的谈判过程中已经得到了成员国的认可，而 CPTPP 基本上保留了 TPP 的规则体系，实际上就是简化版的 TPP。日本直接将 CPTPP 的贸易规则体系作为其推动"巨型 FTA"战略的基础模板，根据具体情况略加调整。以新时期日美贸易谈判为例，该谈判主要达成的两协定中的《日美数字贸易协定》基本上就是 CPTPP "电子商务"章的再现。在其内容中只增加了第 18 条，即"基于计算机社会化网络服务（SNS）的双向服务提供者的民事责任限制"条款，另外，第 13 条"对象金融提供者的金融服务计算设施设置"条款、第 17 条"源代码"条款、第 21 条"使用密码法的信息通信技术产品"条款相较 CPTPP 的内容有不同程度的强化。[①] 日欧 EPA 也起到了规则模板作用，日本在 2020 年同英国的贸易谈判中参考了日欧 EPA 的规则体系和内容。虽然英国已经脱欧，但基于英欧的相似性和关联性，日欧 EPA 的模板效应在日英贸易谈判中发挥了作用，大大提高了谈判效率，使日英 EPA 在不到 5 个月的短时间内顺利签署。当然，英国急于向外界展示自身即便"脱欧"亦有独立签约能力而加速推动谈判固然是不可忽视的一面，但贸易规则模板的存在应该起到了更大作用。

当下，中国力推的"巨型 FTA"主要包括 RCEP、中日韩 FTA 等。虽然中国赞同按照"RCEP+"的思路来推动中日韩 FTA 建设，但这并

---

① [日] 上谷田 卓：「日米貿易協定及び日米デジタル貿易協定をめぐる国会論議—日米間に構築された新たな貿易ルールの特徴と今後の課題 —」，『立法と調査』，2020 年、No. 423、66 頁。

不意味着 RCEP 已经成为中国推进中日韩 FTA 的贸易规则模板，主要原因在于：一是 RCEP 成员诉求具备多元化的特殊性；二是中日韩三国有建设更高标准 FTA 的需求。实际上，日本也明确表示不会在中日韩 FTA 谈判中直接套用 RCEP 的贸易规则。日本之所以如此表态，主要是由于其有 CPTPP 和日欧 EPA 的规则模板，已在日英贸易协定、新时期日美贸易协定中应用并收到了较好的成效，预计日本今后也会力求以 CPTPP 和日欧 EPA 的贸易规则来框定尚在谈判中的其他"巨型 FTA"。简言之，"RCEP +"思路出台的最大目的是协调中日韩三国加快中日韩 FTA 的推动进程，但并非一定意味着中国已将 RCEP 的贸易规则视为今后推进中日韩 FTA 以及其他"巨型 FTA"的规则模板。

建立规则模板的最大优势是可以提高"巨型 FTA"谈判的效率，在具体环节的处理上能够更为得心应手。着眼于自贸区战略的合理布局以及加快区域经济合作的必要性和迫切性，中国应慎重考虑建立规则模板事宜。应该对 CPTPP、日欧 EPA、美墨加协定等高标准贸易规则加大研究力度，实施动态评估，特别是对其中影响中国的条款深入研究，对其他条款推敲探索借鉴的方法。在此基础上，通过 RCEP 以及中日韩 FTA 等谈判逐渐形成相对固定的规则模板，以便在未来的亚太自贸区等"巨型 FTA"谈判中更加游刃有余。

其二，日本在"巨型 FTA"的推进方面非常重视早期生效，为此采用了较为丰富的推动手段。首先是适当取舍。以 CPTPP 为例，该协定在日本主导下生效，相较于 TPP 做了一定程度上的改动，降低了生效条件，对于与美国相关的 20 项条款予以冻结，对加拿大、越南、马来西亚、文莱提出的部分诉求进行了技术性处理，目的只有一个，即"早期生效"。其次是做好事后保障。所谓的事后保障主要指在日本的主导和斡旋下，尽快将 CPTPP 扩容提上日程，包括召开相关委员会，确定加入的细则等，从而可以增强 CPTPP 成员国的凝聚力，也可以为其他一些有意加入的经济体创造条件，提高 CPTPP 的吸引力。再次是选择盟友。日本之所以能够主导 CPTPP，主要原因是美国退出 TPP 后日本顺位上升为 GDP 总量第一国家的缘故。但由于绝对实力不足，日本经过考虑后决定联合澳大利亚共同推动 CPTPP，从结果上看取得了较好效果，并且也没有影响到其主导国地位。最后，加大协调力度。除常规部长级会议、首脑会谈等，在新冠疫情暴发之前，日本增加了出访次数，甚至为了调和其他成员国之间的矛盾而专门出访,即便是疫情期间,日本也经常通过视频会议等方式加强与其他成员国的沟通与联系。

中国在多项"巨型 FTA"谈判中具备 GDP 大国的优势是客观事实,应该充分发挥这一优势,在整合贸易规则上除修炼内功积极对标之外,必要时需作出取舍,在协调成员国方面应主动求变,加大力度,以早期生效为目标。具体而言,中日韩 FTA 谈判进展缓慢,除日韩双边关系因素之外,规则方面意见的不统一以及日本的重视程度不够也是主要原因。特别是就日本而言,虽在谈判启动阶段表现出了较大热情,但进入谈判中后期之后,考虑到"巨型 FTA"战略的设计问题以及谈判难易度,日本将主要精力放在了 RCEP、CPTPP 扩容以及吸引美国重返 TPP/CPTPP 等方面,在中日韩 FTA 谈判上态度相对消极。因此,在推动中日韩 FTA 问题上,中国即便加大协调力度,但短期内空间不是很大。RCEP 虽面临印度退出的困难,但其他 15 国已达成协议。不过,日本的态度充满变数,关于如何规劝印度重返的问题,直至现在日本政府内部并未统一意见。中国应同日本加强沟通和协调,消除不稳定因素,将 RCEP 早期生效以及生效后的扩容等问题作为当前工作的重中之重,之后,再考虑重点推动中日韩 FTA 谈判等问题。在此过程中,参考日本推进"巨型 FTA"的做法,包括适当取舍、选择伙伴等都是值得考虑借鉴的手段。

7.1.3 助推东亚及亚太区域一体化进程

日本对于东亚区域一体化投入了热心和精力。20 世纪 50 年代起,日本就开始通过策划实施东亚区域经济合作战略以谋求东亚区域一体化成行以及在其中获取主导地位,日本政府于 1953 年颁布的《开展东南亚经济合作基本方针》即是其集中体现之一,1977 年"福田主义"的诞生则将这种构想向前推进了一大步。而进入 21 世纪以来,日本东亚区域经济合作战略首先集中体现为东亚共同体构想,在该构想时期,日本区域合作战略的重心在东亚地区。东亚共同体构想首现于 2002 年 1 月日本前首相小泉纯一郎在新加坡的演讲中。另外,在 2004 年 9 月第 59 届联合国大会上,小泉在演讲中明确表示要在东盟加三国的基础上提倡东亚共同体构想。[①] 日本政府在此构想的指导下大力推动东亚地区的区域合作，特别是在前首相鸠山由纪夫执政时期宣传和推动力度较大。鸠山卸任后，虽然仍在各种场合宣传该设想，但实际影响力已经式微。不过，东亚共同体构想并没有被抛弃，其精髓对日本其后的区域经济合作战略以及东亚区域一体化的构想与实践发挥了指导作用。

日本在推动东亚一体化设想的过程中，已经将目光投向了更为广阔的亚太区域，其标志是 2006 年 4 月日本经济产业省出台《全球经济战略》。《全球经济战略》本质上是日本的 EPA 战略，该战略出台的目的是指导日本大力发展经济伙伴关系。在这份战略中，日本提出构筑"开放的亚洲"的重要性，阐释了"10 + 6"设想及日本在其中应该发挥的主动作用，内容中也出现了"强化在亚太地区的合作与联系""在解决全球共通问题方面发挥领导作用"等表述，明确表达了立足东亚，展望亚太这样一种广域战略意图。[②] 正如有学者所言，日本推进 EPA 不只局限于东亚，而是放眼亚太乃至全球范围。[③]

在该战略的指引下，日本多方论证排除困难加入 TPP，目的之一就是借助美国的影响力提高自身在亚太区域经济合作格局中的地位。而在美国退出 TPP 之后，就推动亚太区域经济合作，提升本国地位这一战略层面上看，虽然 TPP 影响力大幅缩水是不争的事实，但递增成为成员国中第一经济大国的日本却迎来了最好的时机，在短短几个月之内安倍政府就明确表达了主导 CPTPP 成行的意图。虽然日本决定主导 CPTPP 受客观因素的影响，但最根本的原因是该决策高度符合日本大力推动的亚太区域经济合作战略以及亚太区域一体化构想，是日本自身的发展需要决定的。

一般而言，区域一体化的发展会经历如下几个阶段：自由贸易区、关税同盟、共同市场、货币联盟、经济与货币联盟以及完全的一体

---

① ［日］松井一彦：『東アジア共同体と日本』、日本参議院レポート、2009 年 8 月 7 日、http：//www. sangiin. go. jp/japanese/annai/chousa/rippou _ chousa/backnumber/2006pdf/20060421107. pdf。

② ［日］経済産業省『グローバル経済戦略〈要約版〉』、2006 年 4 月、http：//www. meti. go. jp/committee/summary/eic0009/pdf/006_05_02. pdf。

③ 周永生：《21 世纪初日本对外区域经济合作战略》，载于《世界经济与政治》2008 年第 4 期，第 74 页。

化。① 依据这种观点，成立自由贸易区充其量是区域一体化的初级阶段，而所谓完全的一体化，应该是包括经济、政治、安全等各领域的一体化，例如欧盟就是一个较为接近的范例。就目前来看，虽然东亚以及亚太地区的一体化遥遥无期，但推动"巨型FTA"可以最大限度上克服"意大利面碗"效应，对于整合贸易规则，在东亚乃至亚太区域形成类似于亚太自贸区的统一自由贸易区大有裨益。从这个视角而言，日本推进"巨型FTA"战略可以为东亚及亚太区域一体化夯实基础，该战略客观上对区域一体化形成了助推作用。抛开一体化进程是一国还是多国主导、究竟是经济一体化还是整体一体化等问题不谈，作为东亚及亚太地区的一员，中国必然会受益于其一体化的推进和发展。

7.2　日本"巨型FTA"战略的消极影响

日本"巨型FTA"战略虽然给中国带来一定的积极影响，但我们更应关注其对中国的消极影响。消极影响主要体现在复合平衡、贸易规则、联盟意识以及数字经济四个方面。

7.2.1　复合平衡包含制衡中国的理念

日本推动"巨型FTA"战略时较大程度上遵循了复合平衡原则。复合平衡理念在日本推动TPP/CPTPP、RCEP、中日韩FTA、新时期日美贸易谈判、亚太自贸区时都有所体现，其中包含了一定的制衡中国的要素。

日本在推动TPP/CPTPP时制衡中国的特征明显。首先，制衡中国是日美两国联手推动TPP的战略动因之一。基于所谓的"普世价值"、共同的"中国威胁论"认知以及日美同盟关系，美国企图通过推进TPP对中国实施封锁，希望日本与己携手，日本则积极回应了美国的这一诉求。日美两国主要通过知识产权、国有企业等中国难以对标的相关贸易规则的设计使TPP成为制衡中国的工具。其次，制衡中国是日本在

---

① 张海冰：《欧洲一体化制度研究》，上海社会科学院出版社2005年版，第4页。

CPTPP 扩容问题上的主要态度和目的。对于美国重返 TPP/CPTPP，日本作为 CPTPP 主导国虽然也有主导地位以及后续发展方向上的一些担忧，但整体上持积极态度，而对于中国的加入申请，日本则无视中国自入世以来在改善贸易环境等方面的努力而一味宣称中国难以对标，明显表现为消极态势。究其根本是将中国视为威胁的存在，在美国有重返 TPP/CPTPP 的预期下，即便牺牲一部分经济利益，日本也会制造障碍使中国难以在美国之前加入 CPTPP，属于典型的威胁制衡表现。

在推动 RCEP 过程中，联手印度制衡中国是日本的主要理念之一。20 世纪末，由于印度核试验问题，日印关系一度跌入冰点，但日益变化的亚太战略环境使两国在 2008 年 10 月印度前总理辛格访日后转为战略伙伴关系，[①] 这为日本联手印度制衡中国打下了基础。RCEP 推进中前期，由于日本"巨型 FTA"战略重心在推动 TPP 上，因此对 RCEP 采取了消极型复合平衡策略。战略实施后期，日本一方面携手中国以确保 RCEP 尽早签署，另一方面拉拢印度、澳大利亚等国对中国实施传统制衡。印度由于自身的种种原因决意退出 RCEP，在此过程中，日本想方设法极力挽留未果。出于提振经济等目的，日本于 2021 年 4 月底最终完成 RCEP 的批准程序，但这并不意味着日本会放弃联手印度制衡中国的战略设计。其一，在日本的大力推动下，RCEP 为将来印度的重返设置了例外条款，同其他经济体加入 RCEP 的条件相比，印度的重返可被视为"不设限"；其二，时任日本外相茂木敏充曾表示要在 RCEP 的扩容和升级中发挥主导作用，结合日本"印太战略"的推进以及日美印澳"四国机制"的动向来看，日本今后会将推动 RCEP 与"印太战略"进行对接，这意味着日本在促使印度重返 RCEP 上有了更多的动力。一旦印度实现重返，日印两国基于所谓的"普世价值"等继续在 RCEP 的后续扩容和升级中对中国实施制衡是大概率事件。

近年来，日本与韩国在劳工、领土等历史问题认识和处理上多次出现激化态势，导致日本在推进中日韩 FTA 时采取了消极型复合平衡策略。至少从目前来看，日本针对的主要对象是韩国，并没有制衡中国的明显表现。不过就该战略的设计而言，日本有制衡中国的意图。其一，按照复合平衡理念，中日韩 FTA 体现出三角平衡特征，而三角平衡本

---

① [美] 苏米特·甘古利：《印度外交政策分析：回顾与展望》，高尚涛等译，世界知识出版社 2015 年版，第 207~208 页。

身就具备三方相互制衡的属性。这说明，日本有通过对中国和韩国进行制衡，从而维系三国关系平衡的战略需求。其二，从产业链视角来看，在中日韩 FTA 这个系统中，日本和韩国在一些产业方面，如日本在精密机床、半导体、电子元器件，韩国在半导体、显示面板等方面处于产业链上游，而在这些领域中，中国相对而言处于产业链的中下游。不过，随着改革开放后特别是跨入 21 世纪以来中国经济的迅速发展，在高端技术产业领域获得了长足的进步，中国在上述产业链中的位置出现了明显的上行趋势，这给日本和韩国造成了不小的压力。在这种背景下，在具备比较优势的产业链上对中国实施制衡成为日本的战略选项之一。

　　在推动新时期日美贸易谈判过程中，日本也有制衡中国的意图。安倍执政时期，特朗普奉行"美国优先"策略，利用不对称权力施压盟友开展双边或三边贸易谈判，① 以便更好地攫取经济利益。在此背景下，新时期日美贸易谈判于 2018 年 9 月得以开启。实际上，在此之前，对于同美国的双边贸易谈判，安倍政府基本上持消极态度。谈判之所以开启，最大的动因是日本无法承受美国威胁追加汽车关税的压力，另外，该谈判使美国在农业领域明显受益，日本再一次通过牺牲部分经济利益换取了日美同盟的巩固。战后，维系和巩固日美同盟是日本对外政策的核心。就日本"巨型 FTA"战略而言，巩固日美同盟也有重要意义。在 2017 年初美国退出 TPP 之后，至少从表面上看，日本"巨型 FTA"战略中的美国色彩几乎消除殆尽，仅在新时期日美贸易谈判中有美国的参与。在诸多战略考量下，日本最终选择了积极推进新时期日美贸易谈判，除了提振经济、稳固日美同盟之外，制衡中国显然也是目的之一。虽然日美双方只是达成了"缩水版"贸易协定，但其中的数字贸易协定中存在针对中国的规则条款即为明显的例证。

　　日本在推动亚太自贸区时既有联合中国的一面，也有制衡中国的意图表现。作为 APEC 成员在自由贸易领域的长期愿景，亚太自贸区的推进并非一帆风顺。美国在奥巴马执政期间将 TPP 视为亚太自贸区的替代品，实质性搁置了亚太自贸区的推进工作。不过，美国却不希望看到中国在亚太自贸区建设中取得主导地位。2014 年底，APEC 北京峰会上将

---

① 张永涛：《21 世纪美日贸易谈判及其对华影响》，载于《国际展望》2021 年第 2 期，第 149~150 页。

亚太自贸区列入正式议程，通过了《亚太经合组织推动实现亚太自贸区北京路线图》，对此，美国国内持疑虑态度的人居多。① 在美国的牵制下，在该峰会上各国对于亚太自贸区建设并未推出具体时间表。与美国不同，日本在经过初期的研判之后便一直对亚太自贸区寄予了厚望，并将推动其成行且尽可能获取话语权视为"巨型 FTA"战略的终极目标。考虑到中美两国在亚太自贸区建设中的地位和影响，在美国暂时搁置亚太自贸区的背景下，联合中国加速推进是日本不可回避的选择。事实上，在 CPTPP 和日欧 EPA 大局已定之后，日本积极联合中国推动 RCEP 签署即是其表现之一，因为 RCEP 是实现亚太自贸区的重要路径。另外，在推进亚太自贸区建设上，日本并没有掩饰制衡中国的意图，包括一直致力于吸引美国重返 TPP/CPTPP，在中国加入 CPTPP 问题上消极表态等均属于这一意图的体现。TPP/CPTPP 是实现亚太自贸区的另一重要路径，日本并不希望中国在两大路径中都具备强大的影响力，考虑到实力因素，联合美国或者是澳大利亚等盟友、准盟友对中国实施制衡是日本推动亚太自贸区的理念之一。

7.2.2 坚持"高标准"规则对中国产生制约

在日本主导或推动的"巨型 FTA"中，有一些具备较为明显的"高标准"特征，如 TPP/CPTPP、日欧 EPA、新时期日美贸易协定等。但是，这并非意味着"高标准"规则为日本所主导。例如，TPP 的"高标准"贸易规则大多是美国主导制定的，CPTPP 沿袭了 TPP 的绝大部分内容，因此与日本并没有多少关联；日欧 EPA 的贸易规则是日本和欧盟共同确定的，日本是重要参与方；新时期日美贸易谈判更多的是美国主导规则制定。因此，整体而言，较为准确的表述应是，日本在其"巨型 FTA"战略推进过程中，非常重视并坚持"高标准"贸易规则，②是规则制定的参与者，推广这些贸易规则符合日本的国家利益。

如前所述，所谓的"高标准"贸易规则主要指"WTO +"条款和

---

① 国家开发银行研究院、中国社会科学院国际研究学部：《亚太自贸区：战略与路径》，经济管理出版社 2016 年版，第 214 页。

② Hidetaka Yoshimatsu, High – Standard Rules and Political Leadership in Japan's Mega – FTA Strategy. *Asian Survey*, Vol. 60, Issue 4, 2020, pp. 733 – 754.

"WTO-X"条款,也被称为"二十一世纪贸易规则",主要特点体现为一个"新"字,其中有一些条款是多数发展中国家在FTA谈判中从未涉及过的内容。例如,中国在2005年之前签署的FTA中没有涉及任何"WTO-X"条款,到2005年成行的中国—智利自由贸易协定中才首次出现环境和劳工政策两项"WTO-X"条款,之后签署的自由贸易协定中该类条款没有明显增加的趋势,直到2015年签署的中韩自由贸易协定中才出现电子商务、金融、电信、知识产权等新的"WTO-X"条款,占CPTPP中同类条款数量的60%左右,不过在内容深度方面与CPTPP等还有较为明显的差距。① 中韩自由贸易协定基本上可以代表目前中国参与推动成行的高标准FTA,这也从侧面看出,现阶段中国在规则对标上还需要进一步努力,日本坚持并推广"高标准"贸易规则的确会加大中国相关FTA谈判的难度,对中国形成制约。

另外,我们还应该看到,由于日本"巨型FTA"战略同时具备明显的政治属性,在"高标准"贸易规则中有相当一部分是日美等国企图制衡中国而坚持纳入的内容。以TPP/CPTPP为例,石川幸一认为TPP/CPTPP的贸易规则中至少有13项条款(包括货物贸易、贸易救济、技术性贸易壁垒、投资、服务贸易、金融服务、电信、电子商务、政府采购、国有企业、知识产权、劳动、透明度与反腐)能够对中国形成牵制。② 当然,近年来,中国不断加大贸易规则对标力度,致力于相关产业的升级、改造等,同时,在国内的自由贸易试验区(港)积极试行更高标准的贸易规则,在某些贸易规则上已经达到了国际标准,这使得"高标准"对中国的制约作用进一步弱化。但不可否认的是,有些贸易规则中国暂时难以实现对标,例如数据跨境自由流动、劳工部分的自由结社和集体谈判以及政府采购等部分章节内容。③ 其中的部分内容会成为中国今后重点改进的对象,另外个别内容暂无法对标,中国可以考虑在相关谈判中通过附加条件等方式处理,不过,这些方式是否会

---

① 沈玉良:《弄清什么是高标准高质量建设自由贸易试验区》,海南出版社2019年版,第6页。
② [日]石川幸一:「米国のTPP離脱とCPTPP合意の意義.TPP11とASEANの貿易、投資、産業への影響」、ITI調査研究シリーズ、NO.68、2018年、18~19頁。
③ 苏庆义:《中国是否应该加入CPTPP?》,载于《国际经济评论》2019年第4期,第119页;刘斌、于济民:《中国加入CPTPP的可行性与路径选择》,载于《亚太经济》2019年第5期,第10~11页。

被接受还存有相当大的变数。

总而言之,日本坚持"高标准"贸易规则本身没有问题,这也是世界自由贸易发展的趋势所在。关键在于,日本忽视了中国等一些国家依然为发展中国家,完全对标尚需较长时间的事实。近年来虽然中国已经充分意识到贸易规则对标的重要性,也加大了改革的力度,但在部分贸易规则对标上依然存有差距。相反,日本对一些新的规则已经较为适应,因此,在其推动的"巨型 FTA"战略中联合澳大利亚等国家坚持"高标准"贸易规则,这显然在现阶段对中国形成了一定制约。

7.2.3 联盟意识影响中国推进实施 FTA 战略

"联盟是指两个或更多主权国家之间正式的或非正式的安全合作安排。"① 本部分中的"联盟(alliance)"主要指日美同盟和日美印澳"四国机制"。不过,由于本书中日美同盟的相关内容涉及较多,因此,对日美同盟意识简要分析,对日美印澳"四国机制"意识重点分析。

第一,日美同盟意识。可以说,日美同盟意识贯穿了整个战后日本外交史,对日本各时期、各领域外交政策的制定和执行都有深远的影响。日本"巨型 FTA"战略是日本自由贸易战略的有机组成部分,在 21 世纪日本经济外交中也占据了重要地位,日美同盟意识在该战略中渗透和扩展的特征明显,主要体现为:"巨型 FTA"战略在推动一段时期后整体向"印太"倾斜的主要动因之一是贯彻日美"印太战略",打造"制华统一阵线";自美国退出 TPP 之后,日本一直将吸引美国重返 TPP/CPTPP 作为重点工作之一;RCEP 后续扩容和升级、中日韩 FTA 的推进状况等都与日美同盟或者说是美国因素息息相关;日本希望在亚太自贸区建设中与美国携手,以夺取更多的经贸规则制定话语权。简言之,日本"巨型 FTA"战略不可避免地会受到日美同盟意识的影响,而这在一定程度上会制约中国推进实施 FTA 战略。例如,中国已将加入 CPTPP 纳入 FTA 战略议程,然而在批准环节中,考虑到美国尚未重返,日本大概率会以无法满足全部贸易规则要求等借口来阻止中国早于美国加入。

---

① [美]斯蒂芬·沃尔特:《联盟的起源》,周丕启译,北京大学出版社 2017 年版,第 12 页。

第二，日美印澳"四国机制"意识。"在冷战期间，美国同盟之所以稳定，主要是各国都面临敌人，即苏联。但苏联解体之后，大家没有了共同的敌人，因此同盟内部的协调变得困难起来。"① 在这种状况下，美国需要用所谓的"普世价值"来整合资本主义世界，增加凝聚力。进入 21 世纪以来，随着中国实力的上升，美国将中国视为苏联之后最大的威胁，不过，由于实力的相对下降，美国越来越重视"自由国家的联盟"所能发挥的制衡中国的作用。"自由国家的联盟"一说最早来源于伊曼努尔·康德（Immanuel Kant）的"永久和平（perpetual peace）"思想，② 奉行所谓"民主"国家之间不互相为敌的原则，主张联手应对持有不同价值观的国家，日美印澳"四国机制"则是其典型代表之一。日本、澳大利亚等国同样主张"中国威胁论"，对加入并运行以制衡中国为主要目的的"四国机制"态度积极。进攻现实主义的代表人物约翰·米尔斯海默（John Mearsheimer）曾经提出建议，"美国政策制定者应该力争建立制衡联盟，尽可能吸收中国的邻国"③，日美印澳"四国机制"则基本上契合这种思维。

当前，"四国机制"暂未形成实质。在某种程度上，可将该联盟视为日美"印太战略"的产物。拜登上台后基本上沿袭了"印太战略"，而日本等国在推进"印太战略"的过程中从属并认同了美国的领导。如果将"四国机制"视为同盟的话，美国显然是主导国，而日本属于积极推进的协同国。"四国机制"近来举动频频，例如，仅在 2021 年，就举行了四国峰会、一系列的"2+2"会谈等。从表面上看，在美国的领导下，"四国机制"基于共同的价值观在制约中国问题上达成意见一致，貌似"铁板一块"。但事实上，美国的同盟管理并非没有问题，其亚太同盟体系与中国的关系多具备"同盟对手与同盟经济伙伴同一性"特征，即美国与其亚太盟友均与中国存在紧密的经济合作，④ 这使得美国在同盟管理方面存在一定程度的困惑，难以很好地解决同盟的凝

---

① 郑永年：《亚洲新秩序》，广东人民出版社 2018 年版，第 108 页。
② ［德］伊曼努尔·康德：《永久和平论》，何兆武译，上海人民出版社 2005 年版，第 22 页。
③ ［美］约翰·米尔斯海默：《大国政治的悲剧（修订版）》，王义桅、唐小松译，上海人民出版社 2014 年版，第 407 页。
④ 张景全、刘丽莉：《成本与困境：同盟理论的新探索》，载于《东北亚论坛》2016 年第 2 期，第 16 页。

聚力与盟友自主意识之间的矛盾。"四国机制"是一个典型范例，美国及其他联盟成员均有强烈地同中国发展贸易的需求，这实际上会削弱联盟凝聚力，助长成员的自主意识。

虽然"四国机制"首先关注安全、军事等"高政治"领域，不过，解读 2021 年 1 月美国提前解密的"印太战略框架"可发现，美国意图削弱中国的经济影响力、全球贸易体系的构建以及工业创新能力。在"印太战略"影响下，"四国机制"必然会对经济贸易领域投入较大的关注。另外，日本和澳大利亚同时是 CPTPP 和 RCEP 的成员国，该联盟不可避免地会对亚太自由贸易领域产生影响。实际上，日本"巨型FTA"战略中早已显现出结盟特征，例如，日本、澳大利亚和印度联手在 RCEP 中制衡中国；日本和澳大利亚合作主导 CPTPP 成行等。此外，由于日本"巨型 FTA"战略覆盖面广，理所当然地会成为"四国机制"在自由贸易领域的一个重要平台。通过这个平台，"四国机制"可以在经贸领域对中国施加影响，从而改变中国力推的一些"巨型 FTA"进程。例如，2021 年 5 月，欧盟暂停批准中欧贸易投资协定，其背后就有"四国机制"的因素存在。简言之，"四国机制"意识使日本"巨型FTA"战略成为制约中国的重要载体之一，这必然会加大中国外部贸易环境的不确定性，对中国 FTA 战略的全球布局带来较大影响。

7.2.4 挤压中国数字经济发展空间

党的十九大以来，中国加快数字经济和数字贸易建设，在大数据、人工智能、新能源、新材料、芯片等领域加大投入，成效显著。2019年中国数字经济总量达到 35.8 万亿元，占 GDP 比重为 36.2%。[①] 虽然中国数字经济发展势头良好，近年来规模稳居世界第二位，但有一些问题应该引起我们的重视。首先，与第一位的美国差距大；其次，与第三、四位之间的差距不大；最后，数字经济的 GDP 占比与一些国家相比不高。以 2018 年为例，中国的数字经济总量为 4.73 万亿美元，而美国为 12.34 万亿美元，第三位的德国以及第四位的日本均超过 2 万亿美元，分别达到 2.40 万亿美元、2.29 万亿美元，此外，中国数字经济的

---

① 中国信息通信研究院：《中国数字经济发展白皮书（2020 年）》，2020 年 7 月 2 日，http://www.caict.ac.cn/kxyj/qwfb/bps/202007/P020200703318256637020.pdf。

GDP 占比虽超过 30%，但英国、美国、德国均超过 60%，韩国、日本、爱尔兰、法国超过了 40%。① 这说明，虽然中国加大了对数字经济及数字贸易的投入，但其他国家同样亦高度重视。

另外，一些国家在数字经济和贸易国际规则制定方面的思路和举措应该引起中国的关注。例如，日本多次表示，今后会通过"巨型 FTA"等平台，与相关的国家、地区以及国际机构加强合作，尽快推动数字经济和贸易的国际规则制定。美国是数字经济第一大国，主张数据的自由流动，且在国际规则制定方面展现出较为强烈的主导意愿。在此背景下，新时期日美贸易谈判作为日本"巨型 FTA"战略中的一环，在第一阶段签署成行《日美数字贸易协定》也是可以预想到的结果。时任日本外相茂木敏充认为，该协定是日美两国共同主导数字贸易新规则的基石性文件。② 此外，日本和欧盟也通过日欧 EPA 在数据流通等方面制定有"高标准"规则，双方宣称要推动数据的自由流动。

实际上，日本"巨型 FTA"战略在数字方面的核心思想是，以 CPTPP 和日欧 EPA 的"高标准"数字贸易规则为今后继续推动其他"巨型 FTA"的模板。虽然中国在数字经济和贸易发展方面起步较晚，但拥有巨大的发展潜力是不争的事实。以中美两国为例，2018 年中国的数字经济总量同比增长 17.7%，而美国为 7.3%。③ 对于中国在数字经济领域的发展态势，美国感受到了威胁，其盟友日本已基本上选择了加入美国一方，因此，也不希望中国短期内在数字经济方面有更大的发展。另外，基于政治互信缺失、贸易争端加剧等问题，在数据流通、数据共享方面，中国暂不可能与美日等国家或地区对接。这些为日本借助"巨型 FTA"战略平台积极靠拢美国，拉拢欧盟等部分国家和地区联手打造数字贸易规则留下了空间，这势必会造成相关领域话语权的进一步集中，数字贸易规则的针对性趋强，在较大程度上挤压中国数字经济和贸易的发展空间。

---

① 中国信息通信研究院：《全球数字经济新图景（2019）》，2019 年 10 月 11 日，http：//www.caict.ac.cn/kxyj/qwfb/bps/201910/P020191011314794846790.pdf。

② ［日］「第 200 回国会外务委员会农林水产委员会经济产业委员会连合审查会第 1 号」、2019 年 11 月 7 日、http：//www.shugiin.go.jp/internet/itdb_kaigiroku.nsf/html/kaigiroku/032420020191107001.htm。

③ 依据中国信息通信研究院发布的《全球数字经济新图景（2019）》和《G20 国家数字经济发展研究报告（2018 年）》相关数据计算得出（小数点后保留一位）。

小　结

　　从战略推进区域、实施内容以及成员构成来看，无论是短期还是中长期，日本"巨型FTA"战略都会对中国产生较大影响。

　　日本推动"巨型FTA"战略客观上对中国产生了一些积极影响，主要集中在三方面。一是有助于促进中日经贸往来。日本"巨型FTA"战略中，以RCEP为代表的半数以上的"巨型FTA"为中日两国大幅削减关税、扩大进出口贸易等创造了良好条件，有利于中日经贸关系的进一步发展。二是战略推进经验为中国提供借鉴。日本以"中等国家"的实力在"巨型FTA"推动方面取得了一些标志性成果，提升了其在国际自由贸易领域的规则制定话语权，在建立规则模板、丰富推动手段等方面可以为中国提供较好借鉴。三是日本"巨型FTA"战略客观上为东亚及亚太区域一体化形成助推作用。虽然由于存在政治、经济、宗教等因素的障碍，东亚及亚太区域一体化前景难料，但推动"巨型FTA"至少有助于区域经济的进一步统合，这对区域一体化能否顺利推进至关重要，也直接有益于作为区域成员的中国的经济发展。

　　日本"巨型FTA"战略给中国带来的消极影响主要集中在四方面。一是复合平衡包含制衡中国的理念。日本在实施"巨型FTA"战略时较大程度上遵循了复合平衡原则，而制衡中国为其复合平衡理念的构成要素之一。二是坚持"高标准"规则对中国产生制约作用。制约作用既体现为中国目前尚难以全部对标以"WTO-X"为代表的高水平贸易规则，又体现为其中的一些贸易规则，如国有企业等条款有明显针对中国的内容。三是联盟意识影响中国推进实施FTA战略。日本"巨型FTA"战略的联盟意识主要包括日美同盟和日美印澳"四国机制"意识。日美同盟是战后日本外交的基轴，这决定了日本在推动"巨型FTA"战略时不可能不考虑美国因素。即便是表面上没有美国参与的RCEP、中日韩FTA等，日本在进行相关战略部署和决策时依然会将美国因素置于重要位置。日美印澳"四国机制"与"印太战略"息息相关，日本"巨型FTA"战略在推动一段时期后有向"印太战略"渗透的趋势，"四国机制"在其中发挥了作用。中国制定有明确的自贸区战略，RCEP、中日韩 FTA 等是中国重点推动的"巨型 FTA"，日本的同盟意识会影响相关"巨型 FTA"的推动进程，进而对中国的自贸区战略布局产生影响，加大中国外部贸易环境的不确定性。四是挤压中国数字经济的发展空间。"巨型 FTA"战略为日本数字经济发展打造平台的同时，为日本向美国靠拢、拉拢欧盟创造了机会，日美欧等为主体的数字经济联合的日趋成形会挤压中国的发展空间。

第8章 结 论

本书主要解决两个问题：一是探讨日本"巨型FTA"战略的运行逻辑；二是把握在上述运行逻辑下的日本"巨型FTA"战略全貌，以解决研究碎片化问题。

对于第一个问题，本书主要的解决方法如下：

首先，结合本书的研究对象——日本"巨型FTA"战略有明显的平衡理念且兼具政治与经济属性的特点，具体分析国际政治经济领域涉及平衡的主要理论，包括传统均势理论、威胁制衡理论、经济制衡理论、利益制衡理论和三角关系理论。

其次，确认日本"巨型FTA"战略的核心逻辑是"平衡"。通过分析可以得知，冷战后日本国家大战略和FTA战略的基本特征均为"平衡"，而由于"巨型FTA"战略代表着日本自由贸易战略的新方向，也是国家大战略的重要组成部分，同时，"巨型FTA"战略脱胎于FTA战略，是FTA战略的高级发展阶段和自然延伸，因此，从逻辑上讲，日本"巨型FTA"战略应同样具备"平衡"特征。

再次，确立平衡的"复合"特征。通过剖析日本发布的首份FTA战略可以看出，"平衡"固然是其基本特征，但这种"平衡"并非单一"平衡"，而是体现为多层次、多方面的特征，例如日欧与日美之间的平衡、日美欧三角平衡、中日韩三角平衡等。而在日本"巨型FTA"战略的具体推进过程中，也体现出明显的复合平衡特征，且平衡路径、对象等又往往各异。这或许可以说明，无论是在日本FTA战略还是"巨型FTA"战略中，一种多层次的复合平衡是其核心运行逻辑，而这种复合平衡的最终目的是使国家利益最大化。

最后，构建复合平衡框架来更好地认识这种运行逻辑。本书基于分析折中主义理念，通过取舍、补充、概括、转换等手段对国际政治领域现有主要平衡理论进行糅合和改造，构建出复合平衡逻辑框架。

对于第二个问题，本书主要的解决方法如下：

基于对推动具体"巨型FTA"的研究成果较多，以总战略为整体研究对象的系统性成果较少的现状，本研究在复合平衡视阈下对日本"巨型FTA"战略的演变进程、动因与政策考量、推进路径与特色等进行剖析的基础上，对该战略进行评估，对其未来发展趋势进行了展望，并分析了其对中国的影响。另外，在本研究中具体分析日本推动的"巨型FTA"，主要包括TPP、CPTPP、RCEP、日欧EPA、中日韩FTA、新时期日美贸易协定以及亚太自贸区，除在第4章中基于复合平衡框架对各"巨型FTA"的推进路径与特色进行剖析之外，其他各部分均按照宏微结合原则进行分析，即以日本"巨型FTA"战略为整体研究对象，而推动"巨型FTA"的状况往往以案例的形式出现。

在解决两个问题的基础上，本书得出主要结论如下：

第一，日本实施"巨型FTA"战略的首要目的是发展经济，但同时也体现出一定的内在逻辑，即"复合平衡"。不可否认，日本下定决心推动"巨型FTA"战略的最直接和最根本的目的是提振经济，但其实施该战略有其他考量这一点我们亦不可忽视。2010年，GDP总量被中国超越以来，日本在中美两国之间寻求平衡的倾向越来越显化。塞缪尔斯将其描述为"对冲"，实际上，寻求平衡和"对冲"在本质上并无大的区别，都具有动态等量的特点，也都具有两边"下注"的性质。另外，日本也有联合欧洲"抱团取暖"等举动。日本的这些寻求平衡的倾向映射在外交的相关领域中，"巨型FTA"战略自然也不例外。日本在推进"巨型FTA"战略上的核心逻辑是，灵活机动地实施复合平衡，既包括在中美两国之间进行战术摇摆，也有传统制衡、三角平衡等战略考量，以最大限度地维护国家利益。在这种平衡思维的引导下，即便在中美两国没有参与的"巨型FTA"中，日本也习惯于根据具体情况维持平衡态势以确保系统的稳定性，从而有利于发展自由贸易。这样一来，日本的平衡策略就往往具备复合特征。"复合"意为"多层"，"多层"实际上是"在各个层面上都有"之意，即日本的平衡战略往往涵盖每个层面，其目的是增加成功的系数。日本基于平衡理念来推动"巨型FTA"战略也有其他原因，例如，日本是中等发达国家，虽然自称为自由贸易的"旗手"，甚至想要建构"主导者"的国家身份，但其外交政策中实际上缺乏一种大国志向，特别是外交上的不完全自主性决定了其"巨型FTA"战略的限度，在这种情况下，采用灵活的复合平衡策略或许对日本而言是最为现实的选择。

第二，日本"巨型FTA"战略的思想渊源是日本环太平洋经济合作思想与新区域主义理论，该战略是日本亚太经济合作战略的有机组成部分。日本"巨型FTA"战略的思想渊源分为国内和国外两部分，国内部分主要指萌芽于20世纪60年代的以大平正芳"环太平洋连带构想"为核心的一系列的日本环太平洋经济合作思想，该思想为日本"巨型FTA"战略留下了重视亚太的烙印；国外部分主要指兴起于20世纪90年代的新区域主义理论，新区域主义理论为日本推动"巨型FTA"战略创造了良好的外部环境，提供了区域合作理论支撑，而日本"巨型FTA"战略的顺利推动反过来又丰富了新区域主义。另外，"巨型FTA"战略是日本亚太经济合作战略的有机组成部分。20世纪60年代前后，日本开始推动实施亚太经济合作战略，其发展大致体现为"亚太—东亚—亚太"的轨迹路线，"巨型FTA"战略是其中的重要一环。时至今日，虽然该战略出现了向美日"印太战略"渗透的迹象，但以亚太为中心的理念实质上暂未改变。

第三，日本"巨型FTA"战略具备系统性特征。首先，有大致的定义和具体推进的"巨型FTA"。"巨型FTA"可理解为至少有或曾经有两个成员是排名前四位的全球生产网络枢纽国或地区的深度一体化经济伙伴关系协定。日本"巨型FTA"战略主要可分为两大类：一是跨区域多边经济合作战略，包括推动TPP、CPTPP、RCEP和亚太自贸区；二是巨型双边或三边经济合作战略，包括推动日欧EPA、新时期日美贸易谈判以及中日韩FTA。其次，日本"巨型FTA"战略有明确的形成和启动时间，基本形成于2010年前后，标志是2010年11月发布《关于全面经济合作的基本方针》；实质启动于2013年前后，标志是日本宣布加入TPP谈判，参与日欧EPA、RCEP和中日韩FTA第一轮谈判。再次，有严密的组织制度和权力中枢。日本"巨型FTA"战略的组织制度为官邸主导制，其最高权力中枢为首相官邸，具体领导机构为TPP综合对策本部，该对策本部受首相和官房长官的直接领导，是日本"巨型FTA"战略中官邸权力强化的集中体现之一。最后，有清晰的战略手段和目标，日本"巨型FTA"战略的战略手段是内容丰富的复合平衡策略，战略目标为通过复合平衡来谋求国家利益最大化。对于日本推动"巨型FTA"战略而言，复合平衡不是目的，而是规避风险，谋求利益最大化的"最高层面"的手段。

第四，"巨型FTA"战略今后会成为日本长期推动的重要政策课题。日本自战后初期开始奉行"贸易立国"战略，"巨型FTA"战略则代表着日本自由贸易战略的最新发展方向，这就基本上奠定了该战略在今后日本经济外交乃至外交全局中的重要地位。当下，日本"巨型FTA"战略虽然一定程度上迎来了间歇期，也面临着政权更迭等不确定因素，但中日韩FTA、亚太自贸区谈判尚未完成，第二阶段日美贸易谈判还有变数，CPTPP进入扩容周期，RCEP今后会迎来扩容与升级，这意味着，在今后的很长一段时期内，日本依然有进一步推动"巨型FTA"战略的理由和动力。日本今后会继续重视并采取复合平衡策略，以谋求国家利益最大化。在经贸外交层面上，日本对发展数字贸易带来的效果寄予厚望，今后将会继续发挥"巨型FTA"战略的平台功能；进一步提升国际经贸规则制定话语权以谋求完成自由贸易"主导者"身份的建构；继续巩固"巨型FTA"战略在经济外交中的支柱地位。在政治层面上，日本会继续强化"巨型FTA"战略与WTO改革的联动效应；与"印太战略"等进行对接以加强"巨型FTA"战略的政治属性；为确保在亚太自贸区两大建设路径中保留美国色彩，以更好地在中美两国之间保持平衡，日本将继续吸引美国重返TPP/CPTPP。对日本而言，"巨型FTA"战略还有很大的提升和优化空间，该战略将成为日本长期推动的重要政策课题。

第五，日本"巨型FTA"战略对中国有较大影响，包括积极影响和消极影响，中国应重点分析并应对消极影响。中日两国同为东亚地区的大国，地缘因素决定了两国之间必然有竞争的一面。"巨型FTA"战略是日本的国家战略，其推动的超过半数的"巨型FTA"都与中国密切相关，另外，该战略是日本亚太经济合作战略的重要组成部分，近年来有逐渐同日美"印太战略"联动的倾向，因此，日本"巨型FTA"战略势必对中国产生较大影响。虽然，日本推动"巨型FTA"战略在客观上会给中国带来一些积极影响，但相比较而言，给中国带来的消极影响更应该引起我们的注意。日本"巨型FTA"战略的复合平衡理念中有制衡中国的要素；"高标准"贸易规则，特别是其中的个别条款是日本联合美国、澳大利亚等国家限制中国的工具；日美同盟和日美印澳"四国机制"意识使日本"巨型 FTA"战略具备更强的政治属性，从而可能会改变中国参与的部分"巨型 FTA"进程，进而影响中国 FTA 战略的整体布局；以"巨型 FTA"战略为平台的日美欧等国家和地区的数字经济联合体隐隐成形，这可能会进一步垄断数字贸易规则制定话语权，不利于中国参与全球数字经济治理。

总而言之，"巨型 FTA"战略是日本近年来大力推动并寄予厚望的自由贸易战略。日本"巨型 FTA"战略是日本 FTA 战略的自然延伸，有较好的基础和平台，因此，虽然该战略实施时间不长，但取得了一些成果，除主导和推动部分"巨型 FTA"成行之外，主要体现在提振经济、提升话语权等方面，特别是日本将广泛参与"巨型 FTA"谈判与提升话语权联动考量，强调 FTA 覆盖率的重要性。对于日本"巨型 FTA"战略，我们应该保持战略定力，既要认识到日本利用该战略平台实施复合平衡手段以谋求国家利益最大化的特征，也要看到中日两国在推动"巨型 FTA"方面存在合作可能的一面。党的十七大报告第一次明确提出要"实施自由贸易区战略"，这表明中国已经清楚地看到必须要有自己的区域合作战略和策略。① 2015 年推出的《国务院关于加快实施自由贸易区战略的若干意见》为中国加速推动 FTA 战略指明了方向。② 中国高度重视以"巨型 FTA"为代表的区域经济一体化的推动工作，特别是推进 RCEP 成行和加速中日韩 FTA 建设，这也多次得到了印证，例如，在 2019 年 12 月的成都第八次中日韩领导人会议上，三国就共同推进 RCEP 和中日韩 FTA 达成意见一致。另外，从中长期看来，中国特别关注亚太自贸区的建设并取得了一些成果，日本也多次表明了对于推动亚太自贸区成行的兴趣和意愿。面对世界百年未有之变局，中国和日本应当与时俱进，努力构建契合新时代的中日关系。③ 中日两国在推进"巨型 FTA"上的重合性和互益性增大了这种可能。中日 FTA 战略存在竞合关系，应该让日本意识到在经济全球化的大潮中，以丧失外

---

① 对外经济贸易大学国际经济研究院课题组：《中国自贸区战略——周边是首要》，对外经济贸易大学出版社 2010 年版，第 194~195 页。

② 《国务院关于加快实施自由贸易区战略的若干意见》，中国政府网，2015 年 12 月 17 日，http：//www.gov.cn/zhengce/content/2015－12/17/content_10424.htm。

③ 高洪：《新时代的中日关系：核心内涵、主要途径》，载于《日本学刊》2020 年第 1 期，第 12 页。

交自主权为代价采取追随、制衡等策略最终只会损害自己国家利益的事实。中国需坚持推进"巨型 FTA"辐射"一带一路"原则，以加速贸易规则对标与强化第三方市场合作为重点加强同日本的合作。有研究认为，开展中日第三方市场的合作，对投资对象国与中日两国而言，是一个"三赢"的合作格局。① 同时，中国应以我为主，积极引导，妥善应对日本"巨型 FTA"战略带来的相关问题，以更好地实现互利共赢。

---

① 程永明：《"一带一路"框架下中日合作领域及方式》，载于《东北亚学刊》2018 年第 5 期，第 9 页。

参 考 文 献

中文文献

(一) 中文著作和教材

[1] 包霞琴：《转型期日本的对华认知与对话政策》，中华书局2017年版。

[2] 蔡亮：《日本TPP战略研究》，时事出版社2016年版。

[3] 陈峰君：《冷战后亚太国际关系》，新华出版社1999年版。

[4] 对外经济贸易大学国际经济研究院课题组：《中国自贸区战略——周边是首要》，对外经济贸易大学出版社2010年版。

[5] 国家开发银行研究院、中国社会科学院国际研究学部：《亚太自贸区：战略与路径》，经济管理出版社2016年版。

[6] 黄正柏：《当代八国外交政策概要》，人民出版社2007年版。

[7] 李庆余、任李明、戴红霞：《美国外交传统及其缔造者》，商务印书馆2010年版。

[8] 李荣林等：《APEC内部FTA的发展及其对APEC的影响》，天津大学出版社2011年版。

[9] 李少军：《国际政治学概论（第五版）》，上海人民出版社2019年版。

[10] 李秀石：《日本新保守主义战略研究》，时事出版社2010年版。

[11] 刘德斌：《国际关系史（第二版）》，高等教育出版社2018年版。

[12] 倪世雄：《当代西方国际关系理论（第二版）》，复旦大学出版社2018年版。

[13] 秦亚青：《西方国际关系理论经典导读》，北京大学出版社2009年版。

[14] 沈玉良：《弄清什么是高标准高质量建设自由贸易试验区》，海南出版社2019年版。

[15] 宋玉华等：《开放的地区主义与亚太经济合作组织》，商务印书馆2001年版。

[16] 汤碧：《中国自贸区战略动态优化研究》，中国财政经济出版社2013年版。

[17] 田凯：《环太平洋连带构想——日澳倡议与亚太地区秩序的探索》，社会科学文献出版社2018年版。

[18] 王帆、曲博：《国际关系理论：思想、范式与命题》，世界知识出版社2013年版。

[19] 王巧荣：《中华人民共和国外交史（1949—2019）第二版》，当代中国出版社2020年版。

[20] 王希亮：《日本右翼势力与东北亚国际关系》，社会科学文献出版社2013年版。

[21] 王新生：《战后日本史》，江苏人民出版社2013年版。

[22] 王义桅：《超越均势：全球治理与大国合作》，上海三联书店2008年版。

[23] 王逸舟、张小明、赵梅、庄俊举：《国关十人谈（第二辑）》，上海人民出版社2019年版。

[24] 肖伟：《战后日本国家安全战略的历史原点》，新华出版社2009年版。

[25] 徐显芬：《未走完的历史和解之路——战后日本的战争赔偿与对外援助》，世界知识出版社2018年版。

[26] 杨闯等：《外交学：理论与实践（上）》，世界知识出版社2018年版。

[27] 张海冰：《欧洲一体化制度研究》，上海社会科学院出版社2005年版。

[28] 张季风：《日本经济与中日经贸关系研究报告（2020）》，社会科学文献出版社2020年版。

[29] 张历历：《新中国和日本关系史》，上海人民出版社2016年版。

[30] 张香山：《中日关系管窥与见证》，当代世界出版社2020年版。

[31] 张雅意：《实用主义与日本对华政策研究》，中国经济出版社

2012年版。

[32] 张勇：《摆脱战败：日本外交战略转型的国内政治根源》，社会科学文献出版社2020年版。

[33] 曾水英：《理解政治权力》，中央编译出版社2013年版。

[34] 郑毅：《吉田茂时代的日本政治与外交研究》，中国社会科学出版社2016年版。

[35] 郑永年：《亚洲新秩序》，广东人民出版社2018年版。

[36] [新加坡] 卓南生：《日本的乱象与真相——从安倍到安倍》，世界知识出版社2013年版。

[37] 中国国际经济交流中心课题组：《新形势下中日韩经济发展合作的挑战与新机遇》，中国经济出版社2020年版。

[38] 中国现代国际关系研究院：《国际战略与安全形势评估2019—2020》，时事出版社2020年版。

[39] 中日韩三国共同历史编纂委员会：《超越国境的东亚近现代史（上）——国际秩序的变迁》，社会科学文献出版社2013年版。

（二）中文译著

[1] [美] 安德鲁·戈登：《现代日本史：从德川时代到21世纪》，李朝津译，中信出版社2017年版。

[2] [日] 坂本太郎：《日本史》，武寅等译，中国社会科学出版社2008年版。

[3] [美] 保罗·希尔：《乔治·凯南与美国东亚政策》，小毛线译，金城出版社2020年版。

[4] [日] 浜野洁、井奥成彦、中村宗悦、岸田真、永江雅和、牛岛利明：《日本经济史：1600—2015》，彭曦、刘姝含、韩秋燕、唐帅译，南京大学出版社2018年版。

[5] [英] 伯特兰·罗素：《权力论》，吴友三译，商务印书馆2012年版。

[6] [法] 达里奥·巴蒂斯特拉：《国际关系理论（第三版修订增补本)》，潘革平译，社会科学文献出版社2010年版。

[7] [日] 大平正芳回想录刊行会：《大平正芳传》，武大伟等译，吉林人民出版社1984年版。

[8] [日] 芳贺绥等：《三木武夫及其政见》，复旦大学历史系日本

史组编译，上海人民出版社 1975 年版。

[9]［日］服部龙二：《大平正芳的外交与理念》，沈丁心、腾越译，中央编译出版社 2017 年版。

[10]［美］傅高义：《日本第一》，谷英、张柯、丹柳译，上海译文出版社 2016 年版。

[11]［美］汉斯·摩根索著、［美］肯尼迪·汤普森改写：《国家间政治：为了权力与和平的斗争（第 6 版）》，李晖、孙芳译，海南出版社 2008 年版。

[12]［英］赫德利·布尔：《无政府社会（第四版）世界政治中的秩序研究》，张小明译，上海人民出版社 2015 年版。

[13]［日］黑泽文贵、［英］伊恩·尼斯：《历史与和解》，赵仲明、刘爱美、张黎黎、俞婧、王蔚、皇甫彦帝译，南京大学出版社 2018 年版。

[14]［美］亨利·基辛格：《大外交》，顾淑馨、林添贵译，海南出版社 2012 年版。

[15]［日］京极纯一：《日本政治》，黄大慧、徐园译，商务印书馆 2013 年版。

[16]［日］井上清：《日本历史》，闫伯纬译，陕西人民出版社 2011 年版。

[17]［日］橘川武郎：《日本失落了吗：从日本第一到泡沫经济》，田中景译，浙江人民出版社 2020 年版。

[18]［德］卡尔·冯·克劳塞维茨：《战争论 1》，陈川译，民主与建设出版社 2020 年版。

[19]［美］肯尼思·华尔兹：《国际政治理论》，信强译，苏长和校，上海人民出版社 2008 年版。

[20]［英］马丁·怀特著，［英］赫德利·布尔、［英］卡斯滕·霍尔布莱德编：《权力政治》，宋爱群译，世界知识出版社 2004 年版。

[21]［德］马克斯·韦伯：《经济与社会（上卷）》，林荣远译，商务印书馆 1997 年版。

[22]［美］理查德·J. 塞缪尔斯：《日本大战略与东亚的未来》，刘铁娃译，上海人民出版社 2010 年版。

[23]［美］理查德·尼克松：《领袖们》，施燕华、洪雪因、黄钟

青等译，海南出版社 2012 年版。

［24］［日］李钟元、田中孝彦、细谷雄一：《日本国际政治学·第四卷·历史中的国际政治》，刘星译，北京大学出版社 2017 年版。

［25］［美］鲁德拉·希尔、［美］彼得·卡赞斯坦：《超越范式 世界政治研究中的分析折中主义》，秦亚青、季玲译，上海人民出版社 2013 年版。

［26］［美］罗伯特·基欧汉、［美］约瑟夫·奈：《权力与相互依赖》，门洪华译，北京大学出版社 2002 年版。

［27］［法］米歇尔·福柯：《规训与惩罚》，刘北成、杨远缨译，生活·读书·新知三联书店 2007 年版。

［28］［美］尼古拉斯·斯皮克曼：《世界政治中的美国战略——美国与权力平衡》，王珊、郭鑫雨译，上海人民出版社 2019 年版。

［29］［日］日本大平正芳纪念财团：《大平正芳》，中日友好协会、中日关系史研究会编译，中国青年出版社 1991 年版。

［30］［日］三桥规宏、内田茂男、池田吉纪：《透视日本经济》，丁红卫、胡左浩译，清华大学出版社 2018 年版。

［31］［美］斯蒂芬·沃尔特：《联盟的起源》，周丕启译，北京大学出版社 2007 年版。

［32］［美］苏米特·甘古利：《印度外交政策分析：回顾与展望》，高尚涛等译，世界知识出版社 2015 年版。

［33］［日］孙崎享：《日美同盟真相》，郭一娜译，新华出版社 2014 年版。

［34］［日］添谷芳秀：《日本的『中等国家』外交——战后日本的选择和构想》，李成日译，社会科学文献出版社 2015 年版。

［35］［日］五十岚晓郎：《日本政治论》，殷国梁、高伟译，北京大学出版社 2015 年版。

［36］［日］小原雅博：《日本的选择》，王广涛、丛琬晶译，上海人民出版社 2019 年版。

［37］［美］亚历山大·温特：《国际政治的社会理论》，秦亚青译，上海人民出版社 2000 年版。

［38］［德］伊曼努尔·康德：《永久和平论》，何兆武译，上海人民出版社 2005 年版。

[39] [美] 约翰·米尔斯海默：《大国政治的悲剧（修订版）》，王义桅、唐小松译，上海人民出版社2014年版。

[40] [美] 约翰·伊肯伯里：《美国无敌：均势的未来》，韩召颖译，北京大学出版社2005年版。

[41] [美] 詹姆斯·多尔蒂、[美] 小罗伯特·普法尔茨格拉夫：《争论中的国际关系理论（第五版）》，阎学通、陈寒溪等译，世界知识出版社2013年版。

[42] [美] 詹姆斯·L. 麦克莱恩：《日本史》，王翔、朱慧颖、王瞻瞻译，海南出版社2014年版。

[43] [日] 中曾根康弘：《新的保守理论》，金苏城、张和平译，世界知识出版社1984年版。

（三）中文期刊论文、学位论文、研究报告及析出文献

[1] 白益民：《日本隐瞒经济实力》，载于《资本市场》2016年第1期。

[2] 卞崇道：《战后日本实用主义哲学》，载于《日本研究》1989年第1期。

[3] 常晶、常士䜣：《印度多民族国家治理的制度经验与问题》，载于《世界民族》2015年第6期。

[4] 陈倩：《日美贸易摩擦的演进过程、经验教训及对中国的启示》，载于《西南金融》2019年第3期。

[5] 陈志恒、董佳、李佳黛：《日本FTA战略的特点与动向》，载于《财金观察》2019年第1辑。

[6] 程永明：《"一带一路"框架下中日合作领域及方式》，载于《东北亚学刊》2018年第5期。

[7] 崔健：《日本国家安全战略选择的政治经济分析——以均势理论为基础》，载于《日本学刊》2015年第2期。

[8] 范斯聪：《日本"自由贸易协定战略"的无奈转变：过程与战略动机分析》，载于《现代国际关系》2016年第6期。

[9] 冯昭奎：《国际形势新变化与中日关系的可能前景》，引自杨伯江主编：《中国对日外交战略思想与实践》，社会科学文献出版社2018年版。

[10] 高洪：《新时代的中日关系：核心内涵、主要途径》，载于

《日本学刊》2020年第1期。

[11] 高兰：《日本TPP战略的发展特征及其影响》，载于《世界经济研究》2011年第6期。

[12] 高文胜：《南太平洋能源战略通道的价值、面临的风险及中国的对策》，载于《世界地理研究》2017年第6期。

[13] 韩召颖、黄钊龙：《"特朗普主义"：内涵、缘起与评价》，载于《国际论坛》2020年第4期。

[14] 贺平：《国家身份与贸易战略：21世纪的日本自由贸易战略变迁》，载于《日本学刊》2019年第1期。

[15] 贺平：《日本自由贸易战略的新动向及其影响》，载于《国际问题研究》2018年第6期。

[16] 贾庆国：《中美日三国关系：对亚洲安全合作的影响》，载于《国际政治研究》2000年第2期。

[17] 姜龙范：《中日美三边关系博弈互动的新态势、新挑战及对策建议》，载于《东北亚学刊》2019年第2期。

[18] 李鸿阶：《〈区域全面经济伙伴关系协定〉签署及中国的策略选择》，载于《东北亚论坛》2020年第3期。

[19] 李墨丝：《CPTPP＋数字贸易规则、影响及对策》，载于《国际经贸探索》2020年第12期。

[20] 刘斌、于济民：《中国加入CPTPP的可行性与路径选择》，载于《亚太经济》2019年第5期。

[21] 刘丰：《大国制衡行为：争论与进展》，载于《外交评论》2010年第1期。

[22] 刘凌旗、刘海潮：《日本TPP决策动因及日美谈判现状评估》，载于《现代国际关系》2015年第3期。

[23] 刘瑞：《日本的广域经济合作战略：新动向、新课题》，载于《国外理论动态》2019年第8期。

[24] 刘晓宁：《中国自贸区战略实施的现状、效果、趋势及未来策略》，载于《国际贸易》2020年第2期。

[25] 吕耀东：《后安倍时代的日本外交政策及中日关系走向》，载于《人民论坛》2020年第29期。

[26] 倪月菊：《日本应对WTO改革的政策动向》，载于《国际问

题研究》2019 年第 2 期。

［27］［日］平川均：《日本东亚区域一体化政策的发展及其课题》，引自杨栋梁、郑蔚主编：《东亚一体化的进展及其区域合作的路径》，天津人民出版社 2008 年版。

［28］沈铭辉：《亚太区域双轨竞争性合作：趋势、特征与战略应对》，载于《国际经济合作》2016 年第 3 期。

［29］苏庆义：《中国是否应该加入 CPTPP？》，载于《国际经济评论》2019 年第 4 期。

［30］童珊、黄建男、宋慧女、陶雪玲：《亚太区域经济一体化新形势和中国的应对策略——由 TPP、RCEP 通往 FTAAP》，载于《上饶师范学院学报》2016 年第 4 期。

［31］汪伟民：《联盟理论与美国的联盟战略——以日美、美韩联盟研究为例》，复旦大学博士论文 2005 年。

［32］王传剑：《美日同盟与冷战后日本的朝鲜半岛政策》，载于《当代亚太》2005 年第 9 期。

［33］吴怀中：《安倍"战略外交"及其对华影响评析》，载于《日本学刊》2014 年第 1 期。

［34］吴怀中：《安倍政府印太战略及中国的应对》，载于《现代国际关系》2018 年第 1 期。

［35］吴怀中：《当代日本的亚太战略》，引自周方银主编：《大国的亚太战略》，社会科学文献出版社 2013 年版。

［36］吴寄南：《中日关系：重返正常轨道 转圜尚待努力》，引自祁怀高主编：《中国周边外交研究报告（2018—2019）》，世界知识出版社 2019 年版。

［37］夏立平：《当代国际关系中的三角关系：超越均势理念》，载于《世界经济与政治》2002 年第 1 期。

［38］邢立娟：《"新区域主义"与多边贸易体制的冲突及协调》，载于《财经问题研究》2007 年第 5 期。

［39］杨宏恩、孙汶：《中日韩经贸合作现状、前景展望与政策建议》，载于《国际贸易》2016 年第 7 期。

［40］杨卫东：《美国霸权地位的衰落——基于政治领导力的视角》，载于《国际论坛》2021 年第 1 期。

[41] 俞顺洪：《国外新区域主义研究综述》，载于《特区经济》2008年第2期。

[42] 张超：《新区域主义的兴起及其在东亚的发展研究》，华中科技大学博士论文2004年。

[43] 张季风：《全球变局下的中日经济关系新趋势》，载于《东北亚论坛》2019年第4期。

[44] 张季风：《重新审视日本"失去的二十年"》，载于《日本学刊》2013年第6期。

[45] 张景全、刘丽莉：《成本与困境：同盟理论的新探索》，载于《东北亚论坛》2016年第2期。

[46] 张乃丽：《日本的自由贸易战略转变与经验借鉴》，载于《学术前沿》2019年第22期。

[47] 张永涛、杨卫东：《日本主导CPTPP的动机及中国的对策分析》，载于《现代日本经济》2019年第4期。

[48] 张永涛：《21世纪美日贸易谈判及其对华影响》，载于《国际展望》2021年第2期。

[49] 张玉来：《日本多边贸易战略新进展与中日经济关系》，载于《现代日本经济》2019年第4期。

[50] 赵全胜：《中日关系再出发与东亚方式》，引自赵全胜等：《"安倍首相访华与中日关系发展"笔谈》，载于《日本研究》2018年第4期。

[51] 郑先武：《"新区域主义"的核心特征》，载于《国际观察》2007年第5期。

[52] 周永生：《21世纪初日本对外区域经济合作战略》，载于《世界经济与政治》2008年第4期。

[53] 中国信息通信研究院：《中国数字经济发展白皮书（2020年）》，2020年7月2日。

[54] 中国信息通信研究院：《全球数字经济新图景（2019）》，2019年10月11日。

[55] 中国信息通信研究院：《数字贸易发展与影响白皮书（2019）》，2019年12月。

［56］《中日韩合作（1999－2012）》白皮书（全文），2012 年 5 月 10 日。

（四）中文网络文献

［1］《2020 年中国 GDP 突破 100 万亿元　同比增长 2.3%》，人民网，2021 年 1 月 18 日，http：//finance.people.com.cn/n1/2021/0118/c1004-32003063.html。

［2］《习近平：加快实施自由贸易区战略　加快构建开放型经济新体制》，新华网，2014 年 12 月 6 日，http：//www.xinhuanet.com//politics/2014-12/06/c_1113546075.htm。

［3］《国务院关于加快实施自由贸易区战略的若干意见》，中国政府网，2015 年 12 月 17 日，http：//www.gov.cn/zhengce/content/2015-12/17/content_10424.htm。

［4］《让自贸网络带来更多实惠》，中国商务新闻网，2021 年 1 月 24 日，http：//comnews.cn/article/gjhz/202101/20210100069110.shtml。

［5］世界银行网站，https：//data.worldbank.org.cn/indicator/NY.GDP.MKIP.CD?view=chart&Locations=JP-XU-US。

［6］《站台印度拒绝 RCEP？日本"闹哪样"》，凤凰网，2019 年 12 月 1 日，http：//news.ifeng.com/c/7s3hJShFkUI。

［7］倪月菊：《日本的贸易雄心》，中国社会科学网，2019 年 4 月 8 日，http：//www.iwep.org.cn/xscg/xscg_sp/201904/t20190410_4862672.shtml。

［8］杨川梅：《不能轻言日本再入"失去的十年"》，中国经济导报，2011 年 8 月 27 日，http：//www.ceh.com.cn/xwpd/2011/08/86629.shtml。

英文文献

［1］Basil Liddell Hart, *Strategy：The Indirect Approach.* London：Faber & Faber, 1967.

［2］Collin S. Gray, *Modern Strategy.* Oxford：Oxford University Press, 1999.

［3］Etel Solingen, *Nuclear Logics：Contrasting Paths in East Asia and the Middle East.* Princeton, N.J.：Princeton University Press, 2007.

[4] DAVID C. KANG, *China Rising: Peace, Power, and Order in East Asia*. New York: Columbia University Press, 2007.

[5] Martha Finnemore, *The Purpose of Intervention: Changing Beliefs about the Use of Force*. Ithaca, N. Y. : Cornell University Press, 2004.

[6] Martin Wight, *Systems of States*. Leicester: Leicester University Press, 1977.

[7] Robert O. Keohane, *After Hegemony: Cooperation and Discord in the World Political Economy*. Princeton, N. J. : Princeton University Press, 1984.

[8] Eszter Lukács, Katalin Völgyi, Mega – FTAs in the Asia – Pacific Region: A Japanese Perspective. *European Journal of East Asian Studies*, Vol. 17, No. 1, 2018.

[9] Fukunari Kimura, Lurong Chen, Implications of Mega Free Trade Agreements for Asian Regional Integration and RCEP Negotiation. *Eria Policy Brief*, No. 2016 – 03, December 2016.

[10] Henrik Horn, Petros C. Mavroidis and André Sapir, Beyond the WTO? An anatomy of EU and US Preferential Trade Agreements. *Bruegel Blueprint Series*, Vol. 7, 2009.

[11] Hidetaka Yoshimatsu, High – Standard Rules and Political Leadership in Japan's Mega – FTA Strategy. *Asian Survey*, Vol. 60, Issue 4, 2020.

[12] Lowell Dittmer, The Strategic Triangle: An Elementary Game-theoretical Analysis. *World Politics*, Vol. 33, No. 4, 1981.

[13] Matthew P. Goodman & Stephanie Segal, Resisting the Specter of Smoot – Hawley. *Global Economics Monthly*, Vol. 7, Issue 3, March, 2018.

[14] Randall L. Schweller, Bandwagoning for Profit: Bringing the Revisionist State Back In. *International Security*, Vol. 19, No. 1, Summer, 1994.

[15] Richard Baldwin, WTO 2. 0: Global Governance of Supply-chain Trade. *Cepr Policy Insight*, No. 64, December 2012.

[16] R. J. Wonnacott, Canada's Future in a World of Trade Blocs: A Proposal. *Canadian Public Policy*, Winter, Vol. 1, No. 1, 1975.

[17] Siow Yue Chia, Emerging Mega - FTAs: Rationale, Challenges, and Implications. *Asian Economic Papers*, MIT Press, Vol. 14, No. 1, 2015.

[18] Tomoyoshi Nakajima, The TPP and East Asian Economic Integration: From the Japan - China - ROK Perspective. *Journal of International Logistics and Trade*, Vol. 10, No. 3, December 2012.

[19] Vinod K. Aggarwal, Introduction: The Rise of Mega - FTAs in the Asia - Pacific. *Asian Survey*, No. 4, 2016.

[20] Vinod K. Aggarwal, Mega - FTAs and the Trade - Security Nexus: The Trans - Pacific Partnership (TPP) and Regional Comprehensive Economic Partnership (RCEP). *Asia Pacific*, Issue 123, March 2016.

[21] Fingleton E, Now They Tell Us: The Story of Japan's 'Lost Decades' Was Just One Big Hoax. 2013 - 08 - 11, https://www.forbes.com/sites/eamonnfingleton/2013/08/11/now - for - the - truth - the - story - of - japans - lost - decades - is - the - worlds - most - absurd - media - myth/#3d3812c63fe4.

[22] James McBride & Beina Xu, Abenomics and the Japanese Economy. March 23, 2018, https://www.cfr.org/backgrounder/abenomics - and - japanese - economy.

[23] Matthew P. Goodman, An Uneasy Japan Steps up. Apr 04, 2018, https://www.Csis.org/analysis/uneasy - japan - steps.

[24] Peter C. Y. Chow, How Washington Will Lose Its Influence in Asia. 01/11/2018, https://nationalinterest.org/feature/how - washington - will - lose - its - influence - asia - 24036.

[25] Richard Baldwin, A Domino Theory of Regionalism. NBER, 1993.

[26] Shimizu Kazushi, Prospects for the RCEP Negotiations: Japan and ASEAN Are Key to a Conclusion Within the Year. August 16, 2018, https://www.Japanpolicyforum.jp/economy/pt20180816113553.html.

[27] Tomas Hirst, What are mega - regional trade agreements? . 09 Jul 2014, https://www.weforum.org/agenda/2014/07/trade - what - are - megaregionals/.

日文文献

（一）日文著作

[1] [日] 飯尾潤：『政権交代と政党政治』、中央公論新社、2013 年。

[2] [日] 石川幸一、馬田啓一、渡邊頼純：『メガFTAと世界経済秩序（電子版）―ポストTPPの課題』、勁草書房、2021 年。

[3] [日] 猪口孝：『国際関係の政治経済学―日本の役割と選択』、東京大学出版社、1985 年。

[4] [日] 大平正芳：『大平正芳全著作集4』、講談社、2011 年。

[5] [日] 大平正芳：『大平正芳全著作集5』、講談社、2011 年。

[6] [日] 外務省特別調査委員会：『日本経済再建の基本問題』、外務省調査局、1946 年。

[7] [日] 河合隼雄：『中空構造日本の深層』、中公文庫、1999 年。

[8] [日] 高坂正堯：『宰相吉田茂』、中央公論社、1978 年。

[9] [日] 西川吉光：『日本の安全保障政策』、晃洋書房、2008 年。

[10] [日] 林健太郎：『歴史からの警告：戦後五十年の日本と世界』、中央公論新社、1999 年。

[11] [日] 渡辺昭夫：『戦後日本の対外政策』、有斐閣、1991 年。

（二）日文期刊论文、研究报告及析出文献

[1] [日] 安倍晋三、田中明彦（聞き手）：「日本復活の礎となった日米同盟再強化」、『外交』、2020 年、Vol. 64 Nov./Dec。

[2] [日] 石川幸一：「米国のTPP離脱とCPTPP合意の意義．TPP11とASEANの貿易、投資、産業への影響」、ITI調査研究シリーズ、No. 68、2018 年。

[3] [日] 岩田伸人：「メガFTAの将来、WTOの影響　WTO体制下で多様化する地域統合の現状と展望」、『季刊国際貿易と投資』、2015 年第 4 期。

参 考 文 献

［4］［日］馬田啓一：「アジア太平洋のメガFTAの将来：FTAAPへのロードマップ」、『季刊国際貿易と投資（季刊100号記念増刊号）』、2015年。

［5］［日］馬田啓一：「TPP大筋合意が加速するメガFTA－日本企業に生まれるビジネスチャンス」、『グローバル経営』、2015年12月号。

［6］［日］浦田秀次郎：「メガFTAとWTO：競合か補完か」、『季刊国際貿易と投資季刊100号記念増刊号』、2015年。

［7］［日］大庭三枝：「変わる国際秩序　キーワードは『フェア』」、日本経済産業省政策特集、2021年3月29日。

［8］［日］金原主幸：「日本の経済外交の強みと弱みは何か：民間経済界スタッフの現場的視点」、世界経済評論IMPACT、2021年5月17日。

［9］［日］上谷田卓：「日米貿易協定及び日米デジタル貿易協定をめぐる国会論議― 日米間に構築された新たな貿易ルールの特徴と今後の課題 ―」、『立法と調査』、2020年、No.423。

［10］［韓］金奉吉：「メガFTAと韓国の新通商戦略」、ERINA REPORT、No.132、2016年October。

［11］［日］木村福成：「国際ルール構築：投資と競争」、『季刊国際貿易と投資（季刊100号記念増刊号）』、2015年。

［12］［日］木村福成：「メガFTA戦略の展開カギ　新局面の通商政策」、独立行政法人経済産業研究所、2021年2月12日。

［13］［日］小寺彰：「広域化するEPA・FTA」、『日本経済新聞』2012年6月21日。

［14］［日］清水一史：「世界経済における保護主義拡大下のメガFTAと日本」、『アジア太平洋経済と通商秩序－過去、現在、将来－』、国際貿易投資研究所（ITI）調査研究シリーズNo.88－1、2019年3月。

［15］［日］菅原淳一：「突如浮上したアジア太平洋FTA（FTAAP）構想―進展する東アジア経済統合への米国の関与―」、みずほ政策インサイト、2006年12月8日。

[16][日]菅原淳一：「2019年の日本の通商政策課題 メガFTA、WTO改革、日米貿易協議が柱に」、みずほ総合研究所、2018年12月21日。

[17][日]菅原淳一：「『第一段階』としての日米貿易協定」、『外交』、2019年、Vol. 58。

[18][日]田中友義：「日EU経済連携協定（EPA/FTA）の合意に向けて（その1）−同時進行するメガFTAと日欧の戦略−」、国際貿易投資研究所（ITI）、2013年12月3日。

[19][日]中田一良：「RCEPの概要と日本への影響〜日本、中国、韓国の間で進む関税削減〜」、MUFGレポート、2020年12月23日。

[20][日]中富道隆：「メガFTAの時代のグローバルバリューチェーンへの包括的対応 ―通商戦略の観点から」、経済産業研究所、2013年8月。

[21][日]中西寛：『敗戦国の外交戦略―吉田茂の外交とその継承者―』、平成15年度戦争史研究国際フォーラム報告書、2004年3月版。

[22][日]浜中慎太郎：「インドのRCEP撤退がアジア経済秩序に及ぼす影響――地経学的観点から」、日本貿易振興機構アジア経済研究所、2019年11月20日。

[23][澳]ピーター・ドライスデール：「東アジアの地域協力とFTA戦略」、『アジア太平洋連帯構想』、NTT出版株式会社、2005年。

[24][日]平野健一郎：「日本のアジア外交」、引自林健太郎『アジアのなかの日本』、東京大学出版会、1975年。

[25][日]平和政策研究所：「環太平洋文明の発展と海洋国家日本の構想―海洋国家連合と新経済秩序の構築―」、政策提言No. 11。

[26][日]星野三喜夫：「『開かれた地域主義』と環太平洋連帯構想」、『新潟産業大学経済学部紀要』、2011年6月。

[27][日]星野三喜夫：「TPP参加は日本の優先順位の1つで

ある」、『新潟産業大学経済学部紀要』第 40 号別刷、2012 年 7 月。

［28］［日］待鳥聡史：「官邸権力の変容—首相動静データの包括的分析を手がかりに—」、『選挙研究』31 巻 2 号、2015 年。

［29］［日］松井一彦：『東アジア共同体と日本』、日本参議院レポート、2009 年 8 月 7 日。

［30］［日］松下満雄：「TPP 交渉参加に思う」、『季刊国際貿易と投資』、2011 年、Winter。

［31］［日］松下満雄：「メガ FTA 時代における WTO の役割—WTO による FTA ネットワーク構築のすすめ—」、『季刊国際貿易と投資（季刊 100 号記念増刊号）』、2015 年。

［32］［日］山下一仁：「WTO とメガ FTA」、『季刊国際貿易と投資（季刊 100 号記念増刊号）』、2015 年。

［33］［日］吉岡桂子：「米中対立が揺らす ASEAN の『天秤』—アジアは今、何を考えているのか—」、『外交』、2020 年、Vol. 59 Jan./Feb.。

（三）日文政府文件及网络文献

［1］［日］外務省『昭和 32 年版わが外交の近況』、1957 年 9 月、https://www.mofa.go.jp/mofaj/gaiko/bluebook/1957/s32-1-2.htm#a。

［2］［日］外務省『昭和 33 年版わが外交の近況』、1958 年 3 月、https://www.mofa.go.jp/mofaj/gaiko/bluebook/1958/s33-contents02020 1.htm。

［3］［日］外務省『昭和 62 年版外交青書』、1987 年 7 月、https://www.mofa.go.jp/mofaj/gaiko/bluebook/1987/s62-contents.htm。

［4］［日］外務省『平成 23 年版外交青書』、2011 年 4 月、https://www.mofa.go.jp/mofaj/gaiko/bluebook/2011/pdf/pdfs/3_3.pdf。

［5］［日］外務省『平成 29 年版外交青書』、2017 年 4 月、https://www.mofa.go.jp/mofaj/gaiko/bluebook/2017/pdf/pdfs/3_3.pdf。

［6］［日］外務省『令和 3 年版外交青書』、2021 年 4 月、https://www.mofa.go.jp/mofaj/files/100181433.pdf。

［7］［日］外務省「日中韓自由貿易協定（FTA）産官学共同

研究の報告の概要」、2012 年 3 月 30 日、https://www.mofa.go.jp/mofaj/gaiko/fta/j_china_rok/hokoku_gy_1201.html。

[8] [日] 外務省「日中韓FTA」、2020 年 5 月 29 日、https://www.mofa.go.jp/mofaj/gaiko/fta/j-jck/。

[9] [日] 外務省「日韓経済連携協定について（経緯と現状）」、2009 年 8 月、https://www.mofa.go.jp/mofaj/gaiko/fta/j_korea/genjo.html。

[10] [日] 外務省「日本のFTA戦略」、2002 年 10 月、https://www.mofa.go.jp/mofaj/gaiko/fta/senryaku_05.html。

[11] [日] 外務省「日本・シンガポール新時代経済連携協定の背景」、https://www.mofa.go.jp/mofaj/area/singapore/kyotei/kk_hiakei.html。

[12] [日] 外務省「日・シンガポール新時代経済連携協定（JSEPA）の交渉の終了に関する日・シンガポール両首脳共同発表」、2001 年 10 月 20 日、https://www.mofa.go.jp/mofaj/area/singapore/kyotei/jsepa.html。

[13] [日] 外務省「日・EU経済連携協定」、2021 年 3 月、https://www.mofa.go.jp/mofaj/files/000415752.pdf。

[14] [日] 外務省「今後の経済連携協定の推進についての基本方針」、2004 年 12 月 21 日、https://www.mofa.go.jp/mofaj/gaiko/fta/hoshin_0412.html。

[15] [日] 外務省「附属書A アジア太平洋自由貿易圏（FTAAP）に関するリマ宣言」、https://www.mofa.go.jp/mofaj/files/000205244.pdf。

[16] [日] 外務省「第22回APEC首脳宣言附属書A アジア太平洋自由貿易圏（FTAAP）の実現に向けたAPECの貢献のための北京ロードマップ」、https://www.mofa.go.jp/mofaj/files/000059196.pdf。

[17] [日] 外務省「包括的経済連携に関する基本方針」、2010 年 11 月 6 日、https://www.mofa.go.jp/mofaj/gaiko/fta/policy201011060html。

［18］［日］外務省「安倍総理の訪中（全体概要）」、2018年10月26日、https：//www. mofa. go. jp/mofaj/a＿o/c＿m1/cn/page4＿004452. html。

［19］［日］外務省「ベトナムAPECダナン首脳会議」、2017年11月11日、https：//www. mofa. go. jp/mofaj/ecm/apec/page1_000431. html。

［20］［日］外務省「アジア太平洋自由貿易圏（FTAAP）への道筋（仮訳）」、https：//www. mofa. go. jp/mofaj/gaiko/apec/2010/docs/aelmdeclaration2010_j03. pdf。

［21］［日］外務省「TICAD Ⅵ 開会に当たって・安倍晋三日本国総理大臣基調演説」、2016年8月27日、https：//www. mofa. go. jp/mofaj/afr/af2/page4_002268. html。

［22］［日］外務省「ASEAN（東南アジア諸国連合）概況」、2019年10月7日、https：//www. mofa. go. jp/mofaj/area/asean/page25_001325. html。

［23］［日］「経済ナレッジバンク」、『日本経済新聞』、2016年12月01日、https：//www. nikkei4946. com/knowledgebank/index. aspx？Sakuin2＝1152&p＝kaisetsu。

［24］［日］経済産業省『通商白書2002』、2004年12月21日、https：//warp. da. ndl. go. jp/info：ndljp/pid/285403/www. meti. go. jp/hakusho/tsusyo/soron/H14/04－02－03－02. html。

［25］［日］経済産業省『通商白書2021』、2021年6月29日、https：//www. meti. go. jp/report/tsuhaku2021/pdf/03－01－04. pdf。

［26］［日］経済産業省『グローバル経済戦略＜要約版＞』、2006年4月、http：//www. meti. go. jp/committee/summary/eic0009/pdf/006_05_02. pdf。

［27］［日］経済産業省「日EU・EPAについて」、2019年2月、https：//www. meti. go. jp/policy/trade＿policy/epa/epa/eu/rjeue-pameti. pdf。

［28］［日］経済産業省「経済連携の推進」、2002年11月、https：//www. meti. go. jp/report/downloadfiles/g21127b02j. pdf。

［29］［日］税関「日本の自動車輸出相手国上位 10 カ国の推移」、https：//www. customs. go. jp/toukei/suii/html/data/y8_1. pdf。

［30］［日］衆議院「第 200 回国会　外務委員会　第 4 号」、2019 年 11 月 6 日、https：//www. shugiin. go. jp/internet/itdb_kaigiroku. nsf/html/kaigiroku/000520020191106004. htm。

［31］［日］衆議院「第 200 回国会　本会議　第 4 号」、2019 年 10 月 24 日、https：//www. shugiin. go. jp/internet/itdb_kaigiroku. nsf/html/kaigiroku/000120020191024004. htm。

［32］［日］首相官邸「総合的な TPP 関連政策大綱」、2015 年 11 月 25 日、http：//www. kantei. go. jp/jp/topics/2015/tpp/20151125_tpp_seisakutaikou01. pdf。

［33］［日］首相官邸「未来投資戦略 2018 -『Society 5.0』『データ駆動型社会』への変革 - 」、2018 年 6 月 15 日、https：//www. kantei. go. jp/jp/singi/keizaisaisei/pdf/miraitousi2018_zentai. pdf。

［34］［日］首相官邸「未来投資戦略 2017 - Society 5.0 の実現に向けた改革 - 」、2017 年 6 月 9 日、https：//www. kantei. go. jp/jp/singi/keizaisaisei/pdf/miraitousi2017_t. pdf。

［35］［日］首相官邸「世界経済フォーラム年次総会　安倍総理スピーチ」、2019 年 1 月 23 日、https：//www. kantei. go. jp/jp/98_abe/statement/2019/0123wef. html。

［36］［日］首相官邸「日本再興戦略 - JAPAN is BACK - 」、2013 年 6 月 14 日、http：//www. kantei. go. jp/jp/singi/keizaisaisei/pdf/saikou_jpn. Pdf。

［37］［日］首相官邸「『日本再興戦略』改訂 2014 - 未来への挑戦 - 」、2014 年 6 月 14 日、https：//www. kantei. go. jp/jp/singi/keizaisaisei/pdf/honbun2JP. pdf。

［38］［日］首相官邸「『日本再興戦略』改訂 2015 - 未来への投資・生産性革命 - 」、2015 年 6 月 30 日、https：//www. kantei. go. jp/jp/singi/keizaisaisei/pdf/dai1jp. pdf。

［39］［日］首相官邸「日本再興戦略 2016 - 第 4 次産業革命に向けて - 」、2016 年 6 月 2 日、http：//www. kantei. go. jp/jp/singi/

keizaisaisei/pdf/2016_zentaihombun. pdf。

［40］［日］首相官邸「日本は戻ってきました」、2013年2月23日、https：//www. kantei. go. jp/jp/96_abe/statement/2013/0223speech. html。

［41］［日］首相官邸「第二百四回国会における菅内閣総理大臣施政方針演説」、2021年1月18日、https：//www. kantei. go. jp/jp/99_suga/statement/2021/0118shoshinhyomei. html。

［42］［日］首相官邸「第74回国連総会における安倍内閣総理大臣一般討論演説」、2019年9月24日、http：//www. kantei. go. jp/jp/98_abe/statement/2019/0924enzetsu. html。

［43］［日］首相官邸「安倍内閣総理大臣記者会見」、2013年3月15日、https：//www. kantei. go. jp/jp/96_abe/statement/2013/0315kaiken. html。

［44］［日］首相官邸「安倍内閣総理大臣記者会見」、2015年10月6日、https：//www. kantei. go. jp/jp/97_abe/statement/2015/1006kaiken. html。

［45］［日］首相官邸「安倍内閣総理大臣記者会見」、2019年12月9日、http：//www. kantei. go. jp/jp/98_abe/statement/2019/1209kaiken. html。

［46］［日］SankeiBiz「英のTPP申請、米国の復帰につなげよ」、2021年2月8日、https：//www. sankeibiz. jp/macro/news/210208/mca2102080623010-n1. htm。

［47］［日］データベース「世界と日本」「外国特派員協会における三木武夫外相演説」、1967年6月29日、https：//worldjpn. grips. ac. jp/documents/texts/exdfam/19670629. S1J. html。

［48］［日］データベース「世界と日本」「東西センターにおける鈴木善幸内閣総理大臣の演説」、1982年6月16日、https：//worldjpn. grips. ac. jp/documents/texts/exdpm/19820616. S1J. html。

［49］［日］内閣官房「日本再生戦略 ～フロンティアを拓き、『共創の国』へ～」、2012年7月31日、https：//www. cas. go. jp/jp/tpp/pdf/2012/2/10. 20120918_5. pdf。

［50］［日］内閣官房「国防の基本方針」、1957 年 5 月 20 日、http：//www. cas. go. jp/jp/gaiyou/jimu/taikou/1_kokubou_kihon. pdf。

［51］［日］内閣官房「包括的経済連携に関する検討状況」、2010 年 10 月 27 日、https：//www. mofa. go. jp/mofaj/gaiko/fta/pdfs/siryou20101106. pdf。

［52］［日］内閣官房「TPP（環太平洋パートナーシップ）政府対策本部の設置に関する規則」、2013 年 4 月 5 日、http：//www. cas. go. jp/jp/tpp/tppinfo/2013/pdf/130405_tpp_sourikettei. pdf。

［53］［日］野上英文：「日・ASEAN 関係『福田ドクトリンが最初の転機』」、朝日新聞、2017 年 8 月 9 日、https：//www. asahi. com/articles/ASK7061G5K70UHBI01W. html。

［54］［日］NHK「菅首相　中国のTPP 参加『今の体制では難しいと思う』」、2021 年 1 月 3 日、https：//www3. nhk. or. jp/news/html/20210103/k10012794881000. html。

［55］［日］日本テレビ「バイデン政権で米国はTPPに戻るのか？」、2021 年 3 月 7 日、https：//www. news24. jp/articles/2021/03/07/10835201. html。

［56］［日］「偽りの関税撤廃、米の自由化率は実質 6 割どまり—日米貿易協定」、2019 年 10 月 24 日、https：//www. nippon. com/ja/japan – data/h00570/。

［57］［日］「平成 29 年度 ASEAN（10か国）における 対日世論調査結果」、2017 年 11 月、https：//www. mofa. go. jp/mofaj/files/000434060. pdf。

［58］［日］「令和元年度 ASEAN（10か国）における対日世論調査結果」、2019 年 11 月、https：//www. mofa. go. jp/mofaj/files/100023099. pdf。

［59］［日］「第 200 回国会外務委員会農林水産委員会経済産業委員会連合審査会第 1 号」、2019 年 11 月 7 日、http：//www. shugiin. go. jp/internet/itdb_kaigiroku. nsf/html/kaigiroku/032420020191107001. htm。

其他文献

[1] 北美自由贸易协定（NAFTA）文本。
[2] 跨大西洋贸易和投资伙伴协定（TTIP）文本。
[3] 跨太平洋伙伴关系协定（TPP）文本。
[4] 美国–韩国修订自由贸易协定文本。
[5] 美墨加自由贸易协定（USMCA）文本。
[6] 全面与进步跨太平洋伙伴关系协定（CPTPP）文本。
[7] 区域全面经济伙伴关系协定（RCEP）文本。
[8] 日本–欧盟经济伙伴关系协定（日欧EPA）文本。
[9] 日本–印度经济伙伴关系协定文本。
[10] 日本–英国经济伙伴关系协定文本。
[11] 日本–美国贸易协定文本。
[12] 日本–美国数字贸易协定文本。
[13] 中国–韩国自由贸易协定文本。

后　　记

　　本书是在我的博士论文基础上修改而成的。读博期间的学术训练使自己有了明确的研究方向，现在自身的研究多围绕日本"巨型FTA"战略展开。日本"巨型FTA"战略是一个值得研究的选题。对日本而言，"巨型FTA"战略既是FTA战略发展的延伸，也是亚太经济合作战略的重要组成部分，还是后安倍时期日本推行自由贸易的重要课题。日本"巨型FTA"战略有其内在的运行逻辑，集中体现为一种多层次的复合平衡。本书基于分析折中主义理念，通过取舍、补充、概括、转换等手段对国际政治领域现有主要平衡理论进行糅合和改造，力图构建出复合平衡逻辑框架来更好地揭示日本"巨型FTA"战略的全貌。

　　本书得以出版，首先要衷心感谢我的博士导师高文胜老师。高老师为人温文尔雅，治学严谨，既传授于我学问之道，也教我为人处世的道理。衷心感谢天津师范大学政治与行政学院的老师们，在我读博期间曾传我知识，给我教导。衷心感谢山东财经大学外国语学院的各位领导和同事，在教学和科研上总是能够给予我理解和支持。感谢我的博士同学们，与他们日常的思想碰撞总会有一些意想不到的收获。最后，感谢我的家人们，她们作出了巨大的牺牲，对我的工作给予了最大包容。

　　同时，在本书出版过程中，经济科学出版社的编辑老师提供了无私的帮助，在此表示衷心的感谢。

　　一盏灯、一杯茶、一篇美文，一本好书，这或许是现在自己最想要的生活。希望自己能够做到坚守本心，坚守自我。

2023年5月于济南家中